巩固拓展脱贫攻坚成果进程中的民族村农户可持续生计能力提升研究

——以广西靖西大莫村为例

魏 旭 著

中国财经出版传媒集团

经济科学出版社
Economic Science Press

·北京·

图书在版编目（CIP）数据

巩固拓展脱贫攻坚成果进程中的民族村农户可持续生
计能力提升研究：以广西靖西大莫村为例／魏旭著．
北京：经济科学出版社，2024.8. -- ISBN 978 - 7 - 5218 -
6249 - 2

Ⅰ．F327.674

中国国家版本馆 CIP 数据核字第 2024M5G928 号

责任编辑：李晓杰
责任校对：刘　娅
责任印制：张佳裕

巩固拓展脱贫攻坚成果进程中的民族村农户可持续生计能力提升研究
——以广西靖西大莫村为例

魏　旭　著

经济科学出版社出版、发行　新华书店经销
社址：北京市海淀区阜成路甲 28 号　邮编：100142
教材分社电话：010 - 88191645　发行部电话：010 - 88191522
网址：www. esp. com. cn
电子邮箱：lxj8623160@ 163. com
天猫网店：经济科学出版社旗舰店
网址：http: //jjkxcbs. tmall. com
北京季蜂印刷有限公司印装
710 × 1000　16 开　17 印张　340000 字
2024 年 8 月第 1 版　2024 年 8 月第 1 次印刷
ISBN 978 - 7 - 5218 - 6249 - 2　定价：69.00 元
（图书出现印装问题，本社负责调换。电话：010 - 88191545）
（版权所有　侵权必究　打击盗版　举报热线：010 - 88191661
QQ：2242791300　营销中心电话：010 - 88191537
电子邮箱：dbts@ esp. com. cn）

本书受广西民族大学民族学一流学科建设经费（301100902）资助出版

作 者 简 介

　　魏旭，男，1994 年 4 月生，汉族，河北黄骅人，广西民族大学民族学博士，现任广西民族大学管理学院讲师，硕士生导师，主要从事城市群与区域可持续发展、区域与城市生态环境系统工程等方面的教学与科研工作。主持广西社会科学基金项目 1 项，参与国家社会科学基金项目 4 项（含重大项目 1 项、重点项目 1 项）、教育部哲学社会科学研究后期资助重大项目 1 项、广西科学基金面上项目 1 项、广西科技发展战略研究专项课题 1 项、广西人文社会科学发展研究中心委托项目 1 项。出版《新时代我国西部中心城市和城市群高质量协调发展战略研究》《知识产权特色小镇：知识产权链条与小城镇建设协同创新模式研究》《区域经济发展数学模型手册：北部湾城市群的算例》《城市行政区划优化理论与方法研究》等著作 4 部；在 Energy、Journal of Cleaner Production、《城市规划》、《人文地理》、《地理科学》等 CSSCI 源期刊、SCI 源期刊、中文核心期刊上发表论文 21 篇，在《中国人口报》《广西民族报》的理论版上发表论文 2 篇。论文中有 5 篇被 SCI/SSCI 检索，有 16 篇被 CSSCI 检索。学术成果获广西社会科学优秀成果奖一等奖 1 项、三等奖 1 项；民政部民政政策理论研究一等奖 1 项、二等奖 3 项；全国知识产权优秀调查研究报告暨优秀软课题研究成果三等奖 1 项；钱学森城市学金奖提名奖 1 项、优秀奖 1 项。

序

  自改革开放以来，我国农村发展经历了从解决温饱到全面脱贫的历史性飞跃。尤其是在过去十年中，脱贫攻坚战的全面胜利是人类历史上罕见的壮举。在党的坚强领导下，通过全面实施精准扶贫战略，9899万农村贫困人口成功脱贫，贫困县全部摘帽，绝对贫困问题得到历史性解决。这一伟大成就的取得不仅为中国的现代化发展打下了坚实基础，也为全球减贫事业提供了"中国方案"。然而，脱贫并非终点，而是新生活、新奋斗的起点。在实现脱贫攻坚伟大胜利之后，如何巩固拓展脱贫攻坚成果、防止返贫、推动乡村振兴的有效衔接，成为我国经济社会发展的一项重要战略任务。民族地区作为我国脱贫攻坚的主战场之一，更是需要重点关注的领域。

  本书以广西靖西市大莫村为例，围绕巩固拓展脱贫攻坚成果、提升农户可持续生计能力这一主题，展开了深入的实地调研和系统的理论分析。从马克思主义反贫困理论、小农理性范式到可持续生计理论和资产建设理论，作者搭建了系统的研究框架，并结合大莫村的典型案例，从生计资本的维度切入，全面分析了农户生计能力的构成及其在脱贫攻坚成果巩固过程中的关键作用。通过大量的实证数据和结构化访谈，本书揭示了民族地区农户在面临自然、经济和社会多重挑战时，其生计策略的选择及其效果。这种深入的分析，不仅为学术界提供了理论创新的视角，更为决策者在制定精准政策时提供了重要参考。

  在实践意义上，本书的一大亮点在于提出了可操作的政策建议，为巩固拓展脱贫攻坚成果提供了路径指引。例如，书中提出在宏观层面要优化教育资源配置以提升人力资本，扶持特色产业发展以推动自然资本积累，加强基层组织建设以强化社会资本，同时重视心理资本的培育以增强农户的内生动力。这些建议既贴近现实需求，又具有理论支撑，为解决民族地区可持续发展问题提供了具体的解决方案。值得注意的是，本书还特别关注农户的多样化生计策略，提出针对不同农户群体的差异化扶持模式：对于以务农为主的农户，需通过整合自然、人力、社会、金融等多种资本，增强其农业生产能力；对于以务工为主的农户，需以物质、人力、社会资本为核心，构建支持外出就业和返乡创业的双向机制；对于多样化发展的农户，需重点优化自然、物质、人力资本的协调发展，增强其市场适应能力。这种因地制宜、因人施策的思路，为民族地区推动乡村振兴提供了行之有效的借鉴。

在学术研究价值上，民族地区的农户生计能力提升具有特殊的意义。一方面，它是防止返贫的重要保障。尽管脱贫攻坚已经取得全面胜利，但一些农户的生计仍处于脆弱状态，稍有风吹草动便可能导致返贫。本书通过对生计资本的细致分析，揭示了哪些因素对农户的可持续生计能力具有关键影响，从而为相关政策的制定提供了有力依据。另一方面，它也是实现乡村振兴的重要抓手。乡村振兴不仅需要宏观政策的推动，更需要微观主体的参与和支持。只有农户的生计能力得到提升，他们才能更积极地参与乡村振兴的建设，并从中获得实实在在的收益，真正实现乡村振兴的目标。

作为一部兼具学术价值与实践意义的著作，本书不仅为学术界提供了丰富的研究素材，也为民族地区脱贫攻坚成果的巩固和乡村振兴的推进提供了重要参考。它启示我们，应当从农户的实际需求出发，以可持续生计能力提升为抓手，努力实现脱贫攻坚与乡村振兴的有效衔接。我相信，本书的出版将为民族地区的经济与社会发展问题带来深远影响。在本书出版之际，我欣然接受魏旭博士的请求，乐为此序。治学无止境，望魏旭博士继续深耕区域可持续发展领域，以更加丰富的学术成果，为破解发展中的难题贡献智慧，为推动经济社会全面协调发展提供更为广阔的理论视野和实践支持。

广西民族大学研究生院院长、广西八桂学者、

二级教授、博士研究生导师

2024 年 8 月

前　言

　　党的十九届四中全会提出"坚决打赢脱贫攻坚战，巩固脱贫攻坚成果，建立解决相对贫困的长效机制"。对此，2020 年底召开的中央农村工作会议上指出：脱贫攻坚取得胜利后，要全面推进乡村振兴，这是"三农"工作重心的历史性转移。这标志着中国的扶贫工作开启新的历史征程，进入以巩固拓展脱贫攻坚成果、治理相对贫困为主要特征的后扶贫时代。乡村振兴最重要的是以农户为核心，时刻关注农户的最直接利益。而农户的生计情况则是农户赖以生存的最直接、最根本的体现，只有保障了农户生计的稳定、可持续，农村发展才有了根本。

　　民族地区作为我国农村发展和贫困治理的重点地区，是我国巩固拓展脱贫攻坚成果同乡村振兴有效衔接的重要阵地。民族地区巩固拓展脱贫攻坚成果同乡村振兴有效衔接是促进少数民族文化传承创新、增强民族自信自尊自强、维护社会稳定团结的重要路径。然而，目前民族地区巩固拓展脱贫攻坚成果同乡村振兴有效衔接还存在很多难点问题需要解决。研究民族地区巩固拓展脱贫攻坚成果对农民生计的作用机制，不仅有助于民族地区巩固拓展脱贫攻坚成果同乡村振兴有效衔接，而且对铸牢中华民族共同体意识具有重要意义。

　　基于以上背景，本书以巩固拓展脱贫攻坚成果进程中的民族村农户可持续生计能力提升为研究核心目标，通过文献回顾，探寻本书的理论来源与理论基础，解析相关变量的内涵和构成维度，构建分析框架，对巩固拓展脱贫攻坚成果进程中的民族村农户可持续生计能力提升进行研究设计与实证分析，进而通过宏观与微观结合提出巩固拓展脱贫攻坚成果进程中的民族村农户可持续生计能力提升路径。

　　理论来源和理论基础奠定了巩固拓展脱贫攻坚成果进程中民族村农户可持续生计能力提升的研究基石。本书对马克思主义反贫困理论、小农理性范式、可持续生计理论、资本建设理论的发展历程、核心观点、代表人物及其对于巩固拓展脱贫攻坚成果进程中民族村农户可持续生计能力提升的理论分析框架构建的作用和启示等方面进行总结归纳和分析，构建出巩固拓展脱贫攻坚成果进程中民族村农户可持续生计能力提升的理论基础。

概念内涵界定和分析框架解析搭建了巩固拓展脱贫攻坚成果进程中民族村农户可持续生计能力提升的分析范式。本书基于相关理论，明晰了巩固拓展脱贫攻坚成果进程中民族村农户可持续生计能力提升方面核心变量的概念内涵，对巩固拓展脱贫攻坚成果、生计资本以及农户可持续生计能力进行了构成维度划分；在此基础上，从巩固拓展脱贫攻坚成果的两个基本维度出发，以生计资本为纽带，以生计成果为导向，构建巩固拓展脱贫攻坚成果进程中民族村农户可持续生计的分析框架，并对其进行了解释。

研究设计和实证分析厘清了巩固拓展脱贫攻坚成果进程中民族村农户可持续生计能力提升的运作机理。基于本书分析框架，提出了本书的研究假设，并构建作用机制的概念模型；从"确定田野→定性研究→定量研究"的实证分析逻辑出发，设计了基于"预调研—实地访谈—调查问卷"研究范式的实证分析方案，以此方案为依据，确定广西靖西大莫村为本书实证分析的案例地，通过实地访谈分析，论述了案例地巩固拓展脱贫攻坚成果与农户可持续生计的现状，从实践的角度定性验证了巩固拓展脱贫攻坚成果对农户可持续生计的作用，通过结构方程模型和多元线性回归模型等实证检验模型，从数据的角度量化验证了巩固拓展脱贫攻坚成果对农户可持续生计的作用，厘清了不同生计策略类型的农户受到的不同影响因素。结果表明：第一，民族村巩固拓展脱贫攻坚成果政策的长效水平高于减贫效应；第二，民族村农户心理资本的积累水平最高，并且不同生计策略类型农户的生计资本积累状况存在差异；第三，民族村农户的自身发展能力强于风险应对能力，并且不同生计策略类型农户的可持续生计能力存在差异；第四，巩固拓展脱贫攻坚成果对农户生计资本、农户可持续生计能力有正向影响；第五，生计资本整体在巩固拓展脱贫攻坚成果与农户可持续生计能力之间存在部分中介效应，细分维度来看，只有民族文化资本不具备中介效应；第六，不同类型农户对巩固拓展脱贫攻坚成果和生计资本的敏感程度存在差异。

宏观政策导向与微观政策差异明确了巩固拓展脱贫攻坚成果进程中的民族村农户可持续生计能力提升路径。本书根据实证分析结果，从宏观和微观两个层面提出了巩固拓展脱贫攻坚成果进程中的民族村农户可持续生计能力提升路径。一方面，基于巩固拓展脱贫攻坚成果政策长效体系的重要作用和生计资本的中介作用，宏观上制定政策实施方案，为政府部门围绕长效减贫政策体系的构建，围绕各类生计资本的积累提供政策实践，助力民族地区铸牢中华民族共同体意识，推进巩固拓展脱贫攻坚成果同乡村振兴有效衔接；另一方面，基于不同生计策略类型脱贫农户的生存需求，微观上有助于地方政府在宏观政策的指导下，有针对性地实施差异化政策，进而保障巩固拓展脱贫攻坚成果同乡村振兴有效衔接可以切实落地。

魏旭

2024 年 8 月

目　录

第一章

绪　　论

第一节　研究背景及问题提出

一、研究背景

党的二十大报告提到，"全面建设社会主义现代化国家，最艰巨最繁重的任务仍然在农村"①。党的十八大以来，国家领导层在顶层设计上审慎思考我国的现实状况和历史方位，特别是对农村发展不充分、城乡发展不均衡等重要问题进行了深刻分析。为了解决这些问题，党中央和国务院于 2015 年 11 月 29 日发布了《中共中央　国务院关于打赢脱贫攻坚战的决定》，其中明确提出"到 2020年，稳定实现农村贫困人口不愁吃、不愁穿，义务教育、基本医疗和住房安全有保障""确保我国现行标准下农村贫困人口实现脱贫，贫困县全部摘帽，解决区域性整体贫困"②。农村贫困治理问题成为我国政府关注的重点。《马克思恩格斯选集》中提到："人们自己创造自己的历史，但是他们并不是随心所欲的创造，并不是在他们自己选定的条件下创造，而是在直接碰到的、既定的、从过去承继下来的条件下创造。"③ 中国的农村治理在这段话中得以体现。我国古代以农业为重，现在也是个农业大国，我国有着几千年的农业文化，我国农村治理模式也随着时代在不断变化。新中国成立以来，中国农村治理的发展经历了从土地改革、人民公社、家庭联产承包责任制、新农村建设到现代农村治理的历史演变。

---

① 习近平. 高举中国特色社会主义伟大旗帜　为全面建设社会主义现代化国家而团结奋斗 [M]. 北京：人民出版社，2022.

② 中共中央　国务院关于打赢脱贫攻坚战的决定 [M]. 北京：人民出版社，2015.

③ 中共中央马克思恩格斯列宁斯大林著作编译局. 马克思恩格斯选集第一卷 [M]. 北京：人民出版社，1995：585.

　　农村土地改革是对农村治理进行全面调整的第一个阶段。土地改革为解决农民土地问题和破除封建土地制度提供了重要基础。土地改革的实施，使得广大农民从封建土地制度的束缚中解放出来，实现了土地的公有化，为农村的发展和稳定奠定了基础。人民公社时期是新中国农村治理的第二个阶段，人民公社制度试图通过集体化、公有化来实现农业的现代化。家庭联产承包责任制的实施标志着新中国农村治理进入了第三个阶段，这一阶段农村改革以农业为重点，通过家庭联产承包责任制的推行，实现了农业生产方式的转变，提高了农业生产效率，为农村经济的稳定和发展提供了有力保障。新农村建设阶段农村治理的核心是建设社会主义新农村，积极推进农村经济、政治、文化、社会、生态文明建设。新农村建设注重农村基础设施建设、农村公共服务体系完善、农村环境整治等方面的工作。在新农村建设阶段，农村治理体系和治理能力得到了显著提高，农村社会和谐稳定，农民生活水平不断提高，农村土地制度改革、农业产业结构调整、农民工返乡创业等政策的实施，进一步推动了农村经济的转型升级。现代农村治理阶段的主要特点是在全面深化农村改革的基础上，进一步推进农村现代化，加强农村治理体系和治理能力现代化建设。在这一阶段，农村治理体系和治理能力现代化成为关键任务，农村治理发展，更加注重民主法治、公平正义，促进了农村社会的全面进步。

　　虽然在上述演变过程中，我国农村治理取得了显著成果，特别是在改革开放以来，农村治理不断深化，有效推动了农村经济社会发展，提高了农民生活水平，但是，我们也应看到，农村治理仍面临着一些新的挑战，如农村基层治理能力不足、农村环境治理任务艰巨等问题。这是因为在很长一段时间内，我国以城市发展为重心，忽略了对农村的治理，没有投入足够的资金，再加上农业行业的特殊性，效益比较低，农村基础设施不完善，缺乏发展条件，因此，我国城市发展远远超过了乡村。从发达国家的治理经验来看，我国要想解决国家或区域现代化发展问题，就需要协调好城市发展和农村发展问题，做到城市和乡村协调发展。

　　对于农村的贫困治理，自2014年实施精准扶贫政策以来，我国脱贫攻坚的伟大实践证明了在广大农村贫困地区因地制宜地精准扶贫是卓有成效的。扶贫过程涵盖了收入、医疗、教育、住房、社会保障等多个方面，不仅仅消除了困扰中国千年的绝对贫困，也是"多维减贫"的成功实践，是实现共同富裕伟大目标的强劲动力。2021年2月25日，习近平总书记在全国脱贫攻坚总结表彰大会上庄严宣布："经过全党全国各族人民共同努力，在迎来中国共产党成立一百周年的重要时刻，我国脱贫攻坚战取得了全面胜利，现行标准下9899万农村贫困人口全部脱贫，832个贫困县全部摘帽，12.8万个贫困村全部出列，区域性整体贫困得到解决，完成了消除绝对贫困的艰巨任务，创造了又一个彪炳史册的人间奇迹！"① 然而，我国发展几千年来一直都存在着乡村贫困、落后难题，消灭贫困是长期目标而不是短期目标。尽管中国在减轻贫困方面取得了显著成果，但农村地区仍然面临着一定程度的贫困。农村贫困的原因多种多样，包括低劳动生产率、缺乏基础设施、教育资源不足，以及市场准入限制等。这些因素共同导致农村地区的贫困人口难以脱贫，进一步加剧了城乡之间的发展不平衡。为此，党的十九届四中全会明确提出"坚决打赢脱贫攻坚战，巩固脱贫攻坚成果，建立解决相对贫困的长效机制"②。2021 年 2 月 21 日，《中共中央　国务院关于全面推进乡村振兴　加快农业农村现代化的意见》指出：脱贫攻坚取得胜利后，要全面推进乡村振兴，这是"三农"工作重心的历史性转移。经过脱贫攻坚战的全面胜利，在未来的一段时间里，乡村振兴将成为我国实现农业农村现代化、实现城乡居民共同富裕的重要发展战略，这一点显而易见。我国宣布脱贫攻坚取得胜利后，中国的扶贫工作开启新的历史征程，后扶贫时代贫困治理进入以相对贫困为主要特征的新阶段。我国宣布脱贫攻坚取得胜利后，"三农"工作的重心产生了变化，重心转变为乡村振兴。

乡村振兴涵盖了许多内容，并不仅仅是"不愁吃、不愁穿，义务教育、基本医疗和住房安全有保障"等基础性的保障，更重要的是以农户为核心，明确农户是农村经济的主体和基础，时刻关注农户的最直接利益，农户作为农村社会经济的基本单位，其最直接利益关乎乡村振兴战略能否真正落地、取得成效。具体来看，首先，在中国的农村地区，农户一直是农村经济的主体和基础，他们的生产活动和投入对农业产量、农村经济结构和发展质量具有重要影响。其次，农户利益关系到农民的生活质量和幸福感，农户在乡村生态、文化、教育、医疗等多方面需求都需要得到满足，以确保乡村振兴战略的全面性。关注农户最直接利益，有助于提高农民的生活水平，提升农民幸福感，进而营造和谐稳定的乡村社会环境。再次，农户利益是农村基层组织和治理的核心问题，乡村治理涉及农户在土地、劳动、资源等方面的利益分配和协调，关系到农村社会的稳定，关注农户最直接利益，有助于构建更加民主、公平的乡村治理机制，提高农村基层组织的治理能力和效果。最后，农户利益与乡村人才培养、流动和创新密切相关，关注农户最直接利益，可以激发乡村人才的创新潜力，吸引更多优秀人才回乡创业，为乡村振兴提供人才支持。同时，关注农户利益也有助于减缓农村人口外流压力，缓解城市化带来的"城市病"。

那什么才是农户最直接利益的体现呢？本书认为农户生计情况涉及农户的经济收入、生活水平、社会保障以及未来发展等多个方面，是农户最直接利益的体

---

① 习近平. 在全国脱贫攻坚总结表彰大会上的讲话［M］. 北京：人民出版社，2021.
② 中共中央党史和文献研究院. 党的十九大以来大事记［N］. 天津日报，2022 - 10 - 14 (07).

现。一方面，农户生计情况直接关系到农户的经济收入，农民的主要收入来源包括农业生产、务工、经营等生计方式。农业生产是传统收入来源，受气候和土壤等自然因素影响较大，收入波动明显；务工则为农户带来稳定收入，但可能导致农村劳动力减少；经营活动如家庭手工业、农产品加工、乡村旅游等为农户提供高附加值和利润空间，但要求较高的创新能力、市场敏感度和经营风险承担能力。另一方面，农户生计情况关系到农民对生活水平的直接需求，体现在住房、食物、医疗、教育等方面。住房需求是基本生活条件的核心，生计状况的改善有助于提升农户住房条件和居住环境；食物需求是生活的基础，关乎家庭健康，较好的生计条件能确保农户购买优质食物，满足营养需求；医疗需求对农民生活水平至关重要，生计状况的改善有助于提高医疗保障水平，降低因疾病导致的家庭负担；教育需求则关乎下一代的成长和发展，良好的生计状况能为农户子女提供更好的教育条件和机会。综上，农户作为农业生产和农村社会生活的中心，承担着维护农村生态环境、保障农业生产和农村社会稳定的重要责任，而农户的生计情况则是农户赖以生存的最直接也是最根本的体现，只有保障了农户生计的稳定、可持续，农村发展才有了根本。因此，农户的可持续生计状况直接影响着整个农村地区的发展和乡村振兴的实现。

目前，农村发展正处于精准扶贫向乡村振兴转向的过渡阶段。这一阶段具备以下主要特征：首先是发展阶段的变化。在过去的几十年里，中国经济取得了快速发展，成功实现了数亿人口的脱贫，然而，随着经济社会发展进入新阶段，中国面临的挑战也在发生变化。在当前阶段，巩固拓展脱贫攻坚成果已不再是单纯的经济增长问题，而是涉及全面建设社会主义现代化国家的战略布局。其次是政策导向的调整。在脱贫攻坚时期，政策主要关注经济增长和基础设施建设，然而，在当前阶段，政策重点已转向巩固拓展脱贫攻坚成果和乡村振兴，这意味着继续保障基本民生是实现乡村振兴的首要前提。在过去的脱贫攻坚过程中，不同地区的发展水平存在显著差异。在当前阶段，最重要的是防止脱贫不稳定地区再次返贫，有效保障各地区顺利实施巩固拓展脱贫攻坚成果和乡村振兴政策。根据以上特征，巩固拓展脱贫攻坚成果显然已成为当下精准扶贫过渡至乡村振兴阶段的工作重心，以保障脱贫攻坚伟大胜利的稳定延续。

综上所述，在目前背景下，研究巩固拓展脱贫攻坚成果对农户可持续生计的影响符合乡村振兴战略中"实现农村全面发展和农民全面发展"的总体目标，满足精准扶贫过渡至乡村振兴阶段的现实需求，同时也是巩固拓展脱贫攻坚成果同乡村振兴有效衔接领域的重要研究课题和热点之一。

二、问题提出

党的二十大报告指出，"巩固拓展脱贫攻坚成果，增强脱贫地区和脱贫群众内生发展动力"。民族地区是我国农村发展和贫困治理的重点地区，也是我国实现巩固拓展脱贫攻坚成果同乡村振兴有效衔接的关键领域。习近平总书记在中央民族工作会议上强调"要支持民族地区实现巩固拓展脱贫攻坚成果同乡村振兴有效衔接，促进农牧业高质高效、乡村宜居宜业、农牧民富裕富足"[①]，这些重要指示为民族地区全面脱贫后的发展指明了方向。2022年11月，为全面把握和贯彻习近平总书记关于加强和改进民族工作的重要思想，支持民族地区巩固拓展脱贫攻坚成果和全面推进乡村振兴，深入贯彻落实《中共中央 国务院关于实现巩固拓展脱贫攻坚成果同乡村振兴有效衔接的意见》精神，即"各地要根据本地区实际情况，在当地党委政府统一领导下，加强部门协同，协调各方力量，统筹各类资源，加大支持力度，扎实推进铸牢中华民族共同体意识、巩固拓展脱贫攻坚成果和乡村振兴工作"[②]。国家民委、国家乡村振兴局、国家发展改革委、教育部、财政部、交通运输部、农业农村部、文化和旅游部、国家卫生健康委联合印发《关于铸牢中华民族共同体意识 扎实推进民族地区巩固拓展脱贫攻坚成果同乡村振兴有效衔接的意见》（以下简称《意见》），《意见》中指明"深入学习贯彻党的二十大精神和习近平总书记关于加强和改进民族工作的重要思想，以铸牢中华民族共同体意识为主线，扎实推进民族地区实现巩固拓展脱贫攻坚成果同乡村振兴有效衔接，赋予各项政策举措以彰显中华民族共同体意识的意义，以维护统一、反对分裂的意义，以改善民生、凝聚人心的意义，引导各族群众牢固树立休戚与共、荣辱与共、生死与共、命运与共的共同体理念"。以上政策指明了民族地区巩固拓展脱贫攻坚成果同乡村振兴有效衔接对铸牢中华民族共同体意识的重要意义。

民族地区巩固拓展脱贫攻坚成果同乡村振兴有效衔接在促进民族团结方面，有助于消除贫困、提高民生水平，从而减少民族间的经济差距，这将有利于增进各民族之间的理解和友谊，促进民族团结，是中华民族共同体在民族地区顺利构建的重要基石；在增强民族凝聚力方面，当贫困问题在民族地区得到有效解决，乡村振兴战略得以实施时，各民族将共同参与国家发展进程，形成共同的发展目标，这将有助于增强民族凝聚力，使各民族在追求共同繁荣发展的过程中，铸就

[①] 中共中央统一战线工作部和国家民族事务委员会. 中央民族工作会议精神学习辅导读本［M］. 北京：民族出版社，2022.

[②] 中共中央 国务院关于实现巩固拓展脱贫攻坚成果同乡村振兴有效衔接的意见［M］. 北京：人民出版社，2021.

更为紧密的中华民族共同体意识；在促进文化交流方面，民族地区基础设施水平在巩固拓展脱贫攻坚成果同乡村振兴有效衔接下将会得到有效提升，公共服务质量也将会得到有效保障，进而促进各民族间的文化交流与互鉴，文化交流是增进民族团结的重要途径，有利于促进中华民族共同体意识的形成，进一步铸牢民族地区的中华民族共同体意识；在实现共同发展方面，区域均衡发展在民族地区的实现离不开巩固拓展脱贫攻坚成果同乡村振兴有效衔接，其可以为各民族提供更多的发展机遇。在共同发展的过程中，中华民族共同体意识在"各民族之间实现成果共享、利益共享"的体系下得到进一步增强；在维护国家安全稳定方面，民族地区的经济社会发展水平在巩固拓展脱贫攻坚成果同乡村振兴有效衔接下将会得到有效提高，有助于民生问题的缓解，社会矛盾的减少。这将有利于维护国家安全与稳定，为铸牢中华民族共同体意识创造良好的社会环境，推动铸牢中华民族共同体意识工作在民族地区的顺利落实。

　　然而，巩固拓展脱贫攻坚成果同乡村振兴有效衔接相关工作在民族地区还存在很多难点问题需要解决。民族地区通常地处祖国边疆、山区，比较偏远和贫困，其贫困范围一度很广，曾经的贫困程度较深。以广西为例，尽管广西的贫困县都已经摘掉了贫困帽子，所有的贫困户都已经摆脱了贫困，但在调查中还存在着一些已经脱贫的农民仍然面临着返贫风险，自身的生存技能较差。倘若这些农户的生计问题没有得到有效的解决，民族地区农户返贫的风险便难以降低。在过去的几年进行了一系列的扶贫工作之后，民族地区的经济和社会都有了很大的改变，贫困地区的农民从贫穷到温饱问题得到解决，他们的生活水平有了很大的提高，实现了跨越式的发展。随着农村人口不断增加，许多农民走出乡村到大城市发展，农民谋生的方式产生了变化。这也意味着在一个民族的生存和发展中，人们的生计方式总是在一个持续的变化的过程中，并没有一种一成不变的模式，生计方式必须总是与特定族群的文化、生存环境和社会结构保持一致，同时，少数民族文化也在变化，这是适应外界环境变化的结果。因此，物质与精神是民族地区巩固拓展脱贫攻坚成果同乡村振兴有效衔接的两大方面，是促进少数民族文化传承创新、增强民族自信自尊自强、维护社会稳定团结的重要路径。在乡村振兴推进过程中，民族地区应当把巩固脱贫攻坚成果放在第一位，防止部分农户因为可持续生计能力较低而再次返贫，持续推动农户的收入和财富增长，如此农村相对贫困的问题才能得到真正的解决。研究民族地区巩固拓展脱贫攻坚成果对农民生计的作用机制，不仅与巩固拓展脱贫成果相关，对于乡村振兴也具有较大的意义，而且对于铸牢中华民族共同体意识，实现民族团结、社会稳定与和谐发展，都具有十分重要的意义。

　　因此，回答好"巩固拓展脱贫攻坚成果过程中，民族地区农民是如何实现可持续生计目标的""生计变迁过程中农民如何认识新生计策略和脱贫成果""脱贫攻坚成果与少数民族传统文化的价值观念差异是否影响农户的可持续生计策略选择""巩固拓展脱贫攻坚成果的过程如何继续影响民族地区可持续生计能力，实现对相对贫困的减贫作用""不同生计策略类型的脱贫农户如何在巩固拓展脱贫攻坚成果的背景下维持可持续生计"等问题，成为民族地区面对其贫困更具脆弱性和不稳定性的困境，在乡村振兴阶段通过巩固拓展脱贫攻坚成果，保持生计资本的稳定增长，提升可持续生计能力，避免返贫的关键。为此，本书剖析了巩固脱贫攻坚成果进程中的民族村农户可持续生计问题，厘清了巩固拓展脱贫攻坚成果、生计资本以及农户可持续生计能力之间的作用机制，探讨了巩固拓展脱贫攻坚成果进程中的民族村农户可持续生计能力提升路径，为保障民族地区的长期健康发展，铸牢中华民族共同体意识，扎实推进巩固拓展脱贫攻坚成果同乡村振兴有效衔接政策在民族地区的有效落实，找到了科学决策的着力点。

第二节　文献计量分析与研究综述

一、文献计量分析

伴随着学术研究的持续发展，传统的叙述性文献综述方法已经越来越难以与日益庞大的文献数量相匹配，再加上研究课题所需的文献资料较多，在收集文献资料时必然要花费大量的时间去筛选出高质量的文献，也会在权威性不高、文献质量较差的文章上耗费时间，学术研究效率难以提高。所以，对学术界内相关课题文献展开定量分析，利用计量方法选出较权威、文章质量较高的文献对于提高学术研究效率至关重要。近几年来，文献计量学应用变得热门起来。文献计量学综合了多个学科，比如数学、文献学、统计学等，它是一个以定量为重点的综合性知识体系，是一门借助统计学、数学等方法，对所有知识载体展开定量分析的学科，可以理解为这是一门交叉学科。其中，"以各类出版物为代表的文献数量""以个体、集体或小组为代表的作家数量"和"以各类文献信息为代表的词汇量"是主要的研究对象，这些研究对象的共性是"量"的产出。

基于上述分析，本书采取文献计量学的研究方法进行"巩固拓展脱贫攻坚成果进程中民族村农户可持续生计研究"的研究综述，所用引文分析软件为陈超美教授所开发的 CiteSpace 软件。其中，CiteSpace 软件通常被广泛应用于知识领域中的研究热点、演进路径、知识拐点、知识结构等分析，还可以对研究课题的发展趋势进行分析。用户可以通过 CiteSpace 软件瞬时"截取"某个知识领域并串联这些部分，利用信息可视化技术，生成动态知识图谱。本节对"巩固拓展脱贫攻坚成果进程中民族村农户可持续生计研究"的文献分析主要通过脱贫农户可持续生计、巩固拓展脱贫攻坚成果、民族地区巩固拓展脱贫攻坚成果与可持续生计能力关系三个方面进行。

（一）农户可持续生计相关研究的文献计量分析

1. 研究数据及发文量的初步分析

英文数据是在 WOS（Web of Science）上收集的，通过数据库进行文献检索和收集的文献会出现部分文字丢失现象，所以笔者选择在核心数据库（Web of Science Core Collection）上进行检索，检索依据是关键词。构建检索式为：TS = Sustainable livelihoods AND TS = farmers；语种选择 English；文献类型选择 Article；时间跨度选择 1992 年 1 月至 2022 年 11 月，检索时间为 2022 年 12 月 31 日。按照以上设置进行检索，同时对检索到的文献进行简单的筛选，剔除与本书研究领域不相关的文献，剩下 1450 篇文献资料导入 CiteSpace 中进行数据对比分析，在这些文献中缺失了 44 条数据，因此，此次农户可持续生计文献计量分析有效数据为 1406 条。

中文数据是在中国知网（CNKI）上获取的，构建检索式为：主题为"农户可持续生计"。时间选择 1992 年 1 月至 2022 年 12 月，检索时间是 2022 年 12 月 31 日；文献类型选择期刊文献；对期刊类型进行限定，选择核心期刊和 CSSCI 期刊。按照以上设置进行检索，同时对检索到的文献进行筛选，剔除与本书研究领域不相关的文献，剩下 398 篇文献资料导入 CiteSpace 中进行数据对比分析，未发现文献有数据丢失，因此，此次农户可持续生计文献计量分析有效的 CNKI 文献为 398 条。

把以上关于农户可持续生计的相关文献的数据再一次导出，根据论文发表的时间和论文发表的次数把相应的信息提取出来做成 Excel 表格进行分析，这些文献发表年份在 1992～2022 年，整理出这些年份 12 月关于可持续生计的文件，既包括中文文献也包括英文文献，绘制成折线图，可以直观地看出此期间中文文献和英文文献发文数量的变化情况，如图 1－1 所示。

根据图 1－1 的内容可知，中文关于农户可持续生计的发文自 2006 年开始，英文关于农户可持续生计的发文量自 1993 年开始，呈现较大差异。整体来看，英文农户可持续生计各年度的研究发文量均高于中文，说明我国对于农户可持续生计研究领域的研究起步较其他国家较晚，需与国际接轨。2006～2016 年，中文和英文相关文献的增长呈现较为平稳的趋势，其中，英文文献的增长有所波动，中文文献的增长较为平滑，说明在这一时期，我国学者对于农户可持续生计研究领域的研究也逐渐成形，并且慢慢发展起来，国内关于农户可持续生计的文献逐渐增多。2017～2022 年，中英文文献中农户可持续生计发文量的增长趋势开始出现明显差异，其中，英文文献发文量陡增，增长速度明显扩大，中文文献发文量虽也有明显增长，但是增长趋势仍比英文文献慢，不过无论是英文文献还是中文文献，2021～2022 年的研究均出现一定的回落趋势，这可能是受到了2020 年的新冠疫情影响，导致这一时期的研究数量出现了短暂的下降。综上整体来看，对于农户可持续生计的研究逐渐受到学术界的广泛关注，已经具备一定规模。

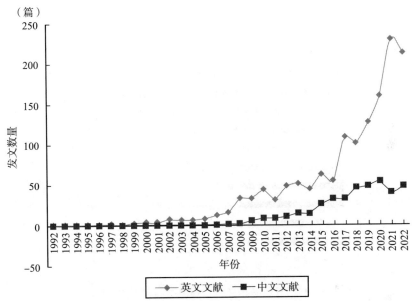

图 1 - 1　农户可持续生计研究领域中英文文献分布

2. 农户可持续生计研究的国家分析

在对文献进行计量分析过程中，分析文献作者所属国家可以帮助学者更好地了解在其研究的领域哪个国家具有较高的权威性，倘若一个国家在某一领域发表了较多的文献，并且在该领域与其他国家合作频繁，这就意味着在国际上该国家在该领域具有较大的影响力。通过对国家共现网络进行可视化研究，同时对各国在某一领域国家共现网络各节点中心性进行分析，进而分析出在某一领域世界范围内最具影响力的国家，学者不仅可以清楚在其研究领域的国际发展情况，也能清楚本国在其研究领域的国际地位，更好地指导其后续研究。

如图 1 - 2 所示，发达国家和发展中国家的发文量在前十排名中各占一半。美国发文量 205 篇，发文量居第一；中国发文量为 201 篇，排名第二；发文量排名第三的国家为印度，发文量为 176 篇。其中，2007 年，西南林业大学的沈立新的文章开启了近 30 年来中国在国际领域中研究农户可持续生计的先河。他认为传统农业做法符合可持续的农村生计，而农业现代化往往会通过各种干扰破坏这些做法。腾冲县的一项案例研究表明，传统的桤木和旱稻轮作农业向引进杉木转变种植园会导致局部缺水和土壤肥力下降。虽然农民意识到传统农业的生态可持续性，但他们更喜欢杉木林，因为它劳动密集度低，市场价值高，并为有利可图的非农活腾出时间。农民通过种植高价值作物和树木来适应经济自由化。然而，通过竞争性商业战略、合作方法、整合高价值作物的创新和可持续农村生计的"下游"加工，当地农业生产更有利可图的替代方案在很大程度上被忽视了，因为信息可用性差，缺乏组织框架。

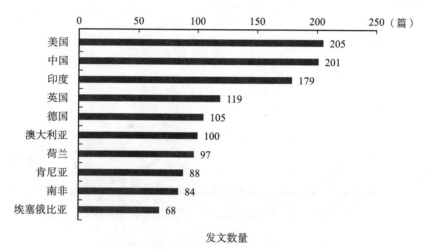

图 1 - 2　农户可持续生计研究领域发文量前十名国家分布

　　将 Web of Science 数据库所检索到的文献导入 CiteSpace 软件中，选项 Node-Types 设为 Country，选项 Selection Criteria Top N 参数设为 60，其他保持默认选项，不做特殊处理，进行可视化分析后可以在农户可持续生计研究国家知识图谱上了解研究国家名单，如图 1 - 3 所示。

　　由图 1 - 3 可知，农户可持续生计研究领域的研究国家中，发文量排名前十的国家中没有明显占据核心地位、与大部分国家之间存在合作的国家。CiteSpace 分析结果中，中心性的大小代表着节点的关键程度，所以在世界范围内进行国家发文中心性分析，可以了解到各国在该领域的关键性程度，还可以判断出这个国家在该领域与其他国家的交流情况，分析该国在农户可持续生计研究领域的国际研究地位。通常情况下，关键节点的中心度大于 0.1。调查结果显示暂无国家的中心度超过 0.1，进一步说明农户可持续生计研究领域的研究尚未出现占据主导地位的国家。

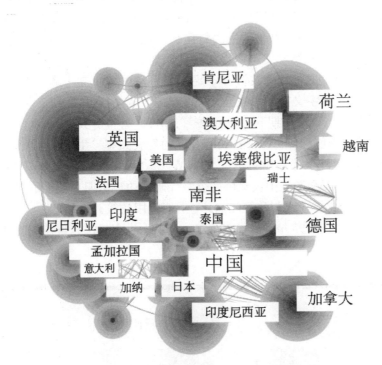

图 1 - 3　农户可持续生计研究的国家共现图

3. 农户可持续生计的期刊分析

为了能够对研究领域有一个更准确的把握，可以对该领域的期刊进行分析，权威性较高的期刊可以帮助学者提炼更多有价值的内容和结论，为后续的研究工作提供有效的指导。文献计量学和科学计量学的方法多种多样，而期刊共被引分析方法是其中的一种定量研究方法，外国学者常用该种定量研究方法展开课题研究。一篇文献中同时引用两篇期刊的现象被称为期刊共被引，同时被引用的期刊强弱可以用来表示这两本期刊的亲疏关系和内部联系（对期刊进行分析以及定位都是期刊共被引分析的特征），通过期刊共被引可以分析期刊在该领域中的学术地位，从而对该期刊有一个简单的学术认知。对于农户可持续生计研究领域，可以通过分析该领域期刊共被引的网络节点的中心性掌握网络中的关键节点，帮助确定载文质量较高的期刊。某一期刊某一时期的期刊载文量多少可以用期刊载文量来表示，期刊载文量大即表示该期刊的信息占有能力较大，输出能力较强，传递能力也较为突出。

因此，对农户可持续生计相关领域的期刊进行分析，找出该领域中的权威期刊，应该从期刊共被引可视化分析、中心性分析和载文量分析等角度进行。

对英文文献中农户可持续生计研究的期刊进行分析：

根据图1-4的内容可知，英文文献中农户可持续生计研究领域被引用次数最多的期刊为《世界发展》，其被引用次数远超其他期刊，该期刊致力于研究提高人类生活水平并解决人类发展历程中的各种问题，如贫困、失业、营养不良、缺乏住所、疾病、环境退化、科技资源不足、贸易与国际收支失衡、国际债务、性别与种族歧视、军国主义与国内冲突、民众的政治经济参与度缺乏等，为SSCI、EI收录期刊。据2013年期刊引证报告（JCR），《世界发展》创刊于1973年，距今已有50年的创刊历史，保持每月一期的发表频率，主题涵盖发展研究、经济学、社会和政治科学等多学科的交叉领域，是发展研究领域的国际顶级刊物。同时可以发现，英文文献中农户可持续生计研究的被引期刊还集中在《农林科学》《全球环境变化——人与政策层面》《土地使用政策》《生态经济》《可持续性—基线》等。期刊研究方向多分布在农业经济、生态经济、可持续发展等领域中。

图1-4 英文文献中农户可持续生计研究领域期刊共被引可视图

期刊共被引网络的关键节点可以通过将CiteSpace对农户可持续生计研究领域英文学术论文的共被引分析结果导入Excel，提取中心度大于0.1的数据来得出，如表 1 - 1 所示。

表 1 - 1　　　英文文献中农户可持续生计研究领域期刊共被引网络关键节点

刊物名称	被引频次	首次出现年份	中心度
农业系统	130	1997	0.15
农业生态系统与环境	302	1996	0.13
发展政策评论	26	1995	0.1

资料来源：WOS 核心数据库，检索时间为 2022 年 12 月 31 日。

通过表 1 - 1 可以看出，《农业系统》《农业生态系统与环境》的中心度和被引频次均较高，表明这两个期刊所刊载的农户可持续生计研究文献内容得到较多学者的认可，质量相对较高，在农户可持续生计研究领域有着较高的学术地位，所以站在中心性的角度，《农业系统》《农业生态系统与环境》两个期刊在农户可持续生计研究领域居于核心地位。

从发文集中情况的角度，对期刊数据进行发文量的统计，得到研究期间农户可持续生计研究英文文献期刊分布，载文量排名前十的期刊如表 1 - 2 所示。

表 1 - 2　　　　　农户可持续生计研究英文文献期刊分布（前十）

刊物名称（简称）	载文量（篇）	占比（%）	刊物名称（简称）	载文量（篇）	占比（%）
持续性	108	7.68	国际可持续发展与世界生态学杂志	19	1.35
土地使用政策	40	2.84	农业基础	17	1.21
土地	34	2.42	环境管理杂志	16	1.14
国际农业可持续性杂志	34	2.42	可持续粮食系统的前沿	16	1.14
环境发展与可持续性	24	1.71	农业系统	15	1.07

资料来源：WOS 核心数据库，检索时间为 2022 年 12 月 31 日。

根据表 1 - 2 显示，英文期刊中关于农户可持续生计研究领域的论文发表量排名前十的期刊一共发表了 323 篇文章，占比约为 23%，其中，《持续性》表现出显著高于其他期刊的趋势，说明论文在该期刊上的集中度较高，农户可持续生计研究领域的研究在英文期刊中形成较为稳定的期刊群和代表性期刊。

另外，由表 1 - 2 可知，在英文期刊中，《持续性》关于农户可持续生计研究领域文献引用频率在排名前十的期刊中是最高的，所以从论文数量上来看，在农户可持续生计研究领域,《持续性》应该是一个权威的、有影响力的期刊。

以下是中文期刊关于农户可持续生计研究的分析情况:

农户可持续生计研究的中文期刊情况主要以期刊的载文量和专业的研究水平两个方面作为切入点来进行分析。无法进行共被引分析是因为 CiteSpace 软件无法对中国知网(CNKI)检索导出的没有"参考文献"相关信息的文献进行共被引分析。

首先,对文献数据进行统计,得到农户可持续生计研究领域的期刊载文量,其中,载文量排名前十的期刊如表 1 - 3 所示。

表 1 - 3　　　　　　农户可持续生计研究领域中文文献期刊分布(前十)

刊物名称	载文量(篇)	占比(%)	刊物名称	载文量(篇)	占比(%)
中国农业资源与区划	22	5.53	地理科学进展	9	2.26
干旱区资源与环境	13	3.27	华中农业大学学报(社会科学版)	9	2.26
林业经济	13	3.27	农村经济	9	2.26
经济地理	11	2.76	生态学报	9	2.26
中国人口·资源与环境	11	2.76	统计与决策	9	2.26

资料来源:中国知网,检索时间为 2022 年 12 月 31 日。

通过表 1 - 3 可以看出,农户可持续生计研究领域发文量排名前 10 位的中文期刊共发文 115 篇,占比约 28.89%,远高于其他期刊,说明国内农户可持续生计研究领域的论文多重点集中于某些特定的期刊,农户可持续生计研究领域的研究在国内可以比较清晰地找到代表性期刊,并且这一趋势比较稳定,已逐渐形成以《中国农业资源与区划》这一期刊为首的农户可持续生计研究领域期刊群。其中,《中国农业资源与区划》关于农户可持续生计的文章数量最多,一共有 22 篇,该期刊上关于农户可持续生计的文章内容包括生计资本、农户生计、生计策略、实证研究等,涉及经济学、农学、体制改革、农业工程等学科,是知识产权领域的核心期刊。关于农户可持续生计研究领域发文量排名第二的期刊是《干旱区资源与环境》,一共有 13 篇,该期刊上关于农户可持续生计研究领域的文章内容包括生计策略、人力资源、金融资本、易地扶贫搬迁等方面,涉及学科主要有经济统计、农业经济、经济体制改革等学科。关于农户可持续生计研究领域发文量排名第三的期刊是《林业经济》,一共有 13 篇。该期刊刊登现有农户可持续生计研究领域文章主要集中在生计资本和生态旅游等方面,涉及学科主要有农业经济、旅游管理等学科。排名靠前的这三个期刊在农户可持续生计研究领域的研究相对于其他期刊而言具有一定的权威性，文献质量较高。这说明在选择农户可持续生计研究领域的研究趋势、研究方向时，可以参考这三家期刊上关于农户可持续生计的文章，具有一定的指导价值。

发文量排名前十的期刊根据中国知网检索后按照研究层次分组，可以对农户可持续生计研究领域中较权威期刊文献的研究层次进行更深一步的确定，从而为本书研究选择参考文献提供依据。分类的结果见表 1-4。

表 1-4 农户可持续生计研究领域中文核心期刊研究层次

研究层次	期刊名称
基础研究（社科）	中国人口·资源与环境、干旱区资源与环境、林业经济、经济地理、地理科学进展、华中农业大学学报（社会科学版）、农村经济、生态学报
行业指导（社科）	中国农业资源与区划
政策研究（社科）	统计与决策

资料来源：中国知网，检索时间为 2022 年 12 月 31 日。

根据表 1-4 的内容可知，中文期刊中关于农户可持续生计的研究层次涉及社会科学行业指导、政策研究、基础研究等，其中，《中国人口·资源与环境》《干旱区资源与环境》《林业经济》《经济地理》《地理科学进展》《华中农业大学学报（社会科学版）》《农村经济》《生态学报》中关于该领域的研究层次为社会科学基础研究，因此，学者们在研究关于农户可持续生计的社会科学基础研究时，应当以在这几个期刊检索的文章为主要参考文献；《中国农业资源与区划》关于该领域的研究层次为行业指导，因此，在研究农户可持续生计的行业指导时，可以在该期刊上检索相关文献；政策研究是《统计与决策》上关于该领域的主要研究层次，因此，在该期刊上检索相关文件，对农户可持续生计研究领域社会科学政策的相关研究有很大的帮助和启发。

综上，通过对中、英文期刊分析可知，《持续性》等英文期刊文献可以作为农户可持续生计研究的重点英文参考文献，《中国人口·资源与环境》《林业经济》和《干旱区资源与环境》等中文期刊文献可以作为农户可持续生计研究的重点中文参考文献。

4. 农户可持续生计研究的作者分析

结合 Web of Science 数据库和中国知网（CNKI）导出信息的适用范围，采用共被引分析方法分析英文文献，采用合作网络分析方法进行机构分析。由于中文文献无法进行共被引分析，因此，只采用合作网络法进行中文文献中农户可持续生计研究的作者分析。

首先，对英文文献中农户可持续生计研究领域的作者进行分析。

通过观察图 1-5 可以看出，在国际上农户可持续生计研究领域的被引频次较高的作者以埃利斯、斯科特、阿格瓦尔等为首，通过 CiteSpace 软件的计算得出了农民可持续生计研究英文论文的作者被引用频率。由于被引用的作者较多，同时被引用次数最多的作者才能被认定为该领域的权威作者，所以截取排名前三的作者，如表 1-5 所示。

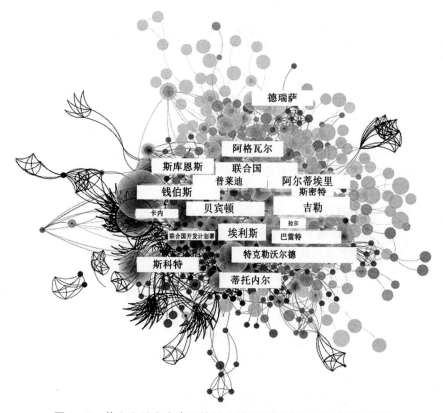

图 1-5　英文文献中农户可持续生计研究领域作者共被引可视图

表 1-5　　　　英文文献中农户可持续生计作者被引频次排名（前三）

作者	共被引频次	被引频次最高论文	论文被引次数
埃利斯	95	小规模渔业的生计方法和管理	739
斯科特	92	生计观点和农村发展	728
阿格瓦尔	84	移徙、汇款、生计轨迹和社会复原力	251

资料来源：WOS 核心数据库，检索时间为 2022 年 12 月 31 日。

如表 1-5 所示，农户可持续生计研究作者共被引频次最高的是埃利斯，他被引频次最高的论文为《小规模渔业的生计方法和管理》，被引 739 次，该论文认为在低收入国家，一种被称为"可持续生计方法"的减贫方法可以被用于理解个体渔民面对渔业资源波动的战略。该论文对生计方法进行了解释，并探讨了其对发展中国家传统渔业管理政策的见解。农户可持续生计研究共被引频次排名第二的是斯科特，其被引频次最高的论文为《生计观点和农村发展》，该论文对有关农村生计的辩论中的关键时刻进行了历史回顾，指出了生计方法的张力、模糊性和挑战，确定了一系列核心挑战，重点是需要对生计中心的观点进行更深入的政治分析。这将提高生计观点的能力，以解决最近讨论中的关键缺陷，包括知识、政治、规模和动态问题。被引频次排名第三的作者为阿格瓦尔，其被引频次最高的论文为《移徙、汇款、生计轨迹和社会复原力》，该论文认为人口变化的所有方面，包括移民，都会影响个人和社区的社会韧性，以及潜在资源基础的可持续性。社会韧性是指通过适当的机构来应对和适应环境和社会变化的能力。该论文调查了当代越南沿海地区人口变化、社会韧性和可持续发展之间关系的一个方面：移民和汇款对人口来源地区资源依赖社区的影响。该论文使用生计来源的纵向数据研究发现，在不断变化的社会和政治背景下，移民和汇款对复原力有抵消作用。移民与不可持续的沿海水产养殖的扩张同时发生，而不是驱动。日益加剧的经济不平等也会削弱社会韧性。同时，多样化和收入水平的提高有利于可持续生计能力恢复。

以中心度 0.1 作为标准，只有超过 0.1 才视为关键节点，提取英文文献中农户可持续生计研究领域的作者共同被引网络中的关键性结点，见表 1-6。

表 1-6 英文文献中农户可持续生计研究领域作者共被引网络关键节点

作者	共被引频次	中心度	首次出现时间
埃利斯	95	0.13	2007
斯科特	38	0.12	1999
阿格瓦尔	84	0.1	2006

资料来源：WOS 核心数据库，检索时间为 2022 年 12 月 31 日。

由表 1-6 的内容可知，埃利斯、斯科特、阿格瓦尔与其他作者有着一定的关联，以这三位作者为中心可以形成大大小小的学术研究组织。基于此，上述三位作者关于农户可持续生计方面的研究具有较高的权威性。

接着对农户可持续生计研究领域中文文献中的作者进行分析，见图 1-6。

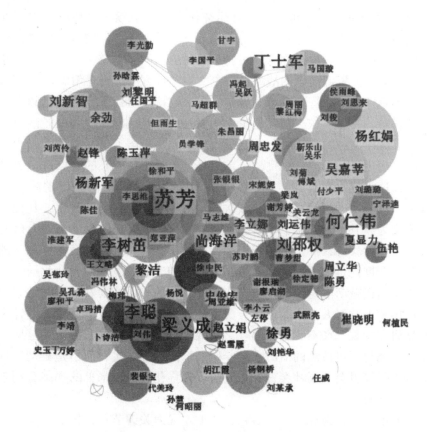

图 1 - 6　中文文献中农户可持续生计研究领域作者合作网络可视图

根据图 1 - 6 的内容可知，苏芳的论文数量是最多的。在分析过程中发现，作者之间的关联线只有 321 条，而结点（也就是作者）只有 342 个，共生网络的密度只有 0.0055，这表明在中国，作者之间的联系很薄弱，学者们没有组成一个研究小组。将 CiteSpace 软件分析的数据结构导出，在中文文献中农户可持续生计研究中发表文章数量排在前十的作者，见表 1 - 7。

表 1 - 7　　　　　中文文献中农户可持续生计研究高发文作者（前十）

作者	发文量	单位
苏芳	14	兰州理工大学
何仁伟	8	西昌学院
梁义成	7	西安交通大学
李聪	7	西安交通大学

作者	发文量	单位
丁士军	7	中南财经政法大学
刘邵权	6	中国科学院大学
李树苗	6	西安交通大学
尚海洋	5	兰州商学院
吴嘉莘	4	昆明理工大学
杨红娟	4	昆明理工大学

资料来源：中国知网，检索时间为 2022 年 12 月 31 日。

如表 1-7 中所示，农户可持续生计研究领域的重要学者主要有苏芳、何仁伟、梁义成等，因此，可以重点选取以上学者的文章进行参考。以上学者的研究多集中于生计资本、生计策略、生计风险等方面对农户影响的研究。

5. 农户可持续生计研究领域的重要文献分析

分析某一领域的权威性、含金量较高的文献，可以为学者提供丰富的、详细的参考资料，以直观的方式呈现出农户可持续生计研究领域高质量文献、核心文献，帮助学者快速、准确地整理出农户可持续生计研究领域研究发展过程中的重要研究成果，为后续研究提供重要参考。

在关于可持续生计研究领域英文文献的研究过程中，以中心度 0.1 为标准，超过 0.1 即视为关键节点，提取结果显示目前尚未出现中心度大于 0.1 的英文文献，说明未出现共被引网络的关键节点，因此，仅选取中心度排名前三位的文献进行重点分析，如表 1-8 所示。

表 1-8　　　　　　　农户可持续生计研究领域英文核心文献

中心度	作者	题目	发表时间
0.08	加内特	农业的可持续集约化：前提和政策	2013 年
0.08	布赖恩	肯尼亚农业适应气候变化的情况：家庭战略和决定因素	2013 年
0.07	陈	中国的政策支持、社会资本和农民对旱灾的适应性	2014 年

资料来源：CiteSpace 软件计算结果。

中心度最高的文章为加内特发表于 2013 年的《农业的可持续集约化：前提和政策》，该文讨论了农业可持续集约化的概念，将其作为改善全球粮食安全的政策。作者认为，有效的可持续集约化计划应该包括通过提高作物产量来提高农业生产力，并减少对环境的影响。作者还探讨了可持续集约化目标与生物多样性保护和土地利用、动物福利、营养和农村经济发展目标之间的关系。排名第二的为布赖恩于2013年发表的《肯尼亚农业适应气候变化的情况：家庭战略和决定因素》，作者考察了农民对气候变化的看法、持续的适应措施以及影响农民适应决定的因素。结果表明，家庭在适应气候变化方面面临相当大的挑战。尽管许多家庭对其农业做法进行了小幅度的调整以应对气候变化（特别是改变种植决定），但很少有家庭能够进行更昂贵的投资，这需要政府加大对农村和农业发展的投资，以支持家庭作出影响其未来福祉的战略性长期决策的能力。排名第三的为陈发表于2014年的《中国的政策支持、社会资本和农民对旱灾的适应性》，该研究考察了政策和社会资本对农民决定采取抗旱措施的影响，调查结果显示，86%的农村家庭已采取适应性措施保护作物生产免受干旱影响，其中大多数是非工程措施。在非工程措施的干预下，改变农业生产投入和调整播种或收获日期是两种流行的选择。多元回归分析表明，政府应对干旱采取的政策，如发布预警信息和灾后服务、技术援助、财政和物质支持，显著提高了农民适应干旱的能力。然而，由于只有5%的村庄受益于此类援助，中国政府仍有很大的提升空间。此外，拥有较高水平的社会资本的农户显著提高了其抗旱能力。因此，政府应特别关注农业社区，以及社区内社会资本水平较低的农民。最后，农民适应干旱的能力也与其家庭和当地社区的特点有关。

　　在关于可持续生计研究领域中文文献的研究分析过程中，由于在中国知网CNKI检索并导出的文件缺失一部分信息，所以在进行中文文献共被引分析时不能使用CiteSpace软件，而主要通过文献被引频次来分析和研究，如表1-9所示。

表1-9　　　　　　　　　农户可持续生计研究领域中文核心文献

排名	被引频次	作者	题目
1	485	杨云彦、赵锋	可持续生计分析框架下农户生计资本的调查与分析——以南水北调（中线）工程库区为例
2	463	苏芳、蒲欣冬、徐中民、王立安	生计资本与生计策略关系研究——以张掖市甘州区为例
3	417	黎洁、李亚莉、邰秀军、李聪	可持续生计分析框架下西部贫困退耕山区农户生计状况分析
4	327	贺爱琳、杨新军、陈佳、王子侨	乡村旅游发展对农户生计的影响——以秦岭北麓乡村旅游地为例
5	262	许汉石、乐章	生计资本、生计风险与农户的生计策略
6	243	赵雪雁、李巍、杨培涛、刘霜	生计资本对甘南高原农牧民生计活动的影响

排名	被引频次	作者	题目
7	232	唐丽霞、李小云、左停	社会排斥、脆弱性和可持续生计：贫困的三种分析框架及比较
8	225	谢旭轩、张世秋、朱山涛	退耕还林对农户可持续生计的影响
9	220	李树苗、梁义成、Marcus W. Feldman、Gretchen C. Daily	退耕还林政策对农户生计的影响研究——基于家庭结构视角的可持续生计分析
10	206	何仁伟、李光勤、刘邵权、徐定德、李立娜	可持续生计视角下中国农村贫困治理研究综述

资料来源：中国知网，检索时间为 2022 年 12 月 31 日。

被引频次第一的是杨云彦、赵锋于 2017 年 11 月发表的《可持续生计分析框架下农户生计资本的调查与分析——以南水北调（中线）工程库区为例》，该文献被引用 485 次，该研究的作者对南水北调（中线）工程进行实地调研，获取了库区农户生计资本相关信息，实证调查结果表明，库区农户的生计资本总体上是比较脆弱的，该地区社会整合水平较低。面对"南水北调"等外部因素的影响，库区农户的生计资本需要通过搬迁安置政策、生态补偿等方式才能得以优化与转型；同时，要突出以人力资本为核心的生计可持续发展能力的培养，为生计可持续发展的转型提供必要的前提条件。被引频次第二的是苏芳、蒲欣冬、徐中民、王立安于 2009 年 12 月发表的《生计资本与生计策略关系研究——以张掖市甘州区为例》，该文基于可持续生计框架构建了可持续生计评价指标体系，探讨了张掖市甘州区生计资本与升级策略之间的关系。结果表明：对张掖市甘州区农户而言，在生计资本中，物质资本值最高，其次是人力资本，再次是社会资本，最后是金融资本和自然资本。另外，研究还发现，金融资本和自然资本的变化对农户的生计策略选择产生一定的影响，例如，在其他条件不变的情况下，金融资本每增加一个单位，非农与以农业为主要生计方式的比例扩大了约 9.7 倍，而自然资本每增加一个单位，非农与以农业为主要生计方式的比例则会缩小 0.119 倍，基于此，作者认为政府发挥其指导作用是实现农户生计多样化和抵御风险能力强化的重要途径，政府在资金和技术方面应加大支持力度，提升农业生产转向第二、第三产业的资本储备和技术能力。被引用频次第三的是黎洁、李亚莉、邰秀军、李聪于 2009 年 9 月发表的《可持续生计分析框架下西部贫困退耕山区农户生计状况分析》，该文通过对陕西省周至县退耕山区进行实地调研，了解中国西部地区退耕山区的农户的家庭情况，采用描述性统计方法对 1074 个农户进行了统计分析。研究结果显示：农业户的生计资本相对于兼业户较为缺乏，兼业户因其生计活动多元化，拥有一定的抵抗风险的能力，贫困程度较浅，并且对于自然环境的依赖性较低。因此，可以通过鼓励农民兼业，来全面解决当地的农户贫困问题，同时解决环境保护问题。

6. 农户可持续生计研究领域的研究前沿分析

通过研究某一领域的前沿可以分析该领域的发展趋势，同时，研究前沿还可以分析某一领域的发展前景、创新点、学科交叉领域等。本书通过 CiteSpace 软件对新的研究前沿、研究趋势和研究特点进行分析，再利用软件的膨胀词测算法在大量的话题词中提取出词频变化率、突变率较高的词语，从而确定所研究领域的研究前沿。提取突变最少维持 5 年的词语，最终汇总得出表 1 – 10。

表 1 – 10　　　　　　　　　农户可持续生计英文文献前沿术语

关键词	强度	开始年份	结束年份	1993 ~ 2022 年
可持续农业	7. 13	1993	2016	
政策	4. 3	2009	2013	
非洲	6. 55	2003	2017	
贫困	5. 8	2006	2018	
动态性	4. 34	2004	2016	
生物多样性	6. 16	2008	2018	
生产力	5. 79	2001	2018	
可持续性	4. 24	2007	2020	
土地利用	5. 61	2007	2019	

注："▬▬"为关键词引用频次显著增加的年份，"▭▭"为关键词引用频次无显著变化的年份。

如表 1 – 10 所示，可持续农业在 1993 ~ 2016 年持续成为英文农户可持续生计文献突现关键词，说明自该领域开始受到学术界关注以来，世界各国学者持续致力于农业的可持续发展研究；2009 年开始出现可持续农业以外的突现关键词，分别为非洲、贫穷、动态性、生物多样性、生产力，但是这一时期的突现强度还较弱，说明这一阶段学术界开始逐渐从农业可持续发展的研究中分支出不同研究方向，并初具规模，结合其他关键词可以看出，目前国际上农户可持续发展领域的研究已经涉及多个交叉学科，涉及贫困、土地、农业发展等多个领域。

因为中文文献的年份不一，时间跨度比较大，所以提取突变最少维持两年的词语，最终汇总得出表 1 – 11。

表 1 – 11　　　　　　　　　农户可持续生计中文文献前沿术语

关键词	强度	开始年份	结束年份	2006 ~ 2022 年
退耕还林	1. 84	2006	2013	
生计资产	4. 6	2007	2013	

续表

关键词	强度	开始年份	结束年份	2006～2022 年
脆弱性	1.88	2009	2014	━ ━ ━ ━ ━ ━ ━ ━ ━ ━ ━ ━ ━ ━ ━ ━ ━
生计状况	1.68	2011	2013	━ ━ ━ ━ ━ ━ ━ ━ ━ ━ ━ ━ ━ ━ ━ ━ ━
生态补偿	1.68	2012	2013	━ ━ ━ ━ ━ ━ ━ ━ ━ ━ ━ ━ ━ ━ ━ ━ ━
灌溉管理	1.7	2014	2015	━ ━ ━ ━ ━ ━ ━ ━ ━ ━ ━ ━ ━ ━ ━ ━ ━
生态环境	1.6	2016	2018	━ ━ ━ ━ ━ ━ ━ ━ ━ ━ ━ ━ ━ ━ ━ ━ ━
农地整治	2.01	2018	2020	━ ━ ━ ━ ━ ━ ━ ━ ━ ━ ━ ━ ━ ━ ━ ━ ━
土地流转	1.87	2018	2019	━ ━ ━ ━ ━ ━ ━ ━ ━ ━ ━ ━ ━ ━ ━ ━ ━
生计能力	1.65	2018	2019	━ ━ ━ ━ ━ ━ ━ ━ ━ ━ ━ ━ ━ ━ ━ ━ ━

注："■■■" 为关键词引用频次显著增加的年份，"▬▬▬" 为关键词引用频次无显著变化的年份。

　　如表 1 – 11 所示，在我国研究农户可持续生计的初期，学者主要关注退耕还林政策对农户生计的影响，同时运用的主要变量为生计资本，这一点为本书的变量选取提供了重要思路。2011～2018 年，生计状况、生态补偿、灌溉管理、生态环境等关键词成为学术界关注的热点，说明这一阶段，学者重点研究影响可持续生计的各方面因素。2018 年至今，学术界开始关注农地对农户可持续发展的影响，生计能力的提升成为持续的热点话题。

（二）脱贫攻坚成果相关研究的文献计量分析

　　为了更好区分脱贫攻坚成果及脱贫攻坚之间的概念差异，本书将 2020 年后的脱贫攻坚研究成果作为重点研究对象，并对巩固拓展脱贫攻坚成果的相关文献进行梳理。巩固拓展脱贫攻坚成果是我国特有政策，因此，本书在对关于研究脱贫攻坚成果的文献进行计量分析时，只计量分析中国知网（CNKI）上检索的相关资料数据。

1. 研究数据及发文量的初步分析

　　以中国知网（CNKI）为来源，构建检索式为：主题 = "脱贫攻坚成果"。时间限定为：2020 年 1 月～2022 年 12 月，检索时间为 2022 年 12 月 31 日；文献类型为期刊文献；所选取的期刊类型为中文核心期刊及 CSSCI 期刊。按照关键词检索出相关文献后删除一些关联性不高的文献，最终得到 472 篇有效文献数量，在 CiteSpace 软件中导入所检索得到的文献数据进行初步分析，运行结果显示未发现文献数据丢失，因此，对脱贫攻坚成果研究文献进行计量分析后得到有效文献一共 472 篇。

　　再一次将以上脱贫攻坚成果研究领域的相关文献的数据导出，根据文献发表的时间和发表的论文数目提取出相应的信息，汇总成 Excel 表格进行分析，得出从 2020 年 1 月～2022 年 12 月，在脱贫攻坚成果研究领域，英文文献和中文文献发表的论文数目的趋势对比图，见图 1 – 7。

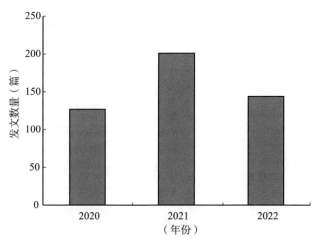

图 1 - 7 脱贫攻坚成果研究领域文献分布

根据图 1 - 7 的内容可知，国内学术界持续三年在脱贫攻坚成果相关领域的发文量超过 100 篇，同时近三年的文献数量与农户可持续生计研究领域十几年的文献数量相近，学术界对脱贫攻坚成果的关注度较高，反映出了我国相关政策对该领域研究的指导意义。其中，2021 年的发文量最多，高达 200 篇，这可能是因为 2021 年是我国距离脱贫攻坚取得全面性胜利已有一年的时间，在此阶段巩固拓展脱贫攻坚成果同乡村振兴有效衔接是实现共同富裕的重要发展方向。

2. 脱贫攻坚成果的期刊分析

在中国知网（CNKI）上检索出来的文献缺失部分信息，没有参考文献相关信息，所以不能在 CiteSpace 软件上进行共被引分析，在分析关于脱贫攻坚相关中文文献时只能从期刊的发文量和文献研究层次展开研究。

首先，对文献数据进行统计，得到脱贫攻坚成果研究领域的期刊载文量，其中载文量排名前十的期刊如表 1 - 12 所示。

表 1 - 12　　　　　脱贫攻坚成果中文文献期刊分布（前十）

刊物名称	载文量（篇）	占比（%）	刊物名称	载文量（篇）	占比（%）
南京农业大学学报（社会科学版）	17	3.60	华中农业大学学报（社会科学版）	8	1.69
人民论坛	16	3.39	政治经济学评论	7	1.48
农业经济	13	2.75	宏观经济管理	7	1.48
贵州社会科学	9	1.91	西南民族大学学报（人文社会科学版）	6	1.27
农业经济问题	8	1.69	红旗文稿	6	1.27

资料来源：中国知网，检索时间为 2022 年 12 月 31 日。

通过表 1 - 12 可以看出，中文期刊关于脱贫攻坚成果的文献发布数量排名前十的期刊一共发布了 97 篇文献，占比约 20.6%，排名前十的期刊发文量远超其他期刊，这也说明国内关于脱贫攻坚成果研究领域的论文多重点集中于某些特定的期刊，脱贫攻坚成果研究领域的研究在国内可以比较清晰地找到代表性期刊，并且这一趋势比较稳定，已逐渐形成以《南京农业大学学报（社会科学版）》这一期刊为首的脱贫攻坚成果研究领域期刊群。其中，《南京农业大学学报（社会科学版）》在该领域刊登的文章最多，为 17 篇，刊登在该期刊上关于巩固脱贫攻坚成果的文章一般都围绕着以下几个话题：乡村振兴有效衔接、相对贫困、如何巩固拓展脱贫攻坚成果。涉及学科主要有农业经济、经济体制改革等学科。排名第二的期刊为《人民论坛》，发文量为 16 篇，该期刊刊登的现有脱贫攻坚成果研究领域文章主要集中在乡村振兴、反贫困理论等方面，涉及学科主要为农业经济。排在第三名的是《农业经济》，发表的文献数量为 13 篇。该期刊刊登现有脱贫攻坚成果研究领域文章主要集中在乡村振兴、巩固拓展脱贫成果、农业农村现代化、共同富裕、相对贫困等方面，涉及农业经济学、农业学、农业经济管理学等。发文量靠前的三个期刊在这一领域相对于其他期刊而言具有较大的优势，权威性也较高。这说明在研究分析脱贫攻坚成果研究领域研究趋势、研究方向时，应当重点关注这三家期刊的文献。

对发文量排名前十位的期刊，根据中国知网期刊检索后的研究层次进行分组，可以对其在脱贫攻坚成果研究领域中的较权威期刊文献的研究层次进行更深一步的确定，方便后续研究选择合适的参考文献。研究分析成果汇总于表 1 - 13。

表 1 - 13　　　　　　　　脱贫攻坚成果研究领域中文核心期刊研究层次

研究层次	期刊名称
基础研究（社科）	南京农业大学学报（社会科学版）、人民论坛、农业经济、贵州社会科学、农业经济问题、华中农业大学学报（社会科学版）、政治经济学评论、西南民族大学学报（人文社会科学版）、红旗文稿
政策研究（社科）	宏观经济管理

资料来源：中国知网，检索时间为 2022 年 12 月 31 日。

根据表 1 - 13 的内容可知，我国关于脱贫攻坚的研究层次主要是社会科学基础研究、政策研究。其中涉及的期刊包括《南京农业大学学报（社会科学版）》《人民论坛》《农业经济》《贵州社会科学》《农业经济问题》《华中农业大学学报（社会科学版）》《政治经济学评论》《西南民族大学学报（人文社会科学版）》《红旗文稿》，研究集中在基础研究（社科），所以，在开展有关脱贫攻坚成果的社科基础理论研究时，可以将上述期刊的文献作为参考文献；《宏观经济管理》是一份以政策研究（社科）为主的刊物，所以在对脱贫攻坚成果工作领域中社会政策进行研究时，可以将上述刊物作为参考文献。

综上，通过对期刊分析可知，在关于脱贫攻坚成果的研究方面，可以重点选取《南京农业大学学报（社会科学版）》《人民论坛》《农业经济》等期刊的文章进行参考。

3. 脱贫攻坚成果的作者分析

根据图 1 − 8 的内容可知，黄承伟发表的论文数量最多，总的来说，作者间的链接只有 532 条，而节点（也就是作者）有 737 个，共现网络密度只有 0.002，这表明在我国，作者之间的联系较弱，大部分的作者都是单独进行课题研究，没有与其他学者组成研究小组。通过对 CiteSpace 软件的运行结果进行分析，得出中文文献中关于脱贫攻坚成果的作者发文量排名，如表 1 − 14 所示。

图 1 − 8　脱贫攻坚成果研究领域中文作者合作网络可视图

表 1 – 14 中文文献中脱贫攻坚成果研究高发文作者

作者	发文量	单位
黄承伟	15	国家乡村振兴局
张琦	7	北京师范大学
左停	7	中国农业大学
韩广富	5	吉林大学
汪三贵	5	中国人民大学
郑瑞强	4	江西农业大学
李小云	4	中国农业大学
李博	4	西安建筑科技大学
白永秀	4	西北大学
叶敬忠	4	中国农业大学
高强	4	南京林业大学

资料来源：中国知网，检索时间为 2022 年 12 月 31 日。

根据表 1 – 14 的内容可知，在脱贫攻坚成果方面进行相关研究的学者有黄承伟、张琦、左停等，所以在研究脱贫攻坚成果方面可以选择这些学者的文献作为参考文献。以上学者的研究多集中于乡村振兴、共同富裕、巩固拓展脱贫攻坚成果等方面。

4. 脱贫攻坚成果研究领域的重要文献分析

通过对重要文献的分析，能够帮助学者选择更合适的参考文献，从而直观地发现脱贫攻坚领域在发展过程中比较重要的文献，以及一些核心、高质量的文献，进而能够快速、准确地整理出脱贫攻坚领域的重要研究成果，为后续论文开展提供思路和参考。分析脱贫攻坚成果研究领域的中文文献资料，由于在中国知网 CNKI 导出的文献会缺失参考文献这部分信息，因此，主要根据文献被引用的频次对脱贫攻坚成果研究领域中文文献进行分析，分析结果如表 1 – 15 所示。

表 1 – 15 脱贫攻坚成果研究领域中文核心文献

排名	被引频次	作者	题目
1	175	涂圣伟	脱贫攻坚与乡村振兴有机衔接：目标导向、重点领域与关键举措
2	118	左停	脱贫攻坚与乡村振兴有效衔接的现实难题与应对策略
3	109	刘焕、秦鹏	脱贫攻坚与乡村振兴的有机衔接：逻辑、现状和对策

续表

排名	被引频次	作者	题目
4	108	汪三贵、冯紫曦	脱贫攻坚与乡村振兴有效衔接的逻辑关系
5	98	卢黎歌、武星星	后扶贫时期推进脱贫攻坚与乡村振兴有机衔接的学理阐释
6	98	贾晋、尹业兴	脱贫攻坚与乡村振兴有效衔接：内在逻辑、实践路径和机制构建
7	98	王介勇、戴纯、刘正佳、李裕瑞	巩固脱贫攻坚成果，推动乡村振兴的政策思考及建议
8	87	高强	脱贫攻坚与乡村振兴的统筹衔接：形势任务与战略转型
9	87	陆汉文、杨永伟	从脱贫攻坚到相对贫困治理：变化与创新
10	86	经济问题	脱贫攻坚与乡村振兴的衔接机制构建

资料来源：中国知网，检索时间为 2022 年 12 月 31 日。

根据表 1 - 15 的内容可知，涂圣伟的文章是被引频次最高的，其在 2020 年发表的《脱贫攻坚与乡村振兴有机衔接：目标导向、重点领域与关键举措》被引频次为 175 次，该文提到，在新时代中国的"三农"工作中，脱贫攻坚与乡村振兴战略是理念相同、阶段不同的两大重要战略部署，这两大战略是循序渐进的过程，这就要求两大战略具备较高的政策适配度和实践融合度，积极推进脱贫攻坚同乡村振兴有机衔接，以全体村民的全面发展为目标，从产业、社区治理和资产管理等角度出发。为推动农村现代化发展，应深化改革政策，转变工作体系和资源配置方式，提升脱贫效果可持续性。被引频次第二的是左停于 2020 年 1 月发表的《脱贫攻坚与乡村振兴有效衔接的现实难题与应对策略》，该文总结了当前脱贫攻坚同乡村振兴有效衔接的困难，并提出相应对策。作者认为，存在的困难主要包括政策目标大、区域平衡差异大、治理体系转换难等，以及发展政策在贫困地区脱贫前后的衔接问题和如何全面考虑不同群体的不同社会政策诉求的问题。同时，该文也针对以上困难提出了相应的应对策略，表明坚持以人为中心的发展理念至关重要，将解决问题作为行动的方向和目标，将解决问题的过程机制化、制度化，以达到高效、稳定、可持续的效果。此外，还应重点补齐短板，加强巩固拓展脱贫攻坚成果，并对乡村振兴的网络服务体系和政策体系做进一步的完善。被引频次排名第三的文章为刘焕、秦鹏于 2020 年 1 月发表的《脱贫攻坚与乡村振兴的有机衔接：逻辑、现状和对策》，该文主要从逻辑、现状和对策三个方面对脱贫攻坚同乡村振兴有机衔接问题进行探索，对两大政策间的逻辑关系进行讨论和分析，对二者在衔接中存在的困难和问题进行梳理，并提出加强脱贫攻坚同乡村振兴有机衔接的相应对策，确保政策平稳有序过渡。

5. 脱贫攻坚成果研究领域的研究前沿分析

提取突变在 1 年以上的关键词，制作成表 1 – 16。

表 1 – 16　　　　　　　　　脱贫攻坚成果中文文献前沿术语

关键词	强度	开始年份	结束年份	2020 ~ 2022 年
相对贫困	4. 22	2020	2020	▬▬━━
精准扶贫	3. 5	2020	2020	▬▬━━
有效衔接	2. 12	2020	2020	▬▬━━
实践路径	1. 7	2020	2020	▬▬━━
巩固拓展	1. 7	2020	2020	▬▬━━

注："▬▬"为关键词引用频次显著增加的年份，"━━"为关键词引用频次无显著变化的年份。

如表 1 – 16 所示，2020 年以来，我国对于脱贫的研究方向已经从扶贫转变为相对扶贫，研究重点从先前的脱贫攻坚转变成与乡村振兴有效衔接，并且这一前沿热点一直持续至今，同时，学术界开始不仅从总结过去脱贫攻坚经验的角度进行研究，研究的热点话题还聚焦"在未来将如何巩固脱贫攻坚成果"以及"让脱贫攻坚成果和乡村振兴实现有效的衔接"。

此外，需要注意的是，通过对主题包含"巩固拓展脱贫攻坚成果"和"民族地区"的文献进行检索，在中国知网中只检索到 4 篇北大中文核心或 CSSCI 收录的论文、4 篇博士论文、7 篇硕士论文；通过对主题包含"农户可持续生计"和"民族地区"的文献进行检索，在中国知网中只检索到 17 篇北大中文核心或 CSSCI 收录的论文、10 篇博士论文、20 篇硕士论文。因此，文献数据量不足以支撑文献计量分析。

（三）文献计量发现

1. 发文量分析发现

通过对国内外农户可持续生计的研究分析，可以看出外国研究比我国研究要深入，且他们对该领域的关注度也更高，但从整体情况看，目前对于农户可持续生计的分析研究逐渐受到学术界的广泛关注，相关研究已经具备一定规模；此外，从各国关于可持续生计研究的英文文章数量来看，美国的文章数量是最多的，中国发文量排名第二，各国均未形成关键节点，说明农户可持续生计研究领域尚未出现占据主导地位的国家。

通过对国内脱贫攻坚成果相关研究发文量进行分析发现，国内学术界持续三年在脱贫攻坚成果相关领域的发文超过 100 篇，同时，近三年的文献数量与农户可持续生计研究领域十几年的文献数量相近，说明学术界对脱贫攻坚成果的关注度较高，反映出了我国相关政策对该领域研究的指导意义。

2. 期刊分析发现

通过对农户可持续生计研究领域的载文期刊进行分析，发现英文文献中的农户可持续生计研究多分布在农业经济、生态经济、可持续发展等领域的期刊中，国内知识产权领域的文献主要集中在经济统计、农业经济、经济体制改革等学科领域的期刊中。

通过对脱贫攻坚成果研究领域的载文期刊进行分析，发现脱贫攻坚成果研究领域的论文多重点集中于某些特定的期刊，脱贫攻坚成果研究领域的研究在国内可以比较清晰地找到代表性期刊，并且这一趋势比较稳定，已逐渐形成以《南京农业大学学报（社会科学版）》为首的脱贫攻坚成果研究领域期刊群。

3. 论文作者分析发现

通过研究现在农户可持续生计相关领域的相关知识，可以看出外国作者的被引用情况非常好，埃利斯、斯科特、阿格瓦尔与其他作者的关联程度较高，形成了以上述学者为中心的学术联盟。通过对农户可持续生计研究领域中文论文作者的共现分析可以发现，苏芳、何仁伟、梁义成等学者是农户可持续生计研究领域的重要学者，在该领域具有明显的影响力，这些学者着力研究的是生计资本、生计策略、生计风险等方面。

通过对脱贫攻坚成果研究领域中文论文作者的贡献分析可以发现，黄承伟、张琦、左停等学者在农户可持续研究领域具有明显的影响力，且这些学者主要研究的是乡村振兴、共同富裕、巩固拓展脱贫攻坚成果等方面。

4. 重要文献分析发现

对农户可持续生计研究领域重要文献的分析可以发现，国外重要文献多分布在外部环境对农户生计的影响、生计资本对农户可持续生计的影响等方面；我国学者主要进行的是农户可持续性生计研究与贫困问题之间的关系、生计风险与生计资本等方面的研究。

对脱贫攻坚成果研究领域重要文献的分析可以发现，巩固拓展脱贫攻坚成果同乡村振兴有效衔接这一主题在脱贫攻坚成果相关文献中具有代表性。

5. 前沿热点分析发现

通过对农户可持续生计研究领域的研究前沿分析可以发现，国际上学术界开始从理论研究逐渐转向实践研究，开始对农业可持续发展的相关政策进行研究，结合其他关键词可以看出，目前国际上农户可持续发展领域的研究已经涉及多个交叉学科，涉及贫困、土地、农业发展等多个领域；国内开始关注农用地对农户可持续发展的影响，生计能力的提升成为持续的热点话题。

通过对脱贫攻坚成果研究领域的研究前沿分析可以发现，2020 年以来，我国对贫困的研究已经从扶贫转向相对贫困的研究，研究重点主要集中在脱贫攻坚同乡村振兴战略的有效衔接方面，并且这一前沿热点一直持续至今，同时，学术界开始从总结过去脱贫攻坚经验的角度进行研究，研究的热点话题聚焦"未来如何巩固拓展脱贫攻坚成果"以及"如何实现脱贫攻坚成果同乡村振兴有效衔接"两个方面，为共同富裕目标的实现做进一步的探索。

二、研究综述

（一）农户可持续生计研究的发展历程

1. 初期阶段（20 世纪 70 年代末至 80 年代中期）

在此阶段，学术界初步定义了农户可持续生计的概念，主要关注农民家庭的经济行为、收入分配和生存策略。研究者们试图通过分析农户的生产和消费行为，了解农民家庭的生活状况和经济适应性。这一时期的研究成果主要体现在农业经济学、人类学和地理学等学科领域。1987 年，世界环境与发展委员会首次提出"可持续生计"这个名词，并对其进行解释说明，即"使所有男人和妇女通过自由选择的生产性就业和工作，获得可靠和稳定的生计"。而首个对可持续生计下定义的学者是斯库恩斯（Scoones，1998），他将可持续生计定义为："某一个生计由生活所需要的能力、有形和无形资产以及活动组成，该生计如果能够应对压力和冲击，在不过度消耗其自然资源时维持或改善其能力和资产，那么该生计具有持续性。"英国国际发展署（DFID）也对可持续的生计作出了定义：可持续生计是一种可以应对压力，并且具有一定的弹性可以恢复，而且可以维持或加强其资产、能力，提高自身幸福感等而又不会对自然环境造成损害的生活方式。另外，联合国开发计划署（UNDP）以发展为基础定义了可持续生计，认为个人的能力、知识储备、个人所在的环境都可以激发个体的主观能动性，个人可以合理地利用身边的资源实现自身良性发展。

2. 综合性研究阶段（20 世纪 80 年代末至 90 年代中期）

随着全球环境问题的日益严重，农户生计研究开始关注农民家庭与环境资源的关系，以及农民如何在不断变化的社会经济环境中进行生计适应。这一阶段的研究者们试图在传统农业经济学研究的基础上，拓展对农民家庭生计的理解，强调生态、社会和经济多个方面的关系。钱伯斯（Chambers，1983）在农民生计研究中提出了"逆向思考"的方法，要求研究者从农民的实际需求出发，了解他们面临的困境和生存挑战，从而为农村发展策略提供更加贴近实际的建议。他关注农民家庭与环境资源的关系，提出了"农民生态学"的概念，他主张将农民的知识和经验纳入生态系统管理的决策过程中，并强调了从农民的视角去理解农村生计和发展的重要性。在这一阶段，研究者们还开始关注农民家庭在不同生态环境下的生计适应性。如奈亭（Netting，1993）通过对尼日利亚农民家庭的研究发现，尽管生态环境恶劣，但农民家庭通过多样化的生计策略（如种植多种作物、养殖多种动物等）以适应生态环境的变化，维持家庭的生活。这一研究表明，农民家庭在面对不确定性和风险时具有较强的适应能力。

3. 可持续生计框架的形成（20 世纪 90 年代中期至 21 世纪初）

斯库恩斯（Scoones）是第一个提出可持续生计框架构建的学者，自此展开了可持续生计的广泛研究，1999 年，卡尼（Carney，1999）基于可持续生计构建了一个分析框架。同年，贝宾顿（Bebbington，1999）也提出了一种可持续生计分析框架，他指出农户的资本、农户的能力、农民生计脆弱性、贫困等问题应该纳入可持续生计分析框架，并作为重点内容进行分析。2000 年，艾利斯（Ellis，2000）提出了多视角生计分析框架，认为农户的贫困问题需要从多个角度进行解读，他将农户的资产和行为纳入生计分析框架中，并作为核心内容进行研究。同年，英国国际发展署（DFID）在可持续农村生计咨询委员会（IDS）的研究基础上，综合分析学术界关于农户可持续生计问题的研究，提出关于农户可持续生计问题的分析框架（Sustainable Livelihoods Approach，SLA），主要涵盖了脆弱性背景、生计资本、结构与制度变迁、生计策略和生计成果五个方面，成为目前最有代表性，且应用范围最广的一种研究分析可持续生计的方法。其中，生计资本分为：自然资本、物质资本、金融资本、人力资本和社会资本。布鲁斯（Bruce E.，2018）等提出了环境生计安全概念框架（ELS），将水、能源、食物和气候等理念融入可持续生计框架中，实现自然的供给与人类需求的动态平衡。

综上，农户可持续生计的概念强调的是，摆脱贫困的家庭不能仅仅通过短期的资金支持维持生计，而是需要通过提高农村脱贫家庭的生产能力和收入水平，并且保护和提高其生产资源，来实现其长期的可持续生计。这一概念从更广泛的角度考虑了贫困家庭的经济和社会发展。换句话说，脱贫农户可持续生计不仅仅关注贫困家庭的脱贫，而且关注贫困家庭如何通过提高生产能力和收入水平来实现可持续发展，从而保证其长期的生计。因此，本书认为目前对脱贫农户可持续生计的研究应重点关注收入水平、资源保护、社会福利、社区参与、可持续发展等方面，即研究应该评估脱贫农户的收入水平是否足够维持其日常生活和发展需求；应该评估脱贫农户是否能够保护和有效利用其生产资源，以确保其生产能力的长期维持；应该评估脱贫农户是否能够享受到基本的社会福利，如医疗保健、教育等；应该评估脱贫农户在社区参与方面的情况，包括其参与社区治理、参与社区活动等情况；应该评估脱贫农户是否能够实现其经济和社会的可持续发展，以确保其脱贫成果的长期稳固。

4. 稳定发展阶段（2010 年至今）

目前，关于农户可持续生计能力的研究主要集中在指标体系的构建和实证分析两个方面。关于指标体系，目前，国内外有关学者都在积极探讨农民的生存与发展问题，不仅学术界高度关注农户的生计能力，政府也大力支持提高农户的生计能力。在关于农户生计能力的研究中，一些学者将生计能力理解为农民利用自身的优势应对各种突发事件的能力，包括生存技能、学习能力、社会能力和应对风险能力等。也有学者把生计能力理解为个人利用自身的优势来处理冲击的一种能力。阮（Nguyen）对生计能力的概念展开了深入的研究，他指出要以个体、家庭作为农户生计能力的研究基础，生计能力包括个体谋生能力、资产状况、应对风险能力等，并基于对生计能力的深入研究，有针对性地提出了"家庭发展能力"这一词汇。张峻豪也在可持续生计研究领域作了深层次的探讨，他丰富了生计能力的范畴，认为资本获取能力、就业能力也属于生计能力范畴。李靖等也对生计能力进行了相关研究，他们从自然资源、社会资源等多个角度出发设计了可持续生计能力指标参数。

在实证研究方面，现有的研究文献主要是以精准扶贫、培养生存技能、提升农户收入的视角作为研究切入点。冯梦黎以四川省巴中市为例，以 570 个贫困家庭为对象，采用 Tobit 和 Clad 模型，实证分析了不同贫困家庭的生计方式、能力对其各种类型的收入的影响，结果显示，各个贫困群体的生计能力对非农经营收入的影响均不大，而生计能力对其财产性收入的促进效应并不显著。李雪萍从易地扶贫搬迁农户的生计能力出发，分析农户的生存战略，阐述了农户的生计能力对搬迁农户的生计战略选择有明显的影响，并最终变成了影响农户脱贫，走向富裕的一个重要因素。胡伦以陕西省贫困县为例，采用微观调查方法研究了农户生计能力与持续贫穷门槛值的影响机制。结果表明：在所有的门槛值中，生计能力总指数与农户的持续贫穷之间存在一定联系，并且是一种非线性联系，也就是门槛效应。当农民的生计能力高于设定"门槛"值时，农民的持续贫穷时间才能被农户的生计能力限制到最短，农户的生计能力越强，持续性贫困时间越短，两者呈负相关。王立安结合可持续生计框架，从物质资本、金融资本、社会资本、自然资本、人力资本等多元角度出发划分贫困农户的生计能力，并着重论述了生态补偿与贫困农户的生计能力的相互作用关系。李小建等将重点放在了外出务工返乡创业人员身上，他们认为相比于物质资本的扩散，工资性收入的扩张效应对提高农户生计能力的正向作用更加明显，他们将物质资本作为衡量生计能力的一个重要指标，认为提升物质资本有助于做好扶贫工作，更精准地提高农民的收入。杨云彦的研究对象是经历了两次移民的贫困家庭，将农户的生计能力分为三个层面，即：人力资本积累能力、就业能力和应对风险能力，不同的生计能力之间存在着相互影响的关系，使得其自身发展能力受到了影响。孙晗霖指出，在未来两年的发展过程中，要实现精准扶贫就必须提高农户的生计能力。

在影响因素方面，学术界主要关注生计资本对农户可持续生计能力的影响。农户要想提高可持续生计能力就必须提高生计资本，生计资本发挥着支点作用。许多学者都会从物质资本、社会资本、人力资本、自然资本、金融资本等角度分析生计资本和农户可持续生计能力之间的关联，具体情况如下：

首先，提高农户的生计资本规模、生计资本质量，农户的可持续生计能力也会相应的提升，在农户家庭中倘若有较多的生计资本，并且生计资本的质量相对较高，那么该农户拥有多元化的生计策略，从而对家庭可持续生计能力产生正向的积极影响。其次，一般都会先优化农户的生计资本组成，这样才能真正地提升农户的可持续生计能力，许汉石通过研究指出生计资本综合作用结果不同，那么农户的生计情况也不同，倘若农户可以分析自身的生计资本的优势与弱势，合理利用生存资本，发挥出自身生计资本的最大优势，那么农户的可持续生计能力便得以加强。李丹指出，在不同的生计资本组合下，生计策略也会发生变化，关注重点必须放在弱势生计资本、弱势群体上，保障这类群体的基本生活，才能促进社会经济的发展。辛瑞萍等分析了三江源生态移民，研究如何降低农户生计的脆弱性，确保农户生计的持续发展，可以帮助农户就业，加强生计资本建设从而提升农户可持续生计能力。

（二）民族地区农户可持续生计的研究综述

随着研究的不断深入，学术界对于民族地区农户可持续生计的研究也取得了一定成果。目前该领域的研究多集中于民族村寨的生计研究，我国学者在对可持续生计问题进行研究的过程中，也研究了基于社会经济环境下的生计研究理论体系。与以上的研究相比，该领域的研究大多以民族学和文化人类学作为研究切入点，其研究内容多为民族、文化和环境等主题，得出了大量的研究成果。民族村寨不同于社会经济系统，其经济转型、生计变迁存在许多困难，因此也成为学者们的关注焦点。

民族经济的理论研究，需要从历史、文化和生态三个角度展开，这样才能把人们所面临的经济问题放在一个更加宽广的文化背景中去思考。在民族村落中，生态环境、生计方式和社会文化体系、民族村落建筑组成一个经济共同体。中国民族村寨的现代化转型受社会主义制度的影响。在生计方式中，资源是最关键、最基础的要素。资源可以分为配置性资源和权威性资源，还包括文化符号体系，这种体系与民族村寨的宗教、文化价值和风俗有关。在民族村寨转型的历程中变化最大的是政治、经济和文化，这三者从本土剥离出来进入一个新的循环路径，这是一个衰落的路径。吴海涛等对滇西南山区少数民族农户进行实地调查，分析了 2002～2007 年、2007～2012 年这两个时间段内农户生计模式的变化以及变化过程。研究结果显示，山区少数民族的生计模式较以往出现了较大的不同，生计模式的重心往粮食作物生产方向偏移。

不同的生活环境造就了不同的民族生计模式，生计模式的转变与农户所处的自然环境、社会环境密切相关。罗康隆对少数民族生计模式和其生活环境的相互关系进行了研究，提出了生态环境并不会创造出新的生计方式，而是使农户稳定地使用某种生计方式，得出社会环境对少数民族生计模式影响更大的结论。还有一些学者以民族志的方式展开研究，对藏族、傣族、土族、瑶族、土家族等民族的生计模式进行描述，并指出农户的生计方式与生态环境、社会环境之间存在着密切的联系。研究发现，在历史发展历程中，少数民族的生计能力会随着自然环境变化，呈现出生计方式与自然环境共赢、优势互补的民族关系格局。少数民族特有的地域文化也对他们的生计方式产生了一定的影响。李向玉认识到苗侗族人在生产生活中信仰原始宗教，他们认为会有神在他们困难的时候伸出援手，由于生存的需求，苗侗民众的信仰也让他们将生计和信仰联系在一起，他们将生计秩序与村庄的生活秩序融为一体，从而建立了一个和谐的生产生活秩序。

（三）民族地区脱贫攻坚成果的研究综述

脱贫攻坚成果的概念是我国脱贫攻坚决战时期到脱贫攻坚胜利之初提出的，目前尚未形成时间明显的发展阶段。自 2015 年坚决打赢脱贫攻坚战战略提出以来，党和国家高度重视脱贫攻坚战在各地区的有效落实，并取得了一定的成绩。随后，党的十九大报告正式提出乡村振兴战略，并强调要做好脱贫攻坚战略与乡村振兴战略的有效衔接，促进共同富裕工作的稳定推进。至 2020 年底，我国脱贫攻坚战取得全面胜利，自此，"三农"工作重心发生偏移，全面推进乡村振兴成为未来农村治理的工作的重心。为此，中共中央、国务院在《关于实现巩固拓展脱贫攻坚成果同乡村振兴有效衔接的意见》中，明确阐述了 2021～2025 年做好有效衔接的总体要求、基本思路和重点任务，提出欠发达地区的平稳过渡可以通过乡村振兴重点帮扶县的形式来得以实现，并定期检测和评估这部分地区推进有效衔接的情况。

在我国脱贫攻坚取得全面的胜利之后，国内学术界对脱贫攻坚的研究已经从具体的扶贫手段逐渐转向脱贫攻坚思想起源、经验总结和未来扶贫工作的发展方向。国内学者普遍认为脱贫攻坚思想源于马克思恩格斯反贫困思想，是其时代创新，是与中国实际情况和时代特征相结合的产物，脱贫攻坚理论是马克思主义反贫困理论中国化最新成果，是指导中国反贫困工作的重要理论，其理论基础是共同富裕。在对脱贫攻坚实践内容的总结归纳中，刘永富结合自身工作经验，认为我国的扶贫工作在经济、政治、文化方面取得了骄人的成绩，创造了我国减贫史中最好的成绩，但仍面临稳定脱贫长效机制尚未建立、部分地区脱贫攻坚责任落实不到位等困境。在对脱贫工作的地区实践研究中，王禹潇在分析对比历代领导人的反贫困工作以及归纳总结脱贫攻坚工作的内容后，认为中国反贫困工作在理论、认知、方法等维度超越了西方。反贫困是一个长期的过程，脱贫攻坚的完成并不代表我国反贫困工作的完成，学者们开始讨论未来巩固拓展脱贫攻坚成果工作的发展方向。王晓毅认为在完成脱贫攻坚的目标后，扶贫工作的目标、区域和工作方式应从绝对贫困、农村地区和精准扶贫转向相对贫困、城乡统筹和乡村振兴。张明皓提出在 2020 年后，我国的贫困治理工作亟须变革，应根据贫困治理工作价值导向和机制转型确定贫困治理路径的发展方向。肖泽平分析返贫农户的家庭基本特征后发现，壮年期的劳动力少，老龄化严重是返贫农户的共性。

在巩固拓展脱贫攻坚成果方面，目前学者们主要从其必要性及实践探索等视角出发，探索巩固拓展脱贫攻坚成果的途径。首先要明确巩固脱贫攻坚成果的重要性以及拓展脱贫攻坚成果的必要性。实现乡村振兴的基础和前提是巩固拓展脱贫攻坚成果，同时，巩固拓展脱贫攻坚成果也是贯彻落实党的二十大和党的十九届五中全会精神的重要任务。巩固拓展脱贫攻坚成果不仅仅是对脱贫攻坚战的总结和检验，也是对新时代中国特色社会主义的坚定践行，是对中华民族伟大复兴的有力贡献。巩固拓展脱贫攻坚成果也是应对国内外复杂形势的必然要求，是保障国家安全和社会稳定的重要保障，是促进人的全面发展和社会进步的重要途径。其次，学者们从不同的视角，提出了巩固拓展脱贫攻坚成果的基本原则和路径，如坚持党的领导、坚持以人民为中心、坚持精准扶贫、坚持因地制宜、坚持社会动员等。具体而言，学者们认为要巩固拓展脱贫攻坚成果，就需要理顺消除绝对贫困和减轻相对贫困、相对稳定的扶贫政策和统筹利用扶贫资源、实现稳定脱贫和区域高质量发展三重关系，建立健全动态监测机制、发挥人力资本作用、完善扶贫保障政策等多措并举，防范化解内部风险和自然风险因素，构建绿色扶贫的制度框架和政策体系，推进生态文明建设和绿色发展，统筹安排扶贫工作。最后，学者们从不同的地区、领域和层面，对巩固拓展脱贫攻坚成果的实践探索和经验总结进行了深入的分析和评价，如西藏、贵州、云南等深度贫困地区的脱贫攻坚和乡村振兴的衔接和协调，农村集体经济、农业产业化、农村电商、乡村旅游等扶贫产业的发展和创新，农村教育、医疗、社会保障、文化等公共服务的提升和完善，农村基层党组织、村民自治、社会组织等治理体系的建设和优化等。这些实践探索和经验总结为巩固拓展脱贫攻坚成果提供了大量有益的借鉴和启示，促进欠发达地区的平稳过渡，有利于降低脱贫农户返贫风险，也为乡村振兴战略的实施奠定了坚实的基础和条件。

随着研究的不断深入，学术界对于民族地区脱贫攻坚成果的研究也取得了一定成果。民族地区巩固拓展脱贫攻坚成果，是指在实现脱贫攻坚战全面胜利的基础上，进一步巩固和提升民族地区的发展水平，实现民族地区的乡村振兴和共同富裕。这是新时代"三农"工作的重要内容，也是中华民族共同体意识的体现。学术界对民族地区巩固拓展脱贫攻坚成果的研究，主要从以下几个方面展开：一是分析民族地区脱贫攻坚的背景和意义。民族地区是我国脱贫攻坚的主战场，也是乡村振兴的重点领域。民族地区脱贫攻坚，不仅是实现全面小康社会的必然要求，也是促进民族团结进步的重要途径。民族地区巩固拓展脱贫攻坚成果，是继续推进民族地区发展的重要任务，也是提升中华民族共同体意识的重要举措。二是探讨民族地区巩固拓展脱贫攻坚成果的困难和挑战。巩固拓展脱贫攻坚成果在民族地区面临着多方面的困难和风险，如脱贫地区和脱贫群众的内生发展动力不足，脱贫攻坚同乡村振兴有效衔接不够顺畅，民族地区的产业发展和民生改善还有较大差距，需要进一步强化民族地区之间的交流合作，还需要在民族地区构建中华民族共同的精神家园。三是评价民族地区巩固拓展脱贫攻坚成果的政策效果和影响因素。在巩固和拓展脱贫攻坚成果方面，民族地区采取了许多措施并取得了一定成效，比如底线原则就是不发生大规模的农户返贫，保持脱贫地区信贷投放力度不减，坚持在实践过程中完善相关的帮扶政策，将巩固拓展脱贫攻坚成果同乡村振兴有效衔接的政策落实到位，定期监测和评估国家乡村振兴重点帮扶县的发展成效。增强脱贫地区和脱贫群众的内生发展动力，以产业驱动增强民族地区的发展后劲，以改善民生推进民族地区的乡村建设，以共同发展促进各民族的广泛交往交流交融，以凝心铸魂构筑中华民族共有精神家园。四是提出民族地区巩固拓展脱贫攻坚成果的建议和对策。从多方面、多角度对民族地区如何巩固拓展脱贫攻坚成果等问题提供相应的对策，同时，做到具体情况具体分析，有针对性地推进农村治理相关工作的顺利进行。

（四）巩固脱贫攻坚成果与农户可持续生计能力关系的研究综述

巩固脱贫攻坚成果对提高农户的可持续生计能力具有一定的影响，有学者以此为切入点进行分析。但是鲜有学者实际测量脱贫农户的生计资本和可持续生计能力，也未研究在精准扶贫政策下，农户可持续生计能力的变化，更没有以边境民族地区为研究对象展开的研究，仅有少量文献关注了扶贫政策对贫困户生计的相关影响。其中，刘慧迪等收集了秦巴山区3个贫困县的建档立卡贫困户数据，基于贫困脆弱性视角，分析了不同类型帮扶项目的作用效果，发现在帮扶项目的帮助下，农户贫困脆弱性下降的幅度较大；胡晗等以陕西省3个县，一共6个乡镇的863户贫困户为研究对象，采用Probit模型进行分析，在分析过程中还运用了粗准匹配法，其研究发现产业扶贫只能提高农村居民的农业类收入，但无法提升农村居民的商业性收入。

基于巩固拓展脱贫攻坚成果同乡村振兴有效衔接的战略目标，现有研究更多偏向于对这一目标的诠释。目前学术界已经形成较为丰富的理论视角和分析框架，但大致可以归纳为以下几个方面：

第一，两大战略的目标、内容和思想之间的内在一致性和互动关系。学者们认为，脱贫攻坚与乡村振兴都是实现我国现代化发展的重要战略，都是社会主义本质要求的具体体现，都是以人民为中心的发展理念的具体实践，都是以习近平新时代中国特色社会主义思想为指导的战略部署。两大战略之间存在相互促进、相互推进、相互融合的关系，脱贫攻坚为乡村振兴打下坚实的基础，乡村振兴是脱贫攻坚的长效内生动力和战略目标。

第二，两大战略的政策、规划和体制之间的整合性和协调性。学者们认为，要实现脱贫攻坚同乡村振兴有效衔接，就需要在政策体系、区域规划、体制机制等方面做好衔接，为乡村振兴提供政策导向、发展蓝图、制度保障。具体而言，就是要做好"六大衔接"，即政策体系衔接、区域规划衔接、产业发展衔接、金融机制衔接、资源要素衔接、基层党建衔接，以及构建"五个机制"，即全方位巩固机制、贫困与非贫困统筹拓展机制、从防贫到振兴的全过程接续机制、有为政府和有效市场结合的机制、多元组织共同参与的机制。

第三，两大战略的主体、对象和范围之间的一致性和拓展性。学者们认为，要实现脱贫攻坚同乡村振兴有效衔接，就需要在主体、对象和范围等方面实现一致和拓展，为乡村振兴提供主体动力、对象保障、范围拓展。具体而言，就是要保持主体一致，即党委政府、驻村工作队、第一书记、村两委等主体在脱贫攻坚和乡村振兴中发挥统一的领导和协调作用；做好对象保障，即巩固脱贫成果，防止返贫现象，同时拓展相对贫困的治理范围，提高农民的收入水平和生活质量；做好范围拓展，即从脱贫攻坚的重点区域和重点人群，向乡村振兴的全域和全体拓展，实现全面小康和全面振兴的有机统一。

三、研究评述

通过文献梳理发现，在民族地区防止返贫实践研究方面，随着中国对扶贫工作越来越重视和脱贫攻坚取得胜利，学者们发表了大量关于贫困问题的文献。由于民族地区多是深度贫困地区，边境民族地区的贫困度相对更高，所以中国学术界在边疆贫困问题上的研判比较多，研究重点集中在贫困成因、致贫机制及反贫困策略三个方面，随着脱贫攻坚战取得胜利，国内学术界对脱贫攻坚的研究方向已经从具体的扶贫手段逐渐转向脱贫攻坚思想起源、经验总结和未来扶贫工作的发展方面。学术界在调研的基础上进行了大量的经验及量化分析，在量化研究方面取得了很大进展。然而，对于少数民族地区多维度的贫穷问题，却鲜有系统的研究。从经济角度进行的研究比较多，从社会角度、历史角度、文化角度、宗教角度和心理角度进行的研究比较少见；具有普遍意义的政策和建议比较多，但是关于民族地区贫困的特殊性的研究结果和建议很少，对民族地区巩固拓展脱贫攻坚成果同乡村振兴有效衔接的研究相对较少。

在生计能力的研究方面，学者多以贫困农户和移民为研究对象，并且国内外关于生计资本各方面研究相对成熟，DFID机构提出的生计资本结构模型为后来学者的研究提供了坚实的基础和巨大的参考价值，目前对于生计资本的相关研究大多数是在这一基础上进行的扩展分析，但因其是在外国国情和外国居民的真实生计情况的基础上而提出的，对于其能否适合我国边境民族地区农户的生计情况，还缺少了一种以边境民族地区特色为基础的理论分析和经验验证。与此同时，有关生计资本对生计能力的影响机制的研究，也多是以质的研究为主，缺乏大量的经验分析。同样，研究的对象主要是移民和贫困农户，这对于在巩固拓展脱贫攻坚成果的过程中，脱贫农户可持续生计的研究显得有些欠缺。

具体来看，对于理论研究，针对巩固拓展脱贫攻坚成果，国内学者普遍认为脱贫攻坚思想源于马克思恩格斯反贫困思想，是其时代创新，是与中国实际情况和时代特征相结合的产物，脱贫攻坚理论是马克思主义反贫困理论中国化最新成果，是指导中国反贫困工作的重要理论，其理论基础是共同富裕。民族地区巩固拓展脱贫攻坚成果，是指在实现脱贫攻坚战全面胜利的基础上，进一步巩固和提升民族地区的发展水平，实现民族地区的乡村振兴和共同富裕。针对农户可持续生计，学者将其定义为某一个生计由生活所需要的能力、有形和无形资产以及活动组成，该生计如果能够应对压力和冲击，在不过度消耗其自然资源时维持或改善其能力和资产，那么该生计具有持续性。虽然学术界对巩固拓展脱贫攻坚成果和农户可持续生计进行了理论研究，但是目前的研究缺少基于将二者放入统一的理论体系下进行讨论，缺少原创性的新理论。

对于研究范式，目前关于民族地区巩固拓展脱贫攻坚成果的研究，主要集中于分析民族地区脱贫攻坚的背景和意义，探讨民族地区巩固拓展脱贫攻坚成果的困难和挑战，评价民族地区巩固拓展脱贫攻坚成果的政策效果和影响因素，提出民族地区巩固拓展脱贫攻坚成果的建议和对策等方面。关于农户可持续生计能力的研究主要集中在指标体系的构建和实证分析两个方面。总的来看，目前研究还没有符合民族地区未来发展需求的体系化的分析框架。关于民族地区巩固拓展脱贫攻坚成果与农户可持续生计能力之间关系的研究，应该从民族地区巩固拓展脱贫攻坚成果和农户可持续生计能力的内涵、特征、维度和划分依据等角度来分析和阐释民族地区巩固拓展脱贫攻坚成果与农村发展之间关系的理论内涵。因此，应该构建一套以民族村农户可持续生计能力提升为导向的，以民族地区独特性为核心的，以解决民族地区巩固拓展脱贫攻坚成果同乡村振兴有效衔接、铸牢中华民族共同体意识问题为目标的理论体系，并以此为范式开展相关研究。

对于研究方法，目前关于民族地区巩固拓展脱贫攻坚成果与农户可持续生计之间关系的研究，还没有使用理论模型构建和实证模型测算的方法来研究民族地区巩固拓展脱贫攻坚成果问题的，相关研究还缺乏立足民族地区实际、符合民族地区特征的理论构建和实践检验。理论模型构建是民族地区巩固拓展脱贫攻坚成果与农户可持续生计能力提升理论的核心，可以指导民族地区巩固拓展脱贫攻坚成果实践或分析民族地区巩固拓展脱贫攻坚成果与农户可持续生计能力之间的关系，而实证模型测算是为了对理论模型进行科学性分析和实用性检验，并进一步证实理论的可行性和准确度。因此，需要通过使用理论模型构建和实证模型测算的方法来对民族地区巩固拓展脱贫攻坚成果与农户可持续生计能力之间的关系进行研究。

对于政策建议，当前已有研究对巩固拓展脱贫攻坚成果和农户可持续生计能力提升提供了建议和对策，但是政策建议往往与民族地区问题、特征、维度等是相剥离的，是较片面的，同时尚未有研究从农户切身感受出发，提出巩固拓展脱贫攻坚成果进程中的可持续生计能力提升路径。目前缺乏一套兼顾了民族地区特征的政策方案，基于巩固拓展脱贫攻坚成果与农户可持续生计之间关系，需要构建一套后呼应、逻辑统一、针对性强的政策方案，立足民族地区个性特征，围绕农户切实利益，发挥巩固拓展脱贫攻坚成果系列政策的作用，从而可以更好推动民族地区农户可持续生计能力提升，实现乡村振兴。

综上可以看出，虽然目前学术界已在民族地区生计变迁、脱贫返贫等方面得出许多研究成果，但是大部分研究为定性研究，仍然鲜有学者对巩固拓展脱贫攻坚成果进程中的农户可持续生计能力进行测量，尚未出现定量与定性结合，将民族村作为主要研究对象，分析巩固拓展脱贫攻坚成果与农户可持续生计关系的研究。因此，本书从巩固脱贫攻坚成果的视角出发，基于少数民族、脱贫农户、政府相关工作人员不同的切身感受，深入分析脱贫以来民族村的生计变迁过程，并以生计资本（自然资本、物质资本、人力资本、金融资本、社会资本、民族文化资本、心理资本）作为中介，以此证明脱贫攻坚对于可持续生计能力的影响，对于边境民族地区在全面脱贫后，从精准扶贫阶段平稳过渡至乡村振兴阶段，基于可持续生计能力的提升实现巩固拓展脱贫攻坚成果同乡村振兴有效衔接，铸牢中华民族共同体意识具有重要的理论与现实意义。

第三节　研究目的与研究意义

一、研究目的

本书基于人类学理论以及相关方法展开研究，以广西靖西大莫村为例，探讨乡村振兴阶段，巩固拓展脱贫攻坚成果进程中农民怎么合理分配和利用劳动力，同时合理划分耕地，深度分析该地区人们可持续生计的变化历程，并重点分析生计变迁、农户对脱贫攻坚成果的认识，以及少数民族传统文化观念与脱贫攻坚成果之间是否存在差异，是否对可持续生计策略的选择产生影响。然后在 DFID 农户可持续生计框架的基础上，创新性地加入心理资本、民族文化资本，构建物质资本、金融资本、自然资本、人力资本、社会资本、民族文化资本、心理资本七大资本组成的可持续生计分析框架，对民族村农户可持续生计能力进行量化，并引入脱贫攻坚成果巩固措施（减贫效应、长效水平）变量，运用结构方程模型，实证检验脱贫攻坚成果巩固措施（减贫效应、长效水平）、生计资本（自然资本、物质资本、人力资本、金融资本、社会资本、民族文化资本、心理资本）以及农户可持续生计能力（风险抵抗能力、发展能力）之间的作用机制，探讨巩固拓展脱贫攻坚成果进程中的民族村农户可持续生计能力提升路径。力求在巩固民族地区脱贫攻坚成果的同时做好与乡村振兴的衔接工作，为提高民族地区农户的生计资本、提高脱贫农户生计能力等重要现实问题提供理论指导和经验支撑。

二、理论意义

本书的研究丰富了民族地区可持续生计及减少相对贫困的分析理论。当前，有关可持续生计的理论和方法的研究还不太成熟，有待优化，目前关于农户维持生活方式的研究一般都是从资本维度进行分析，面对民族地区贫困问题久远、返贫风险较大的现实困境，少有文章以民族村为研究对象，从巩固拓展脱贫攻坚成果的角度出发，在生计资本的基础上构建分析框架，分析巩固拓展脱贫攻坚成果、生计资本、农户可持续生计三者之间的关系和作用机制，以及三者之间的影响机理。因此，本书基于田野调查结果，从小农理性范式出发，深入分析民族村农户在巩固拓展脱贫攻坚成果进程中的生计选择，以可持续生计理论、资产建设理论等作为理论支撑，引入巩固拓展脱贫攻坚成果变量对民族村农户可持续生计能力提升路径进行分析，探析民族地区脱贫后的可持续发展路径，有助于健全优化可持续生计、民族地区相对贫困、防止民族地区返贫等问题的理论体系。

三、现实意义

本书的研究有助于民族地区农户稳定脱贫，缩小城乡差距，推动巩固拓展脱贫攻坚成果同乡村振兴的有效衔接，铸牢中华民族共同体意识。习近平总书记在中央民族工作会议上强调："要支持民族地区实现巩固拓展脱贫攻坚成果同乡村振兴有效衔接，促进农牧业高质高效、乡村宜居宜业、农牧民富裕富足。"[①] 这为民族地区全面脱贫后的发展指明了方向。民族村农户持续生计能力优化程度如何，是否能够提升农户生计水平，与巩固脱贫攻坚成果、开展乡村振兴战略密切相关。目前，农户可持续生计在广西少数民族村落发展中仍然存在一些涉及农户文化水平、就业技能和地理位置等因素的难题，村民的资金来源以外出打工为主，严重影响了边疆少数民族村落的健康稳定发展。所以，分析民族地区农民如何通过巩固脱贫攻坚成果政策实现可持续生计目标，巩固拓展脱贫攻坚成果如何影响脱贫农户可持续生计能力与减少相对贫困，不同生计策略类型的脱贫农户如何通过巩固拓展脱贫攻坚的成果从而实现可持续生计，以及在此过程中的民族村农户可持续生计能力提升路径，有利于通过脱贫攻坚成果巩固措施提高民族村农户脱贫后的可持续生计水平和生计资本积累，对其他民族地区也具备一定借鉴作用，对民族地区实现巩固拓展脱贫攻坚成果同乡村振兴有效衔接，铸牢中华民族共同体意识有重要现实意义。

第四节　主要研究内容、研究方法与技术路线

一、主要研究内容

本书以巩固拓展脱贫攻坚成果进程中的民族村农户可持续生计能力提升为研究核心目标，从理论与现实研判的角度对巩固拓展脱贫攻坚成果进程中的民族村农户可持续生计能力提升的内涵、特征、构成维度、趋势及一般规律进行研究；

---

① 中共中央统一战线工作部和国家民族事务委员会. 中央民族工作会议精神学习辅导读本［M］. 北京：民族出版社，2022.

基于马克思主义反贫困理论、小农理性范式、可持续生计理论、资本建设理论构建了巩固拓展脱贫攻坚成果进程中的民族村农户可持续生计分析框架；提出了巩固拓展脱贫攻坚成果对民族村农户可持续生计作用的研究假设，并基于此构建了巩固拓展脱贫攻坚成果对民族村农户可持续生计作用的概念模型；设计了"预调研—实地访谈—问卷调查"范式的实证分析方案，以此方案为依据，首先运用案例分析法对广西西林央龙村、广西大化胜利村和广西靖西大莫村进行预调研，选择出适合作为本书实证分析案例地的民族村；其次运用深入访谈法和参与观察法对案例地进行实地访谈分析，论述了案例地巩固拓展脱贫攻坚成果与农户可持续生计的现状，分析了实践中巩固拓展脱贫攻坚成果对农户可持续生计的影响；最后运用结构方程模型和多元线性回归模型等实证检验模型，验证了巩固拓展脱贫攻坚成果对民族村农户可持续生计能力的作用机制，厘清了民族村不同生计策略类型的农户受到的不同影响因素。根据实证分析结果，本书从宏观和微观两个层面提出了巩固拓展脱贫攻坚成果进程中的民族村农户可持续生计能力提升路径。综上，本书共包含以下五个部分内容：

第一部分是绪论部分。主要包括研究背景及问题提出、文献计量分析与研究综述、研究目的与研究意义、研究方法与技术路线等。从研究背景的角度，阐述了目前我国城乡发展不均衡的现实困境；厘清了"三农"工作的重心转变为乡村振兴的政策导向；梳理了当下巩固拓展脱贫攻坚成果同乡村振兴战略有效衔接的过渡阶段的工作内容，认为工作重点应该是巩固拓展脱贫攻坚成果，保障脱贫攻坚伟大胜利的稳定延续；指出研究巩固拓展脱贫攻坚成果对农户可持续生计的影响符合乡村振兴战略中"实现农村全面发展和农民全面发展"的总体目标，是巩固拓展脱贫攻坚成果同乡村振兴有效衔接领域的重要研究课题和热点之一。从问题提出的角度，论述了民族地区巩固拓展脱贫攻坚成果同乡村振兴有效衔接对铸牢中华民族共同体意识的重要意义，阐述了目前民族地区巩固拓展脱贫攻坚成果同乡村振兴有效衔接中存在的难题，提出了一系列本书需要解决的现实问题。从文献计量分析与研究综述的角度，寻找当前民族地区返贫风险大、农户可持续生计动力不足、巩固拓展脱贫攻坚成果同乡村振兴战略有效衔接难度较大等一系列突出问题产生的背景、原因和发展趋势。从理论结合实际的角度，提出巩固拓展脱贫攻坚成果进程中的民族村农户可持续生计能力提升研究，是现阶段民族地区铸牢中华民族共同体意识，推进巩固拓展脱贫攻坚成果同乡村振兴战略有效衔接的关键。

第二部分是本书的分析框架部分。主要包括相关概念的内涵界定、相关理论基础以及分析框架的构建等。对于相关概念的内涵界定，本书首先对民族村、巩固拓展脱贫攻坚成果、可持续生计能力、生计资本等相关概念的内涵进行了界定；然后基于各变量的内涵特征，对巩固拓展脱贫攻坚成果、农户可持续生计能力以及生计资本等核心变量进行了维度划分，为后文构建巩固拓展脱贫攻坚成果进程中的民族村农户可持续生计的分析框架以及巩固拓展脱贫攻坚成果对民族村农户可持续生计能力作用的理论模型奠定了概念基础。对于相关理论基础，本书对马克思主义反贫困理论、小农理性范式、可持续生计理论、资产建设理论的发展历程、实践过程以及这些理论对本书研究的指导作用等方面进行了详细阐述，为后文构建巩固拓展脱贫攻坚成果进程中的民族村农户可持续生计的分析框架以及巩固拓展脱贫攻坚成果对民族村农户可持续生计能力作用的理论模型奠定了理论基础。对于分析框架的构建，本书首先基于马克思主义反贫困理论、小农理性范式、可持续生计理论、资产建设理论，围绕民族村巩固拓展脱贫攻坚成果、民族村农户可持续生计、民族村农户生计资本等核心变量，构建了巩固拓展脱贫攻坚成果进程中的民族村农户可持续生计的分析框架；其次基于构架的理论分析框架，分析了巩固拓展脱贫攻坚成果进程中的民族村农户可持续生计能力提升的内部和外部影响因素；最后探讨了巩固拓展脱贫攻坚成果进程中的民族村农户可持续生计能力提升的主动与被动演化过程。

第三部分是研究设计部分。主要包括研究假设与概念模型构建、实证分析方案设计等。对于研究假设与概念模型构建，本书在充分参考相关文献及已有研究成果的基础上，结合第二部分提出的概念内涵的界定以及相关理论基础，对巩固拓展脱贫攻坚成果进程中的农户可持续生计能力提升中的自变量和因变量进行解释与筛选，提出了巩固拓展脱贫攻坚成果对农户可持续生计影响、巩固拓展脱贫攻坚成果对生计资本影响、生计资本对农户可持续生计能力影响、生计资本的中介效应五个方面的研究假设，然后在此基础上构建出了巩固拓展脱贫攻坚成果进程中的民族村农户可持续生计提升的概念模型。在实证分析方案设计方面，本书围绕"确定田野点→定性研究→定量研究"的实证分析逻辑，构建了"预调研—实地访谈—调查问卷"研究范式的实证方案，并以此为基础，首先厘清了预调研对研究的重要作用，并从确定研究范围、确定研究问题、选择调查方法以及前期准备工作等四个方面设计了本书的预调研方案；其次从案例选取、访谈提纲设计、访谈对象选择与访谈形式设计三个方面设计了本书的实地访谈方案；最后从指标体系构建与问卷设计、变量的度量、指标权重的确定及现状评估方法、结构方程模型设计和多元回归模型设计五个方面设计了本书的问卷调查方案。

第四部分是实证分析部分。主要包括巩固拓展脱贫攻坚成果对农户可持续生计作用的预调研、巩固拓展脱贫攻坚成果对农户可持续生计作用的实地访谈、巩固拓展脱贫攻坚成果对农户可持续生计作用的问卷调查、研究发现与讨论四个方面。对于巩固拓展脱贫攻坚成果对农户可持续生计作用的预调研，本书首先阐述了预调研的过程，即先后三次分别前往广西西林央龙村、广西大化胜利村和广西靖西大莫村进行预调研工作，通过走访当地村民以及政府相关部门，了解以上三个民族村在自然地理环境、贫困治理、农户生计等方面的大体情况，获得了相关内容的一手资料；其次论述了广西西林央龙村、广西大化胜利村和广西靖西大莫村在自然条件、经济社会、民族构成、贫困治理等方面的基本情况；最后，本书根据预调研材料，对比了三个预调研案例地在自然条件丰富程度、曾经的贫困程度、可持续生计动力等方面的特征差异，其中，大莫村目前的农户可持续生计动力最低，巩固拓展脱贫攻坚成果与乡村振兴有效衔接的难度最大，返贫风险最大，基于民族村普遍存在的曾经贫困程度较深的特征，本书认为研究巩固拓展脱贫攻坚成果进程中的民族村农户可持续生计能力，需要选择现阶段突出短板明显的村落作为案例，解决其发展问题，才能对其他民族村有借鉴意义，因此，将广西靖西大莫村作为本书实证分析的案例地。对于巩固拓展脱贫攻坚成果对农户可持续生计作用的实地访谈，首先，本书从自然生态环境、人口与民族、风俗习惯、经济社会背景等方面介绍了大莫村的基本情况；其次，本书从"巩固拓展脱贫攻坚成果政策的实施内容"和"少数民族传统文化对巩固拓展脱贫成果的价值认同"两个方面对大莫村巩固拓展脱贫攻坚成果的现状进行分析；再次，本书从"巩固拓展脱贫成果进程中的农户生计选择"和"巩固拓展脱贫成果进程中生计变迁的困境与调适"两个方面分析大莫村农户可持续生计的现状；最后，本书通过梳理大莫村全面脱贫以来实施的各项乡村振兴政策对当地农户半工半耕生计选择以及生计资本的影响，阐述了巩固拓展脱贫攻坚成果对农户可持续生计的影响作用。对于巩固拓展脱贫攻坚成果对农户可持续生计作用的问卷调查，首先，本书对 187 份有效问卷的受访者展开了统计分析，并对问卷数据进行了信度和效度分析，确定了问卷数据的可靠性，并基于问卷数据对大莫村巩固拓展脱贫攻坚成果水平、大莫村农户生计资本、大莫村农户可持续生计能力进行了量化评估；其次，本书运用结构方程模型，检验了巩固拓展脱贫攻坚成果对农户可持续生计能力的影响、巩固拓展脱贫攻坚成果对生计资本的影响、生计资本对农户可持续生计能力的影响、生计资本的中介效应；再次，本书在结构方程模型检验的基础上，运用多元线性回归模型，对不同生计策略类型农户的可持续生计能力影响因素进行了验证分析；最后，根据实证分析结果，提出了本书的研究发现并进行讨论，指出了本书研究结果具备的政策含义。

　　第五部分是政策建议部分。主要包括宏观上建立长效政策体系，实现生计资本的可持续积累以及微观上实施差异化政策，构建针对性生计资本培养模式两个方面。对于宏观上建立长效政策体系，实现生计资本的可持续积累，本书围绕巩固拓展脱贫攻坚成果政策的长效体系建立，基于实证分析结果，根据各类生计资本的特征，提出了优化教育资源配置，推动人力资本积累、扶持特色产业发展，推动自然资本积累、完善基础设施建设，推动物质资本积累、发挥基层组织作用，推动社会资本积累、优化农户经济思维，推动金融资本积累、坚持扶志先行方针，推动心理资本积累六个方面的政策建议；对于微观上实施差异化政策，构建针对性生计资本培养模式，本书根据不同生计策略类型农户在巩固拓展脱贫攻坚成果进程中的可持续生计特征，针对性提出了以"自然＋人力＋社会＋金融＋心理"为核心构建务农型农户生计资本培养模式、以"物质＋人力＋社会"为核心构建务工型农户生计资本培养模式、以"自然＋物质＋人力"为核心构建多样化型农户生计资本培养模式三个方面的政策建议。

二、研究方法

本书在进行研究的过程中所涉及的主要研究方法有文献研究法、案例分析法、深度访谈法、参与观察法、问卷调查法、实证模型检验法、政策系统设计法等方法。

文献研究法。通过运用 CiteSpace 文献计量学软件，以 Web of Science 和中国知网数据库为基础总结国内外关于脱贫攻坚成果巩固与民族村农户可持续生计研究现状和前沿热点。通过对研究文献的梳理分析，对巩固拓展脱贫攻坚成果与农户可持续生计的理论和主要问题进行分析，总结国内外有关巩固拓展脱贫攻坚成果与农户可持续生计的研究成果、发展趋势和存在问题，进而为本书的研究提供参考与借鉴。

案例分析法。在构建巩固拓展脱贫攻坚成果进程中的民族村农户可持续生计能力研究的理论体系之后，通过对广西典型民族村进行实例分析进行实证分析的预调研，进而选择出本书实证分析的案例地。

深度访谈法。通过与研究对象交谈来获得资料是民族学研究中的一种常用方法。访谈的方式有结构化访谈、非结构化访谈和焦点群体访谈三种。本书以非结构式访谈为主要形式，在调查的初期以"拉家常"的形式与当地村民建立联系，了解当地的民俗；与调查对象有了初步的交流后，根据研究预先设定的访谈提纲展开询问，但是访谈并非一成不变的流程，访谈的内容会随着访谈对象、周边环境、访谈时间的不同而持续改变，因此，本书在非结构式访谈的基础上，多采用焦点组访谈的形式进行访谈。

参与观察法。在社会学和行为学中常用的一种方法是观察法，它是一切方法论的基础，这种方法适用范围很广，适用于研究人类行为和生活的各个方面。通过观察可以了解所发生的事情、所牵涉的人物、事情发生的时间、事情发生的地点，以及事情所发生的原因等，从而以参与者的视角来判断一个事件的起因。这种方法常用于研究分析整件事情的发生过程，即事件在何种背景下发生，在什么时间发生，参与事件的人物，以及人物之间的关系。在此项实地调查中，笔者采用了参与观察法收集一些在传统的访谈方法中很难得到的资料。

问卷调查法。以"一对一"的方式对样本地区的农民进行了抽样调查。本书主要运用了问卷调查、与农民面谈等方法来收集所需的数据资料。问卷以巩固拓展脱贫攻坚成果进程中的民族村农户可持续生计分析框架为基础，具体包括了农户家庭的基本情况、当前农户家庭生计资本情况、巩固拓展脱贫攻坚成果政策落实情况以及政策效果、农户的持续生计能力情况。问卷调查法可以获得大量的农户可持续生计的数据，为后续的统计和分析提供依据。

实证模型检验法。本书运用 SPSS 软件和 AMOS 软件对各个量表的信度和效度进行检验。运用 SPSS 统计软件对边境民族村寨脱贫攻坚成果巩固、生计资本以及脱贫农户的可持续生计能力的真实情况进行描述、分析，在分析过程中还运用了指标法和熵值法，研究在边境民族村落中以不同谋生手段的农户脱贫后的生活水平如何，是否出现返贫迹象，分析其巩固拓展脱贫攻坚成果情况，还对生计资本以及脱贫农户的可持续生计能力水平进行了定量测算和评价。借助 AMOS 软件，构建巩固拓展脱贫攻坚成果对民族村农户可持续生计能力提升作用的结构方程模型，对巩固拓展脱贫攻坚成果、生计资本对民族村农户可持续生计能力进行假设，采用数据进行验证。最后利用 SPSS 统计分析软件构建多元线性回归模型，进一步分析不同生计策略类型的农户可持续生计能力受何种因素影响，并进行实证考察分析。

政策系统设计法。从宏观和微观两个层面，针对不同类型的生计资本、不同生计策略类型的农户，针对性制定巩固拓展脱贫攻坚成果进程中的民族村农户可持续生计能力提升路径，为民族地区铸牢中华民族共同体意识，推进巩固拓展脱贫攻坚成果同乡村振兴有效衔接提供政策建议。

三、技术路线

本书对巩固拓展脱贫攻坚成果进程中的民族村农户可持续生计能力提升研究的技术路线图如图 1-9 所示。

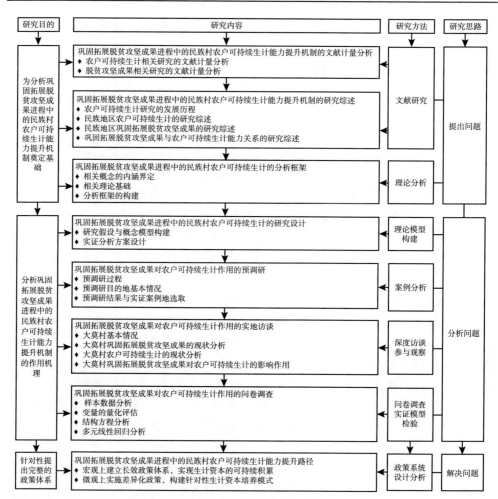

图1-9　巩固拓展脱贫攻坚成果进程中的民族村农户可持续生计能力提升研究的技术路线

第二章

巩固拓展脱贫攻坚成果进程中的民族村农户可持续生计的分析框架

第一节　相关理论基础

一、马克思主义反贫困理论

马克思主义反贫困理论深刻分析了资本主义的利弊，批判了资本主义，提出了一种科学的、革命的、人道主义的反贫困思想。它不仅揭示了贫困问题的本质和根源，也指明了解决贫困问题的方法和途径，即通过无产阶级革命和社会主义建设，打败和消灭资本主义，最终实现共产主义，使社会上每一个人都得以全面发展。

马克思主义反贫困理论的起源及发展历程可以概括为以下几个阶段：

萌芽孕育时期（1818～1843年）。这一时期，马克思理论包含德国古典哲学、英国古典政治经济学、法国空想社会主义部分内容，在这些思潮的基础上提出了更先进的理论，提出了一种人道主义思想，并对造成人的贫穷的根源和对人的发展所起的作用进行了初步的探讨。他在《论犹太人问题》《论黑格尔法哲学批判》等著作中，批判了资产阶级政治权利和法律制度对人类自然权利和社会权利的剥夺和异化，并指出要实现人类解放就必须消灭私有制。

初步探索时期（1844～1847年）。这一时期，马克思与恩格斯结成战斗同盟，并开始系统地研究资本主义经济学。他们在《经济学哲学手稿》《圣家族》《德意志意识形态》等著作中，通过对资本主义制度的分析看出资本主义制度导致了人的贫穷和人性的丧失，正是这种"异化"的存在才导致了人的贫穷，并最终变成了一种阻碍人的发展的外来力量。他们认为要消除异化就必须消除私有制，并提出"以无产阶级为代表"的"普遍阶级"是实现共同富裕与自由发展的历史动力①。

基本形成时期（1848～1867年）。这一时期，马克思与恩格斯参与组织领导欧洲各国无产阶级革命运动，并完成了《共产党宣言》等重要著作。他们在这些著作中，揭示了无产阶级在反贫困中所起到的作用及其历史使命，并以唯物史观考察"现实个人"的生存发展状况，以生产力和生产关系的辩证关系作为出发点，对贫困的成因以及发展趋势进行了分析，同时建议通过构建"自由人联合体"来打败贫困，从而实现人类自由、全面发展②。

发展完善时期（1868～1883年）。这一时期，马克思完成了《资本论》第一卷并开始撰写第二卷和第三卷，《共产党宣言》也得到广泛传播。恩格斯则继续完成了《反杜林论》《家庭、私有制和国家的起源》等著作。他们在这些著作中，深刻论证了贫困群众摆脱贫困的方法是"剥夺者就要被剥夺了"，这是唯一的出路，并且指出当人类社会进入高级的社会主义阶段时，贫困将不复存在，社会上的每一个人都会实现全面且自由的发展③。

马克思提出反贫困理论，指出贫困在本质上是资本主义制度导致的，即私有制、剥削制度和阶级差别，为消除贫困提供了科学的指导思想；按照贫困特征进行分类，将贫困化分为绝对贫困、相对贫困、物资贫困、精神贫困、个人贫困和社会性贫困等，为认识和解决不同形式的贫困问题提供了理论依据；并且指出只有无产阶级革命才能真正地消灭贫困，也就是说，资本主义制度必将被推翻、被消灭，建立以公有制为基础的社会主义制度，并最终实现共产主义社会，从而消灭私有制、剥削制度和阶级差别，实现人类解放与共同富裕；强调了人民群众特别是无产阶级在反贫困中的作用及历史使命，认为只有无产阶级才能成为真正推动历史进步、实现人类解放与共同富裕的力量；体现了人道主义精神，关注人的自由全面发展。因此，马克思主义反贫困理论在实践中具有重要的应用价值，为中国的脱贫攻坚提供了重要的思想指导和理论支持。

马克思主义反贫困理论是一门透过贫困问题的现象看到贫困的本质，从而提出解决贫困的办法，提出反贫困理论的学说。解决贫困问题的办法只有一个，那就是建立社会主义制度，在公有制的基础上才能彻底地解决贫困问题。马克思主义反贫困理论在中国的实践有着丰富且深刻的内涵和成效，也面临着一些挑战和问题。

---

① 中共中央马克思恩格斯列宁斯大林著作编译局马恩室.《1844年经济学哲学手稿》研究：文集[M].湖南：湖南人民出版社，1983：169.
② 中共中央马克思恩格斯列宁斯大林著作编译局马恩室.《马克思恩格斯文集》第二卷[M].北京：人民出版社，2009：53.
③ 马克思.《资本论》第一卷[M].中共中央马克思恩格斯列宁斯大林著作编译局马恩室，译.北京：人民出版社，2004：877－878.

首先，中国已实现全面脱贫，马克思反贫困理论从理论转化为现实，实现了质的飞跃，从实践层面上给出了"能否全面消除贫困""如何消除贫困"和"怎么消除贫困"的科学答案，还扩大了马克思主义反贫困理论的内容。中国共产党很好地将马克思反贫困理论运用到实践中，并且丰富了反贫困理论的内容。在马克思主义的指导下，中国共产党带领群众推翻了剥削阶级制度，上层建筑和生产关系都与以往不同，实现历史性的伟大转折，我国的生产力和经济基础较以往也出现了巨大变化，从救济式扶贫到开发式扶贫，最后提出精准扶贫，帮助农户精准脱贫，让人民群众认识到在社会主义制度下将不存在贫困问题，只有相信党、跟紧党的步伐才能彻底消灭贫困，必须依靠发展来反贫困，并且要精准扶贫、反贫困，这些都是马克思主义反贫困理论中国化的基本经验。

其次，中国特色反贫困理论强调反贫困必须依靠人民群众，充分发挥人民群众的主观能动性，人民群众具有无穷的智慧，群众的力量不可估量，应通过开发式扶贫方针，充分调动贫困群体的内生动力，把人民群众对美好生活的向往转化为脱贫攻坚的强大动能，引导贫困群众树立自信、自强、自立的思想，通过教育扶贫、产业扶贫、就业扶贫等方式，提高贫困群众的素质和能力，实现从被动接受帮助到主动参与发展的转变。这种以人民为中心的反贫困理念和实践，体现了马克思主义反贫困理论的人本精神和价值取向，也为世界反贫困事业提供了有益借鉴。

最后，中国坚持全球视野和国际责任，在推进国内脱贫攻坚的同时，积极参与国际反贫困合作，为全球减少和消除极端贫困作出了重要贡献。中国不仅在联合国等多边机制中倡导并支持落实 2030 年可持续发展议程，还在"一带一路"倡议等双边或多边框架下开展广泛而深入的反贫困合作。中国以实际行动践行了构建人类命运共同体的理念，彰显了马克思主义反贫困理论的普遍意义和时代价值。

综上，马克思主义反贫困理论在中国的实践有着显著而卓越的成效，也面临着一些挑战和问题。如何巩固脱贫成果、防止返贫滑坡、实现乡村振兴、促进共同富裕等，是我国反贫困事业面临的新任务和新要求。

二、小农理性范式

"小农理性范式"是一种分析农民经济行为的理论框架，它认为农民是生产者和消费者的合一体，他们的劳动决策不是基于利润最大化，而是基于家庭福利最大化。"小农理性范式"理论框架的起源和发展历程可以概括如下。

"小农理性范式"的奠基人是俄国经济学家恰亚诺夫（Chayanov，1996），他在 20 世纪 20 年代对俄国农民经济进行了深入的研究，提出了"小农理性"的概念。恰亚诺夫认为，农民家庭是一个不由要素市场配置劳动的经济组织，它的特点是采用家庭劳动、自给自足、无剩余价值、无剥削。因此，农民的劳动供给不受价格变化的影响，而受到家庭成员数量、年龄结构、消费需求等因素的影响。恰亚诺夫用边际分析方法得出了劳动供给最优条件，即边际上增加一单位的收入需付出相应的劳动，在主观评价上一单位的收入增加与其提高的家庭美满程度是相等的。

恰亚诺夫的"小农理性"理论在当时引起了广泛关注和讨论，但也遭到了批判和反对。一方面，有些人认为恰亚诺夫过于美化了小农经济，忽视了其低效率、落后性和不稳定性；另一方面，有些人认为恰亚诺夫过于强调了小农经济的独立性和自主性，忽视了其受到外部市场和政治力量的制约和影响。恰亚诺夫本人也没有停止对"小农理性"理论的完善和发展。他在1922年访问英国和德国时接触到了西方合作运动，并将其作为解决小农问题的一种途径。他在1923年出版了《合作社运动与社会主义》一书，在其中阐述了他对合作社运动及其与社会主义关系的看法。恰亚诺夫在1929年被捕入狱，他的"小农理性"理论也随之被打压和遗忘。直到20世纪60年代以后，"小农理性"范式才重新引起西方学者们的重视，他们对发展中国家乡村问题研究中使用这个范式进行了分析。

"小农理性范式"的起源和发展历程反映了一个伟大而悲惨的思想家对乡村问题研究的不懈探索和创新，这个理论框架至今仍然具有重要的理论价值和实践意义。

"小农理性范式"对于分析我国民族地区农户可持续生计时的优势可以体现在以下几个方面：

首先，"小农理性范式"能够更好地反映中国民族地区农户的实际情况和需求。中国民族地区的农户多数是少数民族，他们有着自己独特的文化、信仰、传统和生活方式，这些因素影响了他们对生计资本、生计战略和生计目标的选择和评价。例如，一些少数民族农户可能更重视自然资源的保护、社会关系的维护、宗教信仰的实践等非物质方面，而不是单纯追求经济收入或利润最大化。因此，"小农理性范式"能够从主观角度出发，尊重和理解少数民族农户的多元价值观和生活方式。

其次，"小农理性范式"能够更全面地分析中国民族地区农户可持续生计问题所面临的挑战和机遇。中国民族地区的农户不仅受到自然环境、市场经济、政策制度等客观因素的影响，还受到历史遗留、社会变迁、文化碰撞等主观因素的影响。这些因素使得他们处于一个复杂多变的脆弱性背景中，需要不断调整和适应自己的生计资本、生计战略和生计目标。例如，一些少数民族地区由于交通不便、资源匮乏、教育落后等，经济发展滞后、贫困现象普遍；而一些少数民族地区由于旅游业兴起、基础设施改善、外来移民增加等，经济增长快速、收入水平提高，但也带来了环境污染、社会矛盾、文化失落等问题。因此，"小农理性范式"能够从动态角度出发，考察和评估少数民族农户可持续生计问题的影响因素和变化趋势。

最后，"小农理性范式"能够更有效地提出中国民族地区农户可持续生计问题的解决方案和建议。中国民族地区的农户需要在保障自身生存和发展的同时，也要保护自然环境、促进社会和谐、传承文化特色。这就要求他们在制定和实施生计战略时，不仅考虑经济效益，还考虑社会效益、环境效益和文化效益。例如，一些少数民族农户可以通过发展特色农业、参与合作社、开展乡村旅游等方式，既增加收入，又提高技能，还保护资源，更弘扬民族风情。因此，"小农理性范式"能够从多元角度出发，提供和支持少数民族农户实现可持续生计的途径和方法。

综上所述，"小农理性范式"在分析中国民族地区农户可持续生计问题的优势以及合理性是显而易见的，它有助于我们深入了解少数民族农户的实际情况和需求，全面分析他们所面临的挑战和机遇，有效提出他们实现可持续生计的方案和建议。因此，本书将运用这一理论分析民族村农户在巩固拓展脱贫攻坚成果进程中的经济行为，运用该理论构建巩固拓展脱贫攻坚成果、生计资本、农户可持续生计能力等变量之间关系的理论模型，解释实证分析得到的相关结论。

三、可持续生计理论

"可持续生计理论"是一种分析贫困问题和制定减贫政策的思想和方法，它关注人们为了实现生计目标而拥有的能力、资产、活动和机会，以及这些因素之间的相互作用。它强调从贫困者的视角出发，考虑他们所面临的各种风险和挑战，以及他们如何利用不同类型的资本来应对和适应这些变化。它也强调多层次的分析，从微观到宏观，从个体到社区，从国家到全球，探讨影响生计可持续性的各种因素和政策。"可持续生计理论"的起源和发展可以分为以下几个阶段。

第一阶段，概念定义发展历程。这一阶段大致从 20 世纪 80 年代末到 90 年代初，森（Sen），钱伯斯（Chambers），康威（Conway）等学者提出了解决贫困问题新的方法。他们所考虑的不仅仅是收入还有发展能力，也就是说他们没有选择权，也没有能力进行基本的谋生活动。他们深度思考造成贫穷的深层因素，如：贫穷的制约因素、贫穷的发展能力、贫穷的机遇等。

第二阶段，概念推广。这一阶段大致从 20 世纪 90 年代中期到 2000 年左右，国际组织、非政府组织、政府部门等将"可持续生计"概念引入行动议程，并在实践中进行探索和应用。例如，《世界环境与发展委员会报告》（1987）、《联合国环境与发展大会行动议程》（1992）、《哥本哈根社会发展世界峰会行动纲领》

（1995）、《北京第四届世界妇女大会行动纲领》（1995）等都强调了可持续生计对于消除贫困和促进人类发展的重要意义。

　　第三阶段，框架建立。这一阶段大致从 2000 年开始至今，学术界、实践界等对"可持续生计"概念进行了深入研究，并提出了不同版本的分析框架。其中最具影响力的是英国国际发展署（DFID）提出的"可持续生计指导原则"及其相关文献。该框架将影响人们生计选择和结果的各种因素划分为五类资本（自然资本、物质资本、人力资本、社会资本、金融资本），并考虑了外部环境（趋势、冲击、季节性变化）、制度结构与过程（政策、法律、规范、文化等），以及人们采取不同类型的生计策略来达成不同类型的生计目标，如图 2 - 1 所示。

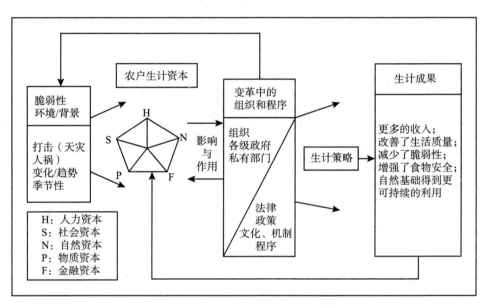

图 2 - 1　DFID 农户可持续生计框架

　　综上，可持续生计是一种在各种情况下，人们按照自己的能力将自己的资产重新组织起来，使自己的资产得以持续使用，同时提高家庭幸福程度的持续性的生计状态。可持续生计分析框架属于理论框架，也可以说是思维框架，同时它还是一个能够在操作层面上对工作进行指导的工具，该框架还与社会发展有关。在分析"中国民族地区巩固拓展脱贫攻坚成果"如何促进"民族村农户可持续生计能力"提升时运用可持续生计理论，有助于从多方面考察民族村农户所拥有和获得的资产、能力和收入活动，包括人力资本、自然资本、物质资本、金融资本和社会资本，并分析它们之间的相互影响和制约；有助于了解民族村农户在不同环境下（如政策环境、经济环境、社会环境等）对其生计选择和策略的影响，并提出相应的政策建议；能够提高民族村农户主体性和参与性，尊重他们对自身生计状况和需求的认识，并支持他们发挥自主能力。因此，可持续生计理论和DFID 分析框架为本书的分析框架构建，相关变量之间关系的理论模型构建，变量选取及指标设计等方面提供了理论上的依据。

四、资产建设理论

资产建设理论是当代社会科学领域的一个重要新理论，该理论是由美国华盛顿大学迈克尔·谢若登教授在他出版的《资产与穷人》一书中首次提出的。他认为只要是普遍的、范围较广、有利于公民和家庭的，特别是贫困人口获取房地产和金融资产的福利方案、策略、法律和规章等，都是资产社会政策范畴。以收入作为基础的社会政策，就是相当于以资产建设作为基础的社会政策。资产构建这一理论的提出，对于我国经济体制改革具有重大的现实意义。它的发展历程可以从以下几个方面进行梳理。

第一阶段，对传统的社会福利制度提出了新的挑战。20 世纪 70 年代中期至末期，由于经济全球化与高新科技的兴起，世界经济与社会人口构成出现了明显的转变。这些变化导致了贫富差距扩大、中间阶层缩水、就业不稳定等问题，给传统以收入为基础的社会福利政策带来了巨大挑战。传统社会福利政策主要通过向低收入者提供现金或实物补贴来保障其基本生活水平，但这种方式往往不能解决穷人的根本性问题，甚至可能造成依赖性、消极性、被动性等副作用。

第二阶段，新自由主义思潮兴起。在传统社会福利政策遭遇困境的背景下，新自由主义思潮在西方国家兴起。新自由主义者认为，国家干预市场经济是造成经济低迷和贫困问题的根源，因此主张削减国家支出、放松管制、推行私有化等措施来恢复市场机制的作用，并强调个人责任和自我努力来摆脱贫困。新自由主义思潮对传统社会福利政策进行了强烈批判，并推动了一系列改革措施，如美国1996 年通过《个人责任与工作机会复兴法案》（*Personal Responsibility and Work Opportunity Reconciliation Act*），将联邦援助无能力母亲计划（Aid to Families with Dependent Children）改为临时援助有需要家庭计划（Temporary Assistance for Needy Families），并限制接受援助时间不超过五年，要求接受援助者参加工作或培训活动。

第三阶段，资产建设理论应运而生。在新自由主义思潮对传统社会福利政策进行批判与改革的同时，也有一些学者开始从不同角度探索解决贫困问题的新途径。其中最具影响力和代表性的就是谢若登教授提出的资产建设理论。谢若登教授认为贫困不仅与收入有关，还与资产有关，两者的匮乏导致贫困的产生。他指出，资产不仅是一种经济资源，也是一种社会资源和心理资源，它可以提高低收入者的生活质量、增强其社会参与和政治权利、激发其创新精神和未来展望。所以他提供对农户进行专业的、有组织、有目标的指导，帮助农户积累财富，整个过程不是简单地帮助农户提高存款余额，或是提高他们的消费能力，而是农户可以根据自身情况和存款余额进行理财投资，从而拓宽收入来源，逐渐走向富裕。

综上，资产建设理论强调通过资产积累和投资来提高低收入者的福利和发展能力，而不是单纯依赖收入和消费。这与我国民族地区巩固拓展脱贫攻坚的目标和策略是一致的。民族地区巩固拓展脱贫攻坚成果时不仅要实现低收入者的基本生活保障，更要通过发展特色产业、培育壮大集体经济、提升人力资本等方式，增加农户的可支配收入和储蓄能力，扩大其资产规模和结构，提高其抵御风险和应对挑战的能力。

资产建设理论认为，资产不仅是一种经济资源，也是一种社会资源和心理资源，它可以影响穷人的社会参与、政治权利、创新精神、未来展望等方面。这与民族地区巩固拓展脱贫攻坚成果的内涵和要求是相符的。民族地区巩固拓展脱贫攻坚成果不仅要解决物质层面的问题，更要解决精神层面的问题，促进少数民族文化传承创新、增强民族自信自尊自强、维护社会长期健康稳定发展。

资产建设理论提倡由政府或非政府组织有组织、有目的性地指导农户，帮助农户积累资产，并提供储蓄激励、金融教育、咨询服务等支持措施。这与我国民族地区脱贫攻坚的实践经验是契合的。民族地区脱贫攻坚充分发挥了党委、政府领导作用，并广泛动员了社会各界力量参与其中，形成了上下联动、多方协作、全社会共同参与的工作格局。

因此，资产建设理论为本书的分析框架构建，相关变量之间关系的理论模型构建，变量选取及指标设计等方面提供了理论依据。

第二节　相关概念的内涵界定

一、民族村的内涵界定

民族村是中国特有的乡村发展模式，也是国家民委在推进少数民族地区经济发展和民族团结进步事业中创新的举措之一。它是在民族特色、文化传承和生态保护的基础上，推动少数民族地区乡村经济发展的一种特殊模式。民族村的发展是为了满足当地民族村民的生活需求，促进少数民族地区的经济发展和民族团结进步，同时保护和传承当地的民族文化。民族村一般以民族特色、文化传承和生态保护为基础，在少数民族地区乡村发展中实施。在这种模式下，民族村的发展既注重经济效益，又注重文化传承和生态保护。它是一个以当地民族村民为主体，以少数民族文化为特色，以旅游产业和乡村经济为支撑的综合性村庄，既具有地方特色，又有强烈的文化认同感。民族村的发展要求在经济、文化和生态三方面统一发展。在经济方面，民族村的发展需要注重当地资源的开发和利用，以旅游业、文化创意产业等为主导，推动当地经济的发展。在文化方面，民族村的发展需要注重传承当地的民族文化，建立当地的文化品牌，推动民族文化的传承和发展。在生态方面，民族村的发展需要注重生态保护和环境治理，采取可持续的发展方式，保护和改善当地的生态环境。为更突出具有民族特色的一些民族村寨的社会价值和文化传承意义，2012 年 12 月，国家民委在正式发布的《关于少数民族特色村寨保护与发展规划纲要（2011—2015）》中明确指出："少数民族特色村寨是指少数民族人口相对聚居，且比例较高，生产生活功能较为完备，少数民族文化特征及其聚落特征明显的自然村或行政村"。因此，借鉴少数民族特色村寨的定义，本书认为民族村首先应该具备的一个特征则为少数民族人口比例较高。

一般来讲，我国中东部地区的民族村人口主要以汉族为主体，少数民族集聚区较少，少数民族人口数量在全村人口数量的比重较小，而我国西部少数民族聚居的地区，多民族聚居的民族村数量较多，且分布密集。多民族聚居的形式也让生活在这些地区居民的谋生手段日趋多样化。居民的主要收入来源不再仅仅是从事与土地有关的农事劳动所获得，外出打工和自主创业，或者在村属企业、事业单位和国有企业就业等形式也逐渐成为居民的主要收入来源。多民族聚居为民族村带来了多样的民族文化和习俗，同时也加大了民族村治理的难度。对于多民族聚居的民族村，不同民族的居民生活饮食习惯、宗教文化信仰都有所不同，这加大了村务治理难度，所以处理好汉族和少数民族、少数民族之间的关系就显得尤为重要。

在经济发展动力方面，民族村通常位于偏远的山区、丘陵和边疆地带，地理条件相对恶劣，交通不便，基础设施薄弱，这些因素直接导致民族村贫困程度较深。民族村所处的自然环境多样，资源分布不均，部分地区资源丰富，生态环境优越，但另一些地区资源匮乏，生态环境脆弱，容易受到自然灾害的影响，从而影响当地居民的生活和经济发展。民族村居民以少数民族为主，人口密度较低。同时，由于历史原因和生活习惯的差异，民族村居民受教育水平和文化程度相对较低，劳动力素质和就业能力有限。由于受到地理位置、资源条件和人口结构等多方面因素的制约，民族村的经济发展水平普遍较低。农业生产条件差，产业结构单一，农村收入来源有限，致使贫困问题长期存在。民族村的社会保障体系相对薄弱，医疗、教育、养老等公共服务资源不足，难以满足居民的基本需求。这些问题加大了民族村贫困程度和贫困人口的减少速度。民族村多元文化交融，部分地区传统观念根深蒂固。这些观念可能影响当地居民的发展观念和行为习惯，从而影响整体发展和脱贫进程。虽然政府加大了对民族村的扶贫力度，但由于地域广阔、民族众多等因素，政策落地执行和资源分配仍存在不足，导致部分民族村曾经的贫困深度较大，现阶段的返贫风险较大。

综上所述，本书所研究的民族村是指少数民族人口相对聚居，且比例较高，生产生活功能较为完备，少数民族文化特征及其聚落特征明显的自然村或行政村，具备民族习俗和文化丰富、曾经贫困程度较大等特征。

二、巩固拓展脱贫攻坚成果的内涵界定

中国在 2020 年完成了全面建设小康社会的目标，并完成了脱贫攻坚的任务，为实现乡村振兴打下了良好的基础。但是，脱贫地区仍然面临着产业发展不足、基础设施和公共服务水平低下、生态环境脆弱等问题，还存在着返贫和致贫风险。为了巩固脱贫成果，防止返贫致贫，促进农民持续增收，推动乡村全面振兴，中共中央、国务院于 2021 年 3 月发布了《关于实现巩固拓展脱贫攻坚成果同乡村振兴有效衔接的意见》（以下简称《意见》），提出了一系列的政策措施和目标要求。《意见》把"巩固和扩大农村贫困人口"作为乡村振兴的根本，把"加强农村贫困人口与农村贫困人口的有效衔接"作为重点。它强调要以产业发展为主线，以增强内生发展动力为核心，以提高农民素质为关键，在保障基本民生、完善基础设施、改善生态环境、加强组织建设等方面做好工作。它还明确了到 2025 年的主要目标：脱贫攻坚成果的巩固与发展，落实推进乡村振兴的全面发展[①]。

"巩固拓展脱贫攻坚成果"是一个涉及多个方面的复杂概念，它既包含了对脱贫攻坚的历史回顾和总结，也包含了对乡村振兴的前瞻性规划和部署。首先，巩固拓展脱贫攻坚成果是贫困县摘帽之后必须完成的硬任务，必须不折不扣抓好贯彻落实。要求我们落实乡村振兴发展战略，从多个角度进行分析研究，分别包括：在产业发展、基础设施、公共服务、生态环境等方面确保脱贫群众不返贫、不致贫、稳定增收。它要求我们继续完善扶持政策，加强监测评估和动态管理，健全长效机制，防止形式主义、官僚主义。其次，巩固拓展脱贫攻坚成果是乡村全面振兴的基础和前提，要求我们落实乡村振兴发展战略，从多个角度进行分析研究，分别包括：在产业发展、基础设施、公共服务、生态环境等方面实现由"有"到"优"的提升，让脱贫群众生活更上一层楼。它要求我们加强定点帮扶

---

① 中共中央　国务院关于实现巩固拓展脱贫攻坚成果同乡村振兴有效衔接的意见［M］. 北京：人民出版社，2021.

和东西部协作关系，在教育、医疗、人才等领域实现互惠互利，实现帮扶常态化。最后，巩固拓展脱贫攻坚成果是中国特色社会主义事业发展的重要里程碑，也是中国为世界减贫事业作出的重大贡献。这是中国共产党人坚持"以人为本"的价值观，也是中国特色社会主义的制度优越性与治理能力的体现，体现了中国人民自力更生、艰苦奋斗的精神品格。它对全球减少极端贫困人口超过70%起到了决定性作用，为促进世界经济增长和社会稳定提供了有益借鉴。

综上，巩固拓展脱贫攻坚成果是指在完成全面脱贫目标之后，保持脱贫成果不回流、不反弹，继续加强贫困人口脱贫、贫困地区发展和社会保障体系建设的工作。在巩固拓展脱贫攻坚成果中，核心思想是要建立健全长效机制，加强政策协调和综合施策，促进贫困人口和贫困地区的可持续发展。因此，本书着重研究的是影响民族村巩固发展乡村振兴的因素，从防止返贫的减贫效应以及长效机制的长效水平两个方面对其构成维度进行划分，如图2-2所示。

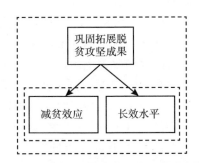

图2-2　巩固拓展脱贫攻坚成果的构成维度

1. 巩固拓展脱贫攻坚成果的构成维度一：减贫效应

巩固拓展脱贫攻坚成果政策防止返贫的减贫效应可以定义为政策的实施对减轻已脱贫家庭再次陷入贫困的风险所产生的影响。简单来说，政策能够避免已经脱贫的家庭再次陷入贫困状态，从而加强他们的经济可持续性，保障他们的生计。这种减贫效应包括了一系列措施和政策，如加强扶贫资金管理、完善扶贫政策体系、提供技术培训、加强社会保障、改善基础设施等。在实践中，防止返贫是脱贫攻坚的关键目标之一。对已经脱贫的家庭，政策的实施必须持续并加强，以防止再次陷入贫困。巩固拓展脱贫攻坚成果政策防止返贫的减贫效应是减贫过程中重要的指标之一。如果政策只是一时性地解决了贫困问题，没有防止贫困家庭再次陷入贫困，那么这种减贫效应就是短期的、不可持续的。因此，政策必须关注防止返贫的减贫效应，才能确保长期可持续的减贫成果。

2. 巩固拓展脱贫攻坚成果的构成维度二：长效水平

巩固拓展脱贫攻坚成果政策长效机制的长效水平是指政策长期有效的时间尺

度，即政策和措施能够在较长时间内保持有效，确保脱贫攻坚成果的长期性和可持续性。长效水平可以体现在政策的长期性、可持续性、整合性、协调性、灵活性和适应性等多个方面。政策的长期性、可持续性、整合性和协调性是保障政策长效的重要保障，而政策的灵活性和适应性则是保障政策适应社会变化和贫困问题变化的重要因素。为了确保长效机制的实现，政府需要采取多种措施，如加强政策规划和制定、优化政策实施机制、加强政策监测和评估等，以提高政策的有效性和可持续性，确保长效机制的长期性。

三、可持续生计能力的内涵界定

从表面含义来看，"生计"可以这样解释：一种理解为维系生活的各种方式；另一种专指生活自身，生活中的各个方面，包括衣、食、住、行的发展状况。因此，可以认为它是维持生命的一种方式。生计一词的含义非常丰富，相对于"职业""工作"等词汇，生计一词在内涵和外延层面均具备显著性，可以很好地展现贫困人群的生存复杂性，帮助人们认识和理解贫困人群生活的不易，进而给予贫困人群力所能及的帮助，帮助他们改善生活。

学术研究中"生计"观念的提出，是受到了西方学者的影响，它从最初的单纯的经济学视角，到后来的多元视角，再到以收入、消费为核心的多元视角来探讨贫困的多维属性。人们常常把"生计"与"永续生计"进行比较，分别研究二者。世界环境与发展委员会的报告中对"生计"和"可持续生计"的定义分别为："生计是拥有足够的粮食和现金储备以满足基本需求。可持续性是指可以长期维持或提高资源生产力。家庭可以通过多种方式获得可持续的生计安全；通过稳定的就业获得适当的报酬；或通过不同的活动组合。"

基于以上两个概念，1992 年时，钱伯斯和康韦（Chambers & Conway）两位学者对"生计""可持续性生计"等概念进行了新的阐释，并在随后的文献中进行了大量的探讨，这一定义最终被英国国际开发部（DFID）所采纳。这一定义的一个主要特点是，它将财产与实际可支配财产的关系作为一个切入点，并据此采取各种措施来提高生活质量。它将生计定义为以人的能力、个人资产以及活动为基础的谋生手段，其中，资产包括储存、资源、诉求和手段。可持续的生活是指人们有能力应对各种压力和打击，并从这些压力和打击中恢复过来，保持或加强自身的力量和财产，也可以为子孙后代带来可持续的生活，还可以为本地和全世界的其他生活模式带来短期和长期的净利。

"生计"这一概念，从不同的角度来看，其内涵与外延也各不相同。2009 年时，周大鸣表示：生计是人们赖以维持生活的方法。2004 年时，罗康隆表明生计的产生与发展受到周围自然环境与社会环境等多种因素的影响，不仅如此，孙秋云还表示，生计还受到科学技术的影响。正是人的生活条件的多样性，使人产生了各种各样的生活方式。

"生计"一词可以从个体、家庭、团体、社会等多个层次进行界定。最常见的就是从家庭这个角度出发的，它是指一群人一起用一个火炉来烹饪食物。在农户水平上，从以下四个维度对生计进行研究，即：人口（people）、活动（activities）、资产（asses）和产出（gains，outputs）。图2－3显示了谋生成分及其相互关系的图表。

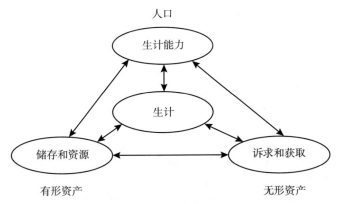

图2－3 生计构成和关系

在20世纪80年代，"可持续的生计"这一术语在WED会议上首次被提出。同时，1992年，在联合国环境和发展会议的行动会议中，也特别提到了这一术语，并在消灭贫穷的过程中，把它作为一个重点，以达到一个稳定的生活水平。1995年在哥本哈根举行的社会发展世界峰会，突出了对可持续发展的要求，使得学者们在研究扶贫的领域有了质的变化，也为我们后来研究分析问题时提供了新的分析角度和研究方向，因此，引起了社会各界越来越多的关注。在对生计和可持续生计含义进行定义时，本书参考的是国际社会的主流观点，例如：将生计看作一种特殊的谋生模式，要想发展生计，就必须考察个人的资产情况、实际能力以及实践活动等。人们必须具备应对冲击的能力，并在遭遇挫折时尽力维护，以此推动资产恢复，并为子孙保留更多的就业机会，最重要的是，若不考虑对大自然的损害，这种生计方式几乎是可以做到可持续发展的。

20世纪80年代以来，随着对贫穷问题认识的加深，人们开始形成自己的一种观念。阿玛蒂亚是这方面的代表，她认为"贫穷并不是以收入的形式出现的，而是可以被认为是无法获得最基本的生活必需品的问题"。因此，能力可以定义为人的潜能可作出的情况，不仅与个人的自身特点有关，还与其拥有的交换权利有关。不仅如此，学者们在分析中从以下几方面对生计能力进行分析汇总，即：发现并利用生计机会的能力、个人处理胁迫和冲击的能力。从一定程度上来说，在引进生计能力含义之后，在面对生计问题时，人们不再仅仅将注意力集中在物质上，而更加注重"以人为中心"的发展思路，注重人的全面发展。综合可以发现，可持续生计能力所包含的主要内容包括：第一，可持续的谋生方式，这将有利于保证和提高农户的可持续生计能力。只有在有了持久的生计方法的情况下，才有可能提高收入水平。第二，是对生命所必须的各种财产进行最优化，这些财产不仅是"硬"的，也是"软"的，硬的资产包括机器设备等，软的资产包括个人的决策能力、教育水平等。第三，是国家的支持，还有一个良好的发展环境。

综上，本书在对农户可持续生计能力进行测量时，主要用于分析的指标是风险应对能力以及个人的发展能力，如图 2 - 4 所示。

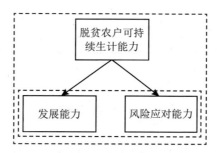

图 2 - 4　农户可持续发展能力的构成维度

1. 农户可持续生计能力的构成维度一：风险应对能力

风险应对能力可以包括农户预防风险、减少风险、转移风险和承担风险的能力。预防风险是指农户采取预防措施来避免风险的发生；减少风险是指农户采取措施来降低风险的程度和影响；转移风险是指农户将风险转移给其他人或机构，以降低自身风险的承受能力；承担风险是指农户接受并承担风险的能力。农户可持续生计的风险应对能力是农户实现可持续发展的重要保障。在经济学中，农户面临的风险通常分为市场风险、气候风险、生产风险、价格风险、政策风险等。风险应对能力的不足会导致农户在面临风险时难以应对，增加农户贫困和不可持续性的风险。

2. 农户可持续生计能力的构成维度二：发展能力

发展能力是指农户自身的经济、技术和社会能力，包括农户的生产技术、经营管理能力、市场开拓能力、创新能力、组织能力等。这些能力是农户实现可持续发展的重要保障，决定着农户在面对外部环境变化时的适应性和生存能力。农户发展能力的内涵可以从多个方面进行分析。第一，农户的生产技术是农户发展能力的重要方面，包括农业生产的技术水平、生产工具和设备的使用能力等。这些技术能力决定了农户生产效率和质量，对于提高农户收入和实现可持续生计至关重要。第二，农户的经营管理能力也是农户发展能力的重要方面，包括农户生产、管理、营销等方面的能力。这些能力决定了农户的生产成本、产品质量和销售能力，对于提高农户经济效益和可持续发展至关重要。第三，农户的市场开拓能力也是农户发展能力的重要方面，包括对市场需求的了解、市场营销策略的制定和实施、市场渠道的拓展等方面。这些能力决定了农户产品销售的渠道和效果，对于提高农户收入和实现可持续生计至关重要。第四，农户的创新能力也是农户发展能力的重要方面，包括对新技术、新产品、新市场和新组织形式的开发和应用。这些能力决定了农户在面对新形势和新挑战时的适应性和生存能力，对于实现农业可持续发展和农村经济的转型升级至关重要。第五，农户的组织能力也是农户发展能力的重要方面，包括农民组织的建立和管理、农民间合作的能力等。这些能力决定了农户在面对外部环境变化时的集体应对能力和协调能力，对于提高农户综合素质和实现可持续发展至关重要。

四、生计资本的内涵界定

生计资本，是指与农户生存、农户发展相关的各种资产。可持续生计分析架构的核心是生计资本，生计资本和生计资本储量可综合反映出农户的生计水平。因此，农户生计资本构成、生计资本规模很大程度上会影响农户抵抗风险的能力，进而影响居民的生计决策，导致农户产生不同的生计效果。

基于民族村的基本特点，本书认为少数民族文化在适应巩固拓展脱贫攻坚成果相关政策的过程中更容易受到环境脆弱性的影响，是一种特殊的文化环境资本，同时考虑到巩固拓展脱贫攻坚成果的相关政策可能影响农户的经济行为选择，因此，本书在传统生计资本的五个维度的基础上，纳入了民族文化资本和心理资本，进一步完善了可持续生计框架，构成引入心理和民族文化资本的可持续生计框架（见图 2 - 5），本书生计资本可以分为以下七个构成维度。

1. 生计资本的构成维度一：自然资本

自然资本是指人们拥有或可能拥有的自然资源储备，是居民生计所依靠的资源。人们开展生计活动在这一时期内所使用的自然资源和资源储备，特别是农民所持有的各种天然资源能够对农民的生活产生积极的影响。对农户来讲，耕地、宅基地是重要的自然资本。

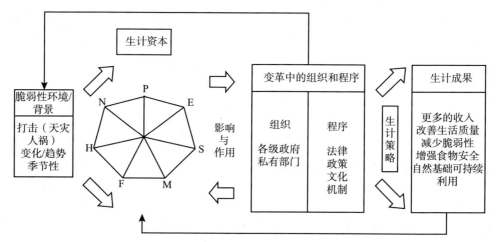

图 2 - 5　引入心理和民族文化资本的可持续生计框架

♦符号：H – 人力资本；S – 社会资本；N – 自然资本；P – 物质资本；F – 金融资本；E – 民族资本；M – 心理资本。

2. 生计资本的构成维度二：物质资本

物质资本是指家庭或个人拥有的各种物质资源和资产，包括土地、房屋、家庭设备、工具、机械、车辆、畜牧和作物等，是居民生计资本积累的重要途径。农户在进行不同的生计活动时采用的基础设备、生产资料不同，因此，生产设备、住所都算是物质资本范畴。例如，对于一个种植小麦的农户，他的物质资本主要包括农业机械（如拖拉机、收割机等）、化肥、种子、农膜、大棚等生产资料，储存小麦的仓库和用于生产的温室等建筑设施也属于物质资本范畴。

3. 生计资本的构成维度三：人力资本

人力资本指的是一个人或家庭成员所拥有的劳动力量、职业技能、健康状况、受教育水平、工作经验等人力资源，是人们积累和运用其他类型资本的基础，因此也是居民总体生计状况的根本因素。主要表现为劳动者专业技能、知识储备、体能素质等。

4. 生计资本的构成维度四：金融资本

金融资本指的是农户通过一笔资本实现生存目的的资金，表现为农户持有的现金、银行存款等。固定收入（工资、生活补助）和一次性收入（补偿款）等也属于金融资本范畴。

5. 生计资本的构成维度五：社会资本

社会资本指的是人们可以利用这些资源实现生存目标，这类资源统称为社会资本。在测量社会资本时，本书将从农户参加集体活动的次数和农户关系体系等几个角度来进行测量和评估，包括农户的人际交往情况，与村干部的沟通、往来情况，以及农户平时的表现，主要是农户是否有意愿并且积极参与村干部组织的活动。

6. 生计资本的构成维度六：民族文化资本

民族文化资本是指一个民族所拥有的、与其文化传统相关的非物质性财富和资源，包括了该民族的语言、宗教、风俗、艺术、文学、音乐、舞蹈、建筑、手工艺、传说、历史和人文地理等方面的知识和技能，以及这些文化资源所产生的文化认同、社会资本和社会关系等，是一个民族的文化独特性和历史积淀的重要体现，也是民族村居民生计资本积累的重要组成部分。

7. 生计资本的构成维度七：心理资本

在 2004 年，卢甘斯（Luthans）首次提出心理资本这个概念，并且将心理资本运用于企业的人力资源管理中。他所论述的心理资本指的是农户在面临生活条件发生变化时所展现出的一种积极的心态。

第三节　分析框架的构建

一、巩固拓展脱贫攻坚成果进程中的民族村农户可持续生计分析框架的构建与解释

（一）分析框架的构建

本书从巩固拓展脱贫攻坚成果、生计资本以及农户可持续生计能力的构成维度出发，基于巩固拓展脱贫攻坚成果进程中的民族村农户可持续生计框架中的核心要素，运用马克思主义反贫困理论、可持续生计理论、资本建设理论、小农理性范式等理论，构建出巩固拓展脱贫攻坚成果进程中的农户可持续生计能力提升的理论分析框架，如图 2-6 所示。

从图 2-6 中可以看出，巩固拓展脱贫攻坚成果进程中的农户可持续生计能力提升理论分析框架主要是由巩固拓展脱贫攻坚成果、生计资本以及农户可持续生计能力的构成维度组成。其中，马克思主义反贫困理论指导了巩固拓展脱贫攻坚成果政策致力于长效的减贫机制建设，巩固拓展脱贫攻坚成果包括政策体系的长效水平和政策体系的减贫效应。马克思主义反贫困理论中国化的进程表明，社会主义制度是反贫困的前提。随着社会主义制度的不断发展和完善，这种制度不断激发人民群众的创造性活力，不断促进生产力的解放和发展，不断创造着满足人民群众生存发展需要的物质和精神财富，这就使巩固拓展脱贫攻坚成果的系列

政策可以有效推进农村经济发展。基于资产建设理论和可持续生计理论，将生计资本作为核心纽带可以有效提升生计能力，生计资本包括人力资本、自然资本、物质资本、金融资本、心理资本、社会资本、民族文化资本，农户可持续生计能力包括农户自身发展能力和农户应对风险能力。本书分别研究巩固拓展脱贫攻坚成果两个维度对生计资本不同维度产生的影响，进而了解其如何影响农户出于家庭经济理性的生计策略选择，获得可持续的生计成果，从而促进农户自身发展能力和风险应对能力的提升，实现农户可持续生计能力的提升。其重点是：巩固拓展脱贫攻坚成果政策如何通过其政策体系的长效水平和减贫效应对农户的自身发展能力和风险应对能力进行影响。具体而言，促进农户稳定就业，拓宽农户就业渠道→家庭劳动力水平提升；扩大自然资本规模，提升自然资本质量→自然基础可持续利用；长期改善基础设施，生产资料和技术支持→生产资料质量增长；提升农户金融能力，拓宽农户金融融资渠道→资金流通创新能力加强；提高农户未来预期，提升农户幸福感→农户心理健康增强；提高社会网络信任度，提升社会组织参与度→农户社会影响力增强；促进文化的传承和发展，增强文化创新能力→农户文化自信提高。巩固拓展脱贫攻坚成果的政策效应促进了农户生计资本的积累，使农户获得可持续的生计成果，进而对农户可持续生计能力产生影响。

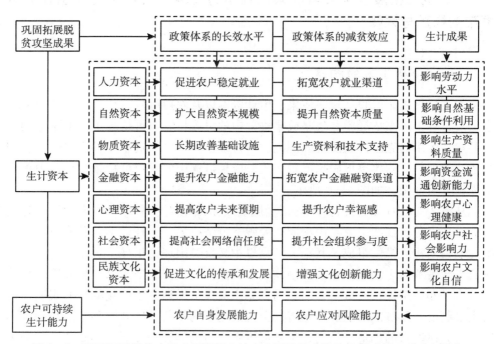

图2-6 巩固拓展脱贫攻坚成果进程中的农户可持续生计能力提升的理论分析框架

（二）分析框架的解释

根据对巩固拓展脱贫攻坚成果进程中的民族村农户可持续生计能力提升的理论分析与整体理解，从巩固拓展脱贫攻坚成果的两个基本维度出发，分析政策体系的长效水平和减贫效应；通过生计资本对农户可持续生计能力的影响，根据可持续生计理论，可知生计资本之间相互联系、相互促进，共同成为巩固拓展脱贫攻坚成果与农户可持续生计能力之间的纽带。

第一，巩固拓展脱贫攻坚成果政策体系的长效水平反映了政策实施过程中对生计资本稳定积累的作用。在人力资本方面，巩固拓展脱贫攻坚成果政策中的各项教育帮扶政策不是一蹴而就的，农户受教育程度、技能水平的提升需要农户完成学习过程，这个过程通常需要一定时间，体现了政策落实的长效性。长期落实教育帮扶的相关政策，能够有效促进农户的稳定就业，积累人力资本，提升家庭劳动力的水平，进而促进农户的可持续生计能力。在自然资本方面，巩固拓展脱贫攻坚成果政策实施过程需要加强农村环境的监测与管理，而农业生态环境质量的提升也需要一定时间，这就需要建立长效的政策机制，长期监测和管理农村环境。持续的政策实施自然会扩大林地等自然资本的规模，进而实现自然基础的可持续利用，对农户可持续生计能力产生影响。在物质资本方面，农村基础设施在巩固拓展脱贫攻坚成果政策的实施下得到有效改善，对农村的发展产生积极影响，并且这种影响是持续性的，例如，交通、农用器械等方面的改善将长期为农户的农业生产带来便利，进而影响生产资料的质量，从而影响农户可持续生计能力。在金融资本方面，巩固拓展脱贫攻坚成果政策中的金融政策不仅可以为农户提供融资机会，还可以通过过程中的宣传工作使农户学习金融知识，进而提升金融能力，从而对农户可持续生计能力产生影响。在心理资本方面，巩固拓展脱贫攻坚成果政策作为精准扶贫政策的延续，政策长期的执行与宣传将对农户未来的预期产生影响，进而影响农户的心理健康，对农户可持续生计能力产生影响。在社会资本方面，巩固拓展脱贫攻坚成果的主要手段之一就是建立稳定的基层组织，通过基层组织的长期宣传，将影响农户对社会网络的信任度和农户的社会影响力，进而影响农户可持续生计能力。在民族文化资本方面，民族村的巩固拓展脱贫攻坚成果需要因地制宜，与当地的少数民族相适应，适应过程是一个长期过程，这就需要建立长效的政策体系促进文化的传承和发展，进而影响少数民族农户的文化自信，对农户可持续生计能力产生影响。

第二，巩固拓展脱贫攻坚成果政策体系的减贫效应旨在避免已经脱贫的家庭再次陷入贫困状态。在人力资本方面，巩固拓展脱贫攻坚成果政策中乡村公益性岗位等政策能够在较短时间内拓宽农户的就业渠道，进而影响农户家庭劳动力水平，对农户可持续生计能力产生影响。在自然资本方面，巩固拓展脱贫攻坚成果中的产业扶持政策，通过直接投入资金，可以短期内影响自然资本质量，进而影响农户自然基础的利用，对农户可持续生计能力产生影响。在物质资本方面，巩固拓展脱贫攻坚成果可以为农户提供更好的生产资料和技术支持，从而影响生产资料的质量，对农户可持续生计能力产生影响。在金融资本方面，巩固拓展脱贫攻坚成果的相关政策通过对农户的直接资金补助，能够使农户的金融资本增多，农户则可以有更多投资机会，从而影响农户的资金流通创新能力，对农户可持续生计能力产生影响。在心理资本方面，巩固拓展脱贫攻坚成果对脱贫农户的直接帮扶能够对农户的幸福感产生直接影响，进而影响农户的心理健康，对农户可持续生计能力产生影响。在社会资本方面，通过巩固拓展脱贫攻坚成果相关政策的指导，基层组织的宣传和活动开展力度将加大，对农户社会组织的参与度产生影响，进而影响农户的社会影响力，对农户可持续生计能力产生影响。在民族文化资本方面，巩固拓展脱贫攻坚成果的政策落实需要结合当地少数民族文化特征，充分利用民族文化节日等载体提升少数民族农户对巩固拓展脱贫攻坚成果同乡村振兴有效衔接的认同感，这些活动将影响农户的文化创新能力，进而影响农户文化自信，对农户可持续生计能力产生影响。

二、巩固拓展脱贫攻坚成果进程中民族村农户可持续生计的影响因素

(一) 内部影响因素

在民族村巩固拓展脱贫攻坚成果的进程中，农户的可持续生计能力提升受到多个内部影响因素作用，其中，政策落实环境、内部发展战略、农户的劳动力素质、农户的风险防范意识以及各项生计资本之间的关系是民族村巩固拓展脱贫攻坚成果系列政策切实执行，推动农户可持续生计能力提升的关键内部影响因素，具体分析如下：

政策落实环境是巩固拓展脱贫攻坚成果对民族村农户可持续生计能力提升作用的第一个内部影响因素。基于民族村贫困问题深远，返贫风险大的现实困境，政策落实环境优化的重要性在巩固拓展脱贫攻坚成果同乡村振兴有效衔接的过程中尤为突出，因此，研究和讨论巩固拓展脱贫攻坚成果进程中的民族村农户可持续生计能力提升时应时刻把握民族村的重要特征。民族村往往具有多种民族、多种文化和多种传统的特点。在研究过程中，应关注不同民族的文化传统、价值观和生活方式，以确保提出的政策和措施能够适应各个民族的实际情况。民族村往往位于生态敏感区域，如山区、丘陵地带等。这些地区的生态环境脆弱，需要在发展经济的同时保护生态环境。研究时应充分考虑这些特点，提倡绿色发展、循环经济，确保可持续发展。许多民族村的经济基础相对薄弱，产业结构单一，发

展水平较低。在研究过程中，要关注提高产业附加值、优化产业结构和发展新兴产业的策略，以实现经济的可持续增长。民族村的人力资源开发和利用与城市存在一定的差距，如受教育水平、技能培训等方面。研究时应重点关注提高农户的受教育水平和技能培训，提升其可持续生计能力。民族村拥有丰富的非物质文化遗产，如民间艺术、传统技艺等。在研究过程中，要关注如何保护和传承这些非物质文化遗产，使之成为农户可持续生计能力提升的重要资源。民族村的社会组织形式多样，如宗族、村民自治等。在研究过程中，应充分发挥这些社会组织的积极作用，提升农户参与决策、维护自身权益的能力。

内部发展战略是巩固拓展脱贫攻坚成果对民族村农户可持续生计能力提升作用的第二个内部影响因素。巩固拓展脱贫攻坚成果进程中的民族村农户可持续生计能力提升是民族村发展重点转向乡村振兴战略的一个重要的途径，巩固拓展脱贫攻坚成果进程中的民族村农户可持续生计能力提升必须在发展战略内构建。从这个层面上来说，巩固拓展脱贫攻坚成果进程中民族村农户可持续生计能力提升作用的演化过程是随着内部发展战略变化而变化的，内部发展战略不管是对于巩固拓展脱贫攻坚成果对农户可持续生计能力的影响，还是生计资本在两者之间的中介作用都起着决定作用。在主动的巩固拓展脱贫攻坚成果进程中的民族村农户可持续生计能力演化，巩固拓展脱贫攻坚成果、民族村农户可持续生计能力提升的构成维度的变化和选择都受到内部发展战略的影响，基于此，巩固拓展脱贫攻坚成果进程中民族村农户可持续生计能力提升路径同样受到影响。同样地，对于被动的巩固拓展脱贫攻坚成果进程中的民族村农户可持续生计能力演化，也有上述影响。因此，巩固拓展脱贫攻坚成果、民族村农户可持续生计的发展都应该在民族村内部发展战略的框架中进行，民族村各类生计资本的积累也需要符合内部发展战略才能够可持续发展，农户才可以调动更多的资源来促进巩固拓展脱贫攻坚成果进程中的民族村农户可持续生计能力提升。

农户的劳动力素质是巩固拓展脱贫攻坚成果对民族村农户可持续生计能力提升作用的第三个内部影响因素。劳动力素质主要包括农户的受教育水平、职业技能、健康状况等。高素质的劳动力更容易掌握和运用新技术、新方法，从而提高生产效率，降低生产成本。提高农户劳动力素质是实现可持续生计能力提升的关键。在受教育水平方面，农户的受教育水平直接影响其对新知识、新技术的接受能力和理解能力。受教育水平较高的农户更容易掌握现代农业知识，从而运用到生产实践中。提高农户的受教育水平有助于改变传统的农业生产观念，实现农业生产方式的转型升级，进而提高生产效率和生活质量。在职业技能方面，具备一定职业技能的农户能够更好地运用现代农业技术，提高农业生产的效率和质量。通过职业技能培训，农户可以拓宽就业领域，实现产业多样化，降低对单一农业收入的依赖，从而提高其可持续生计能力。在健康状况方面，健康状况良好的农户具有较高的劳动生产率，能够更好地参与农业生产和社会活动。因此，关注农户健康状况，改善农村基础医疗卫生服务，提高农户健康水平，有助于提升其可持续生计能力。

农户的风险防范意识是巩固拓展脱贫攻坚成果对民族村农户可持续生计能力提升作用的第四个内部影响因素。农业生产面临着自然灾害、市场风险、技术风险、政策风险等多种不确定性因素。农户的风险防范意识和能力在很大程度上决定着其应对这些风险的能力，进而影响到其可持续生计能力。加强农户的风险防范意识和能力培训，提高其在遇到风险时的应对和自救能力，有利于提升其可持续生计能力。面对自然灾害风险，加强农户的自然灾害风险防范意识和能力，有助于提高农户在面对自然灾害时的抗风险能力，减少生产损失，确保农户的可持续生计能力。面对市场风险，提高农户的市场风险防范意识和能力，有助于农户及时调整生产结构和经营策略，降低市场风险对其生计的影响。面对技术风险，提高农户的技术风险防范意识和能力，有助于农户在引进新技术时充分评估技术的可行性和适用性，避免盲目跟风，降低技术风险对其生计的影响。面对政策风险，加强农户的政策风险防范意识和能力，有助于农户及时了解政策变化，调整生产经营策略，降低政策风险对其生计的影响。

各项生计资本之间的关系是巩固拓展脱贫攻坚成果对民族村农户可持续生计能力提升作用的第五个内部影响因素。在引入民族文化资本和心理资本之后，不同类型资本在概念外延上的联系程度变得更加紧密、复杂。例如，人力资本是农户生产生活的基础，也是形成和积累其他生计资本的前提，失去人力资本因素，其他资本将成为无源之水、无本之木；反之，其他类型的资本积累也有利于不断促进人力资本水平的增长。在住房和公共服务问题上，自然资本和物质资本均有涉及。自然资本中的住房或者公共服务设施在很大程度上是新农村建设改造前的耕地和宅基地演化而来，反映了巩固拓展脱贫攻坚成果同乡村振兴有效衔接对农户的生活和工作产生的最直观的影响；而物质资本中的住房概念则与该资本中的生产设施和经营商铺类似，能够带来租金效益，是农户赖以提高生计资本水平的物质工具。因此，自然资本和物质资本共同构成了金融资本的基础，并通过房租的形式促进了现金收入的增加和金融资本水平的提高。社会资本强调社会活动和组织给农户生活带来的影响，在本书中特指农户的参与情况和从中获得的回报。但从广义上讲，社会活动包含本民族和不同民族之间的交互往来，因此，民族文化资本是广义社会资本的组成部分，是民族村农户社会交往联系的结果，也是少数民族文化对巩固拓展脱贫攻坚成果价值认同的体现；心理资本则反映了农户对巩固拓展脱贫攻坚成果的相关政策、对现有生计的满意程度等，影响着农户对未来发展的预期，决定了农户的经济行为，是其他生计资本有效积累的基本保障。

(二) 外部影响因素

在民族村巩固拓展脱贫攻坚成果的进程中，农户的可持续生计能力提升受到多个外部影响因素作用，其中，国家政策、市场环境、自然环境、社会文化以及技术发展是民族村巩固拓展脱贫攻坚成果系列政策切实执行，推动农户可持续生计能力提升的关键内部影响因素，具体分析如下：

国家的政策是影响巩固拓展脱贫攻坚成果对民族村农户可持续生计能力提升作用的第一个重要外部要素。国家的政策泛指国家和区域关于巩固拓展脱贫攻坚成果进程中的民族村农户可持续生计能力所涉及的所有法规、政策和指导方针。政府在脱贫攻坚、农业发展、教育培训等领域制定的政策对民族村农户可持续生计能力的提升具有重要影响。政策的有效实施和执行，能够为民族村农户提供必要的支持和保障。巩固拓展脱贫攻坚成果进程中的民族村农户可持续生计能力提升将在很大程度上受到国家在巩固拓展脱贫攻坚成果同乡村振兴有效衔接相关政策的指导，这就使得在国家政策层面上实现巩固拓展脱贫攻坚成果进程中的民族村农户可持续生计能力提升的可行性大大提高，阻力大大减少。同时，通过哲学的角度思考这一问题可以看出，当巩固拓展脱贫攻坚成果进程中的民族村农户可持续生计能力提升不被国家政策所允许时，这一机制的运行必然会因为不能顺应时代潮流而被淘汰，在先见意义和政治眼光方面明显缺乏准确认识的农户，其可持续生计能力提升路径必然是不符合事物发展规律的，最终失败是可想而知的。本书分别从二者各自的构成维度出发，认为巩固拓展脱贫攻坚成果、生计资本的积累、农户可持续生计能力提升等方面都应该在法律和方针允许的范围内进行。

市场因素是巩固拓展脱贫攻坚成果对民族村农户可持续生计能力提升作用的第二个重要外部影响因素，主要表现在农产品需求、价格波动、市场准入和市场稳定繁荣等方面。农产品的需求对民族村农户收入水平和经济发展具有直接影响。当农产品需求旺盛时，农户可以通过销售农产品获取较高收入，从而提高其生计水平。相反，如果农产品需求疲软，农户的收入就将受到影响，可能导致生计困难。为了适应市场需求的变化，民族村农户需要不断调整农业产业结构，发展具有市场竞争力和高附加值的特色农产品，提高产品品质和差异化程度，以满足消费者的多样化需求。农产品价格波动是市场经济的一种常态现象，但对民族村农户的生计影响较大。价格上涨时，农户收入增加，生活水平得以改善；但当价格下跌时，农户收入减少，可能导致生计问题。为应对价格波动带来的风险，民族村农户可以采取多种策略，如发展多元化的产业，降低对单一农产品市场的依赖；参与农业合作社或农产品加工企业，实现产销对接，降低价格波动的影响；通过政府提供的价格保障政策，如最低收购价、临时存储等措施，稳定收入。市场准入是指农户需要满足一定条件，如产品质量标准、生产许可等方面的要求，才能进入市场进行销售。市场准入门槛对民族村农户的经济发展具有一定的制约作用。一方面，民族村农户需要投入资金、技术和劳力，以满足市场准入要求；另一方面，市场准入门槛有助于提高农产品的质量和安全水平，保护消费者利益。民族村农户应积极应对市场准入制度，提高生产管理水平，符合市场准入要求，扩大产品销售渠道。市场的稳定和繁荣对民族村农户可持续生计能力具有积极影响。在稳定繁荣的市场环境中，民族村农户可以更好地规划生产、投资和发展，降低市场风险。此外，市场繁荣有助于提高农产品的需求和价格水平，进而提高农户的收入水平，改善生活质量。

自然环境变化是巩固拓展脱贫攻坚成果对民族村农户可持续生计能力提升作用的第三个重要外部影响因素，气候变化、自然灾害等自然因素会影响农业生产和民族村的生态环境。应对这些自然因素的挑战，需要加强生态保护和环境治理，以保障民族村农户的可持续生计能力。气候变化对农业生产具有深远的影响。随着全球气候变暖、极端气候事件增多，民族村农户面临着更大的生产风险。气候变化可能导致作物生长期的变化、病虫害发生率增加、灌溉需求增大等问题，从而影响农业产量和农户收入。为应对气候变化带来的挑战，民族村农户需要调整种植结构，选用耐旱、抗病、适应性强的作物品种；同时，利用现代农业技术，如智能农业、保护性耕作等，提高农业生产的适应性和抗风险能力。自然灾害是影响民族村农户生计的重要因素。洪涝、干旱、病虫害等自然灾害可能给农业生产带来严重损失，影响农户收入和生活水平。为降低自然灾害对农户生计的影响，应建立健全灾害预警和应急救援机制，提高民族村农户的灾害防范和应对能力；同时，加强基础设施建设，如水利工程、灌溉系统等，提高抗灾减灾能力。生态保护对民族村农户可持续生计具有重要意义。良好的生态环境可以为农业生产提供稳定的资源和环境基础，有利于农户的生产和生活。民族村农户应积极参与生态保护工作，如实施退耕还林、植树造林等项目，保护土地、水源等生态资源；同时，加强生态环境监测和管理，防止污染和破坏，为可持续生计创造有利条件。在环境治理方面，农业生产过程中可能产生污染物，如化肥、农药、养殖废水等，这些污染物会对土地、水资源和生态环境造成破坏，影响民族村农户的生计。

社会文化因素是巩固拓展脱贫攻坚成果对民族村农户可持续生计能力提升作用的第四个重要外部影响因素，民族村的传统观念、文化习俗和价值观等社会文化因素可能影响农户对于可持续生计能力提升的认识和行动。从传统观念的角度看，一些传统观念，如对土地资源的过度依赖、对现代农业技术的抵触等，可能限制农户对可持续生计的追求和实践。为了克服这些传统观念的束缚，需要开展文化传承和教育引导，培养农户对可持续生计的认识，提高其接受现代农业技术和理念的意愿。从文化习俗的角度看，一些民族村的传统农耕方式可能不利于生态环境保护和资源循环利用，从而影响可持续生计能力的提升。为了引导农户改变不利于可持续生计的文化习俗，需要加强教育和培训，普及现代农业知识，提高农户的环保意识和技能。从价值观念的角度看，一些农户可能过于追求眼前的经济利益，忽视长远的生态环境和社会责任。为了树立正确的价值观，政府和社会应加大对民族村农户的政策支持和宣传引导力度，强调可持续发展的重要性，引导农户在追求经济利益的同时，注重生态环境保护和社会责任。

技术发展是巩固拓展脱贫攻坚成果对民族村农户可持续生计能力提升作用的第五个重要外部影响因素，科技进步、技术创新、技术应用会影响农业生产效率和农产品质量。新技术的普及和应用可以降低农业生产成本，提高农户收入，从而提升农户的可持续生计能力。首先，科技进步是推动农业生产效率和农产品质量提升的重要因素。随着科技的不断进步，农业生产过程中的新技术、新方法、新设备不断涌现，为农户提供了更加高效、环保的生产方式。科技进步有利于提高农业生产的自动化、智能化水平，减轻农户的劳动强度，提高农业生产的效率和效益。其次，技术创新是农业可持续发展的关键驱动力。通过技术创新，农业生产可以实现更高的资源利用效率和环境友好性。例如，节水灌溉技术、生物防治技术、精准施肥技术等，都有助于降低农业生产的资源消耗和环境污染，从而提高农户的可持续生计能力。最后，新技术的普及和应用是决定农户可持续生计能力提升的关键环节。政府和有关部门应加大对新农业技术的推广力度，通过培训、示范、资金支持等方式，帮助民族村农户掌握和应用新技术。新技术的普及和应用可以降低农业生产成本，提高农户收入，从而提升农户的可持续生计能力。

三、巩固拓展脱贫攻坚成果进程中民族村农户可持续生计的演化过程

巩固拓展脱贫攻坚成果进程中的民族村农户可持续生计能力提升是一个动态变化的过程，其原因在于多种内外部影响因素的相互作用和演化发展。

演化发展观点强调了在整个发展过程中，各种因素是相互作用、相互影响的。在巩固拓展脱贫攻坚成果进程中，民族村农户可持续生计能力提升正是受到多种内外部因素共同推动的结果。随着时代的发展，这些因素不断发生变化，如经济全球化、科技创新、政策调整、生态环境变迁等，这些变化会对民族村农户的生计能力产生深远影响。例如，科技创新和技术应用为农业生产带来了巨大的变革，提高了生产效率、降低了成本。同时，全球化进程中市场需求的变化、价格波动等也使农户需要不断调整生计策略以适应市场。因此，民族村农户在可持续生计能力提升过程中需要不断适应外部环境的变化，形成一个动态变化的过程。

　　从演化发展的角度看，民族村农户可持续生计能力提升过程中的内部因素也在不断发生变化。这些内部因素包括农户的劳动力素质、经营管理能力、风险防范意识和能力等。随着教育普及、职业技能培训、健康状况改善以及政策的调整，农户的内部素质得到提高，使得他们能够更好地适应外部环境的变化。例如，随着政策支持，农户得到了更多的知识和技能培训，从而提高了他们的劳动力素质和经营管理能力。另外，农户在面对市场风险和自然灾害时，通过风险防范意识和能力的提升，能更好地应对和自救。这些内部因素的动态变化共同推动着民族村农户可持续生计能力的提升。

　　在巩固拓展脱贫攻坚成果进程中，民族村农户可持续生计能力提升的演化发展过程还体现在内外部因素之间的相互作用上。这些因素之间的相互影响、相互促进使得整个过程呈现出非线性的、动态的特点。例如，市场因素的变化会促使农户提高自身的劳动力素质和经营管理能力以适应市场需求。同时，政策调整和科技创新也在推动农户改变生产方式和经营策略，以提高自身的竞争力和抗风险能力。反过来，农户的内部素质提升和能力增强也会影响外部市场和政策环境，进一步推动整个社会经济的发展。例如，高素质的农户能够更好地利用现代农业技术，提高农产品的质量和产量，从而满足市场需求，促进地区经济发展。此外，农户在面对自然环境因素的挑战时，通过生态保护和环境治理，可以降低自然灾害对农业生产的影响，保障民族村农户的可持续生计能力。这些内外部因素之间的相互作用使得整个过程具有动态性和不断变化的特点。

　　综上，本书认为民族村农户可持续生计能力提升是一个动态变化的过程。这一过程受到外部环境因素的影响，如经济全球化、科技创新、政策调整、生态环境变迁等，也受到内部因素的推动，如农户的劳动力素质、风险防范意识和能力等。在这个过程中，内外部因素之间相互作用、相互影响，共同推动民族村农户可持续生计能力的提升。为了进一步说明巩固拓展脱贫攻坚成果进程中的民族村农户可持续生计能力提升的动态演化过程，本书构建出巩固拓展脱贫攻坚成果进程中民族村农户可持续生计能力提升的演化过程理论模型，如图2-7所示。

　　从图2-7可以看出，巩固拓展脱贫攻坚成果对民族村农户可持续生计能力提升作用演化过程由主动和被动两个方面构成，主动和被动的两个过程是同时发展并且互为补充的，发生在巩固拓展脱贫攻坚成果进程中的民族村农户可持续生计能力提升的不同阶段，两者的作用点和作用类型不一样。虽然过程中存在差异，但是二者都统一于巩固拓展脱贫攻坚成果进程中的民族村农户可持续生计能力提升的演化过程。在T时期，巩固拓展脱贫攻坚成果进程中的民族村农户可持续生计能力提升受内部的政策落实环境、内部发展战略、农户劳动力素质、农户风险防范意识、各项生计资本之间关系等内部因素影响，同时也受到国家政策、市场因素、自然环境、社会文化、技术发展等诸多来自外部的因素和条件的综合影响，在主动和被动的巩固拓展脱贫攻坚成果进程中的民族村农户可持续生计能力提升演化过程的共同作用下，其逐渐演化发展成新时期的巩固拓展脱贫攻坚成果进程中的民族村农户可持续生计能力提升，即 T + 1 时期。在 T + 1 时期，在新的内因和外因的驱动下，巩固拓展脱贫攻坚成果进程中的民族村农户可持续生计能力提升也进入新的演化过程和阶段。在整个巩固拓展脱贫攻坚成果进程中的民族村农户可持续生计能力提升下，其演化过程由主动和被动两个层面的演化过程共同构成。

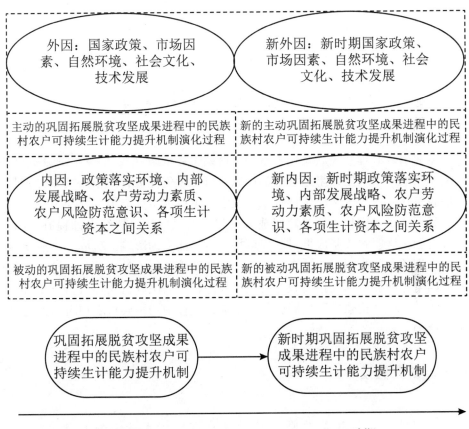

图 2 - 7　巩固拓展脱贫攻坚成果进程中民族村农户可持续
生计能力提升演化过程理论模型

第三章

巩固拓展脱贫攻坚成果进程中的民族村农户可持续生计的研究设计

第一节　研究假设与概念模型

根据对引入心理和民族文化资本的可持续生计框架（图 2 - 5）的分析可知，研究巩固拓展脱贫攻坚成果进程中的民族村可持续生计提升的核心变量分别是巩固拓展脱贫攻坚成果水平、生计资本以及农户可持续生计能力，三个变量之间的影响关系形成了巩固拓展脱贫攻坚成果进程中的民族村可持续生计提升，因此，本书从巩固拓展脱贫攻坚成果对农户可持续生计能力的影响、巩固拓展脱贫攻坚成果对生计资本的影响、生计资本对农户可持续生计能力的影响、生计资本的中介效应四个方面提出巩固拓展脱贫攻坚成果进程中的民族村农户可持续生计提升的研究假设，从而构建巩固拓展脱贫攻坚成果进程中的民族村农户可持续生计提升理论模型。

一、研究假设

（一）巩固拓展脱贫攻坚成果对农户可持续生计影响的研究假设

巩固拓展脱贫攻坚成果的实施需要落实在一系列的政策上，民族村由于其落后的发展动力，以及农户自身条件限制，仅依靠农户自身实现可持续发展的动力较弱，因此，巩固拓展脱贫攻坚成果是实现农村可持续发展的关键，巩固拓展脱贫攻坚成果政策的落实是推动农户可持续生计能力提升的重要保障，而非农户的生计产出。一些学者的研究表明，中国在脱贫攻坚方面取得了显著进展，但在巩固成果方面仍需更多努力。在巩固拓展脱贫攻坚成果方面，关键是要确保脱贫户不会再次陷入贫困，并为他们提供可持续的收入来源，以确保他们的生计。在实践中，巩固拓展脱贫攻坚成果和实现农户可持续生计是相互关联的。一些研究表明，通过提供技术培训和市场准入机会等支持，可以帮助农户增加收入来源，从而减少他们重新陷入贫困的风险。此外，通过帮扶政策加强农业科技创新和农产品加工技术的推广，可以提高农产品的附加值和市场竞争力，从而有助于提高农户的收入。同时，通过加强农村基础设施建设，如修建公路、铺设电网、提供饮水等，可以改善农村生产和生活条件，提高农户的生计水平。

根据贫困陷阱理论可知，贫困人口陷入贫困状态后很难摆脱贫困。这通常是缺乏机会、资本和技能等原因造成的，这些因素限制了人们改善其生计的能力。在这种情况下，政策干预可以打破贫困陷阱，提高人们的生计水平。在巩固拓展脱贫攻坚过程中，政府采取长效的减贫机制有助于打破贫困陷阱，实现可持续发展。从可持续发展原理出发，在农村地区可持续发展的目标主要是实现农民的可持续生计。巩固拓展脱贫攻坚成果政策的推进能够为民族村农户提供经济可持续性、社会可持续性和环境可持续性。

基于以上理论分析可知，巩固拓展脱贫攻坚成果可以提高农户的收入和资源，减少他们重新陷入贫困的风险，从而增加其经济可持续性。同时，政府的政策和措施可以促进农业现代化和生态文明建设，改善环境质量，从而提高农户的环境可持续性。因此，提出以下研究假设：

H1：巩固拓展脱贫攻坚成果政策的落实对农户可持续生计具有显著的正向作用。

从评价巩固拓展脱贫攻坚成果水平的两个维度出发，可以进行以下分析：

在巩固拓展脱贫攻坚成果政策的减贫效应方面，实现减贫目标是巩固拓展脱贫攻坚成果政策制定的一项重要目标。政策实施过程中产生的减贫效应可以对农户的可持续生计产生重要影响。首先，巩固拓展脱贫攻坚成果政策的减贫效应可以表现为减少了脱贫农户的返贫风险，从而提高他们的经济可持续性。此外，政策的实施可以促进农业现代化和农村产业结构的调整，提高农民收入水平，从而增加农民的经济可持续性。其次，减贫效应可以反映在农户社会可持续性的提高中。减贫效应的产生离不开社会保障水平提升，如养老保险、医疗保险等，从而增加农民的社会可持续性。最后，减贫效应还体现在农户环境可持续性的提升中。政策可以加强农村基础设施建设，如道路、电网、水利设施等，从而提高农民的生产和生活条件，改善农村环境，增加农民的环境可持续性。基于上述理论分析，可以提出以下研究假设：

H1a：巩固拓展脱贫攻坚成果产生的减贫效应对农户可持续生计具有显著的正向作用。

巩固拓展脱贫攻坚成果的长效机制是指通过制定长期性政策、加强基础设施建设和公共服务、提高农民素质和技能，以实现可持续发展目标。这一机制的实施对于农户的可持续生计有着积极的影响。一方面，可持续发展理论指出，经济、社会和环境的发展必须平衡，以确保长期的可持续性。在农村地区，可持续发展的目标是实现农民的可持续生计。长效机制可以通过提高农民的素质和技能，改善基础设施和公共服务，以确保农民的可持续生计。特别是在保障农民基本生活和提高农民收入方面，政策需要在长期的时间尺度内考虑，确保政策的长期效应和可持续性。另一方面，经济增长理论认为，通过提高劳动生产率、增加人力资本和技术创新等方式可以实现经济增长。在农村地区，农民的素质和技能、基础设施和公共服务等因素对于农业生产和农民收入的增长具有重要的影响。长效机制可以通过长期对农民素质和技能进行培养持续提高农民的生产力和收入水平。基于上述理论分析，可以提出以下研究假设：

H1b：巩固拓展脱贫攻坚成果产生的长效机制对农户可持续生计有着明显的正向作用。

根据以上假设，制成结构图如图 3 - 1 所示。

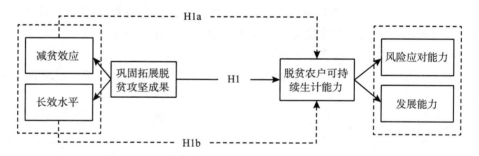

图 3 - 1　巩固拓展脱贫攻坚成果对农户可持续生计能力影响的假设关系结构

（二）巩固拓展脱贫攻坚成果对生计资本影响的研究假设

巩固拓展脱贫攻坚成果有利于提高农户的收入水平，增加农户的生计资本积累，根据 CE 可持续分析框架，本书从七大生计资本的角度分析巩固拓展脱贫攻坚成果对生计资本的影响，具体分析如下：

人力资本方面。巩固拓展脱贫攻坚成果政策的实施有利于提高农户的受教育程度、技能水平和健康状况，从而增强农户的创造力、创新能力和劳动力市场竞争力，进而增加农户人力资本的积累。例如，政策实施可以通过扩大学前教育、普及义务教育、推广中等职业教育等措施，促进农民受教育程度的提高。具有较高受教育程度的农民更容易获取信息、学习新知识和掌握新技能，从而增强了其创造力和创新能力，为其经济发展提供更广阔的机会。

社会资本方面。巩固拓展脱贫攻坚成果政策的实施有利于提高农户的社会网络信任度和社会组织参与度，从而增强农户的社会影响力、集体合作能力和抗风险能力，进而增加农户社会资本的积累。例如，政策实施可以加强农户之间的联系和互动，提高农户的社会网络，可以加强对农村社区建设和发展的支持和引导，促进农民之间的联系和互动，增强农户之间的信任度和合作精神。

自然资本方面。巩固拓展脱贫攻坚成果政策的实施有利于提升农户的资源保护意识、资源利用效率和生态环境质量，从而增强农户的可持续发展能力和生态环境保护意识，进而增加农户自然资本的积累。例如，政策实施可以通过加强农村环境监测、加强农村环境管理、推广环保技术等方式，提高农民的环保意识，促进农民更好地保护和利用自然资源。

物质资本方面。巩固拓展脱贫攻坚成果政策的实施有利于提高农户的资产积累、生产资料质量和生产力水平，从而增强农户的经济实力和可持续发展能力，进而增加农户物质资本的积累。例如，政策实施可以通过提供更好的农业生产资料和技术支持、改善农村交通和基础设施等方式，提高农户的生产资料质量，从而提高农户的生产力水平。

金融资本方面。巩固拓展脱贫攻坚成果政策的实施有利于提高农户的金融能力和金融融资渠道，从而增强农户的资金流通能力和创新能力，进而增加农户金融资本的积累。例如，政策实施可以通过推广金融知识和技能、提供金融咨询和服务等方式，提高农民的金融素质，增强农民的金融能力，从而使农民更加熟练地使用金融产品和服务。

民族文化资本方面。巩固拓展脱贫攻坚成果政策的实施有利于加强少数民族农户对中华民族共同体意识的认同和自豪感，促进文化的传承和发展，从而增强农民的文化自信和文化创新能力，进而增加农户民族文化资本的积累。例如，政策实施可以通过举办民族文化节日活动、文艺比赛等方式，增加农民参与本地区民族文化活动的机会，从而增强农民对民族文化的了解和认同，提高农民的文化自信心。

心理资本方面。巩固拓展脱贫攻坚成果政策的实施有利于提高农户的自我效能感和幸福感，从而增强农户的心理健康和生活质量，进而增加农户心理资本的积累。例如，政策实施可以通过加强对农民的教育和培训、提供就业和创业机会等方式，提高农民的知识和技能水平，增强农民的自信心和自我效能感。

综上所述，可以提出以下研究假设：

H2：巩固拓展脱贫攻坚成果政策的落实对生计资本具有显著的正向作用。

从评价巩固拓展脱贫攻坚成果水平的两个维度出发，可以进行以下分析：

在巩固拓展脱贫攻坚成果政策的减贫效应方面。政策实施过程中产生的减贫效应可以提高农民的收入和财富、增加农民的资本积累和生计稳定性，从而提高农民的生计质量和改善农民的生活状况。首先，减贫效应的产生反映了农户收入的增加。因为相关政策的推进可以促进农村产业升级，提高农民从事产业的技能和能力，从而提高农民的收入水平。其次，减贫效应发挥作用下可以提高农民的财产管理和风险管理能力，从而增加农民的财富积累，推动生计资本的积累。最后，减贫效应产生作用意味着相关政策可以为农民提供更多的社会保障和福利保障，减少农民生计风险和不稳定性。基于上述理论分析，可以提出以下研究假设：

H2a：巩固拓展脱贫攻坚成果产生的减贫效应对生计资本具有显著的正向作用。

在巩固拓展脱贫攻坚成果政策的长效机制方面，其对生计资本的影响主要表现为可以长期持续保证农户的资本积累和生计稳定性，实现生计资本的可持续积累。巩固拓展脱贫攻坚成果政策的长效机制对不同生计资本具有不同的影响。该政策的长效机制是农户的自然资本、物质资本、人力资本、金融资本、社会资本、民族文化资本、心理资本等不同生计资本在生产过程中能够长期稳定的保障。基于上述理论分析，可以提出以下研究假设：

H2b：巩固拓展脱贫攻坚成果产生的长效机制对生计资本具有显著的正向作用。

根据以上假设，制成结构图如图 3 - 2 所示。

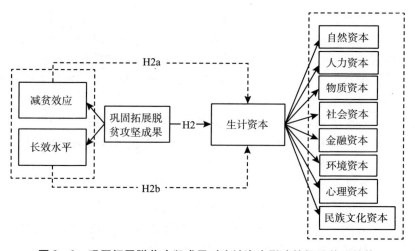

图 3 - 2　巩固拓展脱贫攻坚成果对生计资本影响的假设关系结构

（三）生计资本对农户可持续生计能力影响的研究假设

学者们普遍认识到农户的生计资本是影响农户生计与农村可持续发展的关键因素，认为贫困人口应该根据自己的生计资本现状制订出一套多样化的生计战略，并制订出一套科学的反贫困计划，使生活能够正常、有序地进行下去，又能实现农户的可持续生存，具有高质量生计资本的农户通常拥有更多的生计资源，而且还可以有效地管理自己的生计资源，从而实现丰富的生计活动，提高生计能力。因此，提高农户的生计资本积累和质量，是促进农村可持续发展的关键措施之一。充足的生计资本可以提高农户的生产效率、生活水平和资金流动性，从而增强农户的可持续发展能力。另外，缺乏或不充足的生计资本会加剧农户生计的虚弱性，农户的可持续发展能力便会受损。因此，丰富农户的生计资本构成，提高农户的生计资本质量，这样才能提高农户的可持续生计能力，促进农村地区经济健康发展。综上，生计资本会影响农户的可持续生计能力，对此提出一些假设：

H3：生计资本对农户可持续生计能力具有显著的正向作用。

自然资本方面。农户的生计行为高度依赖于自然条件。从农户的角度来看，自然资本不仅是维持生计的物质前提，而且是发展生计的空间条件。在一定程度上，农户拥有的自然资本质量的好坏、自然资本规模的大小都会影响农户的收入水平。当农户的自然资本数量越多，并且自然资本的质量较高时，土地的产出率便会增加，农户的收入也会增加，相应地农户的存款增加，生计能力增强。基于此，本书针对自然资本对可持续生计能力的影响提出以下假设：

H3a：自然资本对农户可持续生计能力有着明显的正向作用。

物质资本方面。莫瑟（Moser，1998）认为在实现生计活动的过程中，物质资本间接影响农户的生计能力，生产资料与农业生产力水平的提高有直接的联系，也会对农户的收入水平产生直接的影响。站在农户的角度分析问题，农户有了物质资本，其可持续生计能力必然得以提升，在农业生产过程中，倘若农户能投入一定比例的物质资本，那么其耕地的效率必然提高，最终获得可观的收益，农户的生计能力增强。由此，本书就物质资本对农户可持续生计能力的作用提出如下假设：

H3b：物质资本对农户可持续生计能力有着明显的正向作用。

人力资本方面。人力资源测量指标包含农户受教育程度、家庭劳动力情况、家庭成员健康情况等。农户的文化水平越高，那么农户便有越多种就业选择，在综合因素作用下农户的收入也会相应提高，生存状态也得到改善。一个家庭的劳动力越多，那么家庭中工作赚钱的人便越多，家庭的收入随之增加，该农户家庭的可持续生计能力也越强。家庭成员身体健康，其相应创造的收益越多便越能减轻家庭负担，有更多的劳动力外出务工挣钱，家庭收入自然增加。本书就人力资本对可持续生计能力的影响提出以下假设：

H3c：人力资本对农户可持续生计能力有着明显的正向作用。

社会资本方面。从社会资本角度来看，能够帮助人们实现自身价值的社会网络资源统称为社会资本，比如亲戚关系、朋友关系等，通过合理利用社会资源，与他人进行良性沟通，可以建立互利共赢，相互信任的关系。通过各种社会联系，农户能够更加方便地获取就业信息，提高了就业的可能性，为可持续生计的发展提供了有利的条件。在此基础上，本书就社会资本对可持续生计能力的影响作用提出以下假设：

H3d：社会资本对农户可持续生计能力有着明显的正向作用。

金融资本。农户所拥有的金融资本增加，相应地农户的生计水平也会提高。如果农户的金融资本较多，那么其融资渠道便会增加，从而扩大农户的收入规模。农户可以将金融资本充分利用起来，将更多的资金投入生产，从而增加盈利，提高可持续生计能力水平。因此，本书就金融资本对可持续生计能力的影响提出以下假设：

H3e：金融资本对农户可持续生计能力有着明显的正向作用。

心理资本方面。在农户的生计活动中，心理资本发挥着非常重要的作用。积极健康的心态会对农户的生产和生活产生积极因素。相反，消极的心态会给农户带来很多的消极因素，甚至会对他们的正常生活造成很大的不良影响。综上，应当调整好农户的心理状态，让农户在面对生活、工作时始终保持积极向上、乐观的心态，以此来激发他们的工作积极性和干劲，推动农户工作绩效的提升，从而提高农户可持续生计的能力。因此，本书就心理资本对可持续生计能力的影响作用提出以下假设：

H3f：心理资本对农户可持续生计能力有着明显的正向作用。

民族文化资本方面。民族文化资本可以帮助农户维护自身的文化身份认同和传统文化技能，帮助农户提高自我认知和社会认同感，增强农户的文化自信心，进而促进农户的身心健康和生产能力。民族文化资本也有助于促进当地文化创新和创造性转化，培养创新型农民，提高农户的可持续发展能力。民族文化资本还可以促进当地文化旅游和乡村文化产业的发展，增加农户的收入来源和经济多样性。基于此，本书就民族文化资本对可持续生计能力的影响提出以下假设：

H3g：民族文化资本对农户可持续生计能力有着明显的正向作用（见图 3 - 3）。

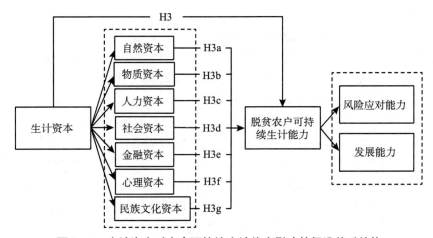

图 3 - 3　生计资本对农户可持续生计能力影响的假设关系结构

（四）生计资本中介效应的研究假设

根据前文的研究假设分析可以看出，巩固拓展脱贫攻坚成果、生计资本、农户可持续生计能力三者之间存在一定的关系。巩固拓展脱贫攻坚成果可以促进民族村农户的生计资本积累，农户通过积累自然资本、物质资本、人力资本、社会资本、金融资本、民族文化资本、心理资本，可以持续地提高生计能力。综上，本书研究表明农户可持续生计能力与巩固脱贫攻坚成果密切相关，农户一般依靠生计资本来提高可持续生计能力。也就是说，巩固拓展脱贫攻坚成果可以通过促进生计资本的积累对农户可持续生计能力产生影响。

综上，本书提出关于生计资本中介作用方面的假设：

H4：巩固拓展脱贫攻坚成果可以通过中介变量生计资本对农户可持续生计能力产生正向影响。

H4a：巩固拓展脱贫攻坚成果可以通过自然资本对农户可持续生计能力产生正向影响。

H4b：巩固拓展脱贫攻坚成果可以通过物质资本对农户可持续生计能力产生正向影响。

H4c：巩固拓展脱贫攻坚成果可以通过人力资本对农户可持续生计能力产生正向影响。

H4d：巩固拓展脱贫攻坚成果可以通过社会资本对农户可持续生计能力产生正向影响。

H4e：巩固拓展脱贫攻坚成果可以通过金融资本对农户可持续生计能力产生正向影响。

H4f：巩固拓展脱贫攻坚成果可以通过心理资本对农户可持续生计能力产生正向影响。

H4g：巩固拓展脱贫攻坚成果可以通过民族文化资本对农户可持续生计能力产生正向影响。

根据以上假设，制成结构图如图 3 - 4 所示。

二、概念模型构建

结合巩固拓展脱贫攻坚成果对农户可持续生计能力产生的影响、巩固拓展脱贫攻坚成果对生计资本产生的影响、生计资本对农户可持续生计能力产生的影响，以及对生计资本中介效应的研究假设，可以较好地分析巩固拓展脱贫攻坚成果进程中的民族村农户可持续生计提升。由此可以得出巩固拓展脱贫攻坚成果进程中的民族村农户可持续生计提升的概念模型，见图 3 - 5。

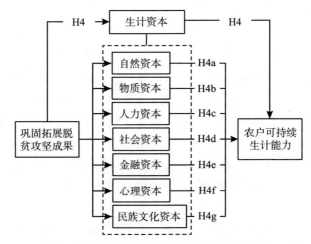

图 3 - 4　生计资本的中介作用假设关系结构

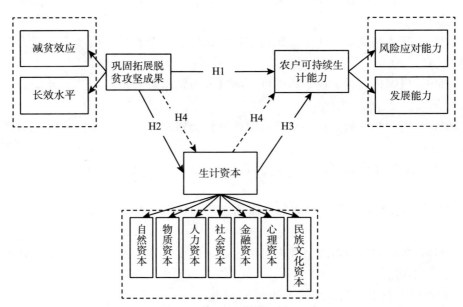

图 3 - 5　巩固拓展脱贫攻坚成果进程中的民族村农户可持续生计提升的概念模型

在巩固拓展脱贫攻坚成果进程中的民族村农户可持续生计提升的理论模型中，存在着三个主要的变量：巩固拓展脱贫攻坚成果、生计资本、农户可持续生计能力。其中，巩固拓展脱贫攻坚成果主要包括减贫效应和长效水平两个维度，自然资本、物质资本、人力资本、金融资本、社会资本、民族文化资本、心理资本构成了生计资本，农户可持续生计能力包含两个维度：一是风险应对能力，二是发展能力。这三个主要变量之间的关系可以反映出巩固拓展脱贫攻坚成果如何影响农户可持续生计能力。具体来说，巩固拓展脱贫攻坚成果进程中的民族村农户可持续生计提升的主要路径有两条，一条是直接产生作用的路径，即研究假设H1 所表示的作用路径；另一条路径则是通过生计资本间接产生，此路径又可细化为如下几条路径：巩固拓展脱贫攻坚成果分别作用于自然资本、物质资本、人力资本、金融资本、社会资本、民族文化资本、心理资本，这些因素对农户可持续生计产生不同程度的影响。

第二节　实证方案设计

本书围绕"确定田野→定性研究→定量研究"的实证分析逻辑，从表象到本质，构建基于"预调研—实地访谈—调查问卷"研究范式的实证分析方案，如图 3 -6 所示。

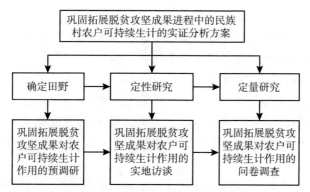

图 3 -6　基于"预调研—实地访谈—调查问卷"研究范式的实证分析方案

如上图所示，确定田野是指通过巩固拓展脱贫攻坚成果对农户可持续生计作用的预调研分析，从多个典型案例地中确定本书的田野点，以此确定本书实证分析所用案例地；定性研究是指运用深入访谈法和参与观察法，通过对巩固拓展脱贫攻坚成果对农户可持续生计作用的实地访谈分析，获取田野点巩固拓展脱贫攻坚成果与农户可持续生计的现状，从实践角度论述二者之间的影响关系；定量研究是指运用结构方程模型和多元线性回归模型等统计分析方法，通过对巩固拓展脱贫攻坚成果对农户可持续生计作用的问卷调查分析，获取民族村巩固拓展脱贫攻坚成果与农户可持续生计能力的作用机制，探讨不同生计策略类型农户受到的影响因素。具体方案设计如下。

一、预调研方案设计

预调研，又称为预先调查或预研究，是在正式调研之前进行的一种准备性调研。它的主要目的是更好地了解研究对象和研究问题的相关情况，从而制订出更为详尽和实用的调研方案。预调研具有以下几个重要的作用：第一，明确研究目标，预调研可以帮助研究者明确研究目标和研究方向，在预调研阶段，研究者可以深入了解研究对象，从而确定研究的关键问题和目标；第二，了解背景信息，预调研可以帮助研究者收集和了解研究对象的背景信息，包括历史、现状、文化等方面的内容，这些信息将为正式调研提供重要的基础资料；第三，选择研究方法，预调研可以让研究者了解不同研究方法的优缺点，从而选择最适合实际调研的研究方法，这有助于提高调研的有效性和准确性；第四，建立研究框架，预调研可以帮助研究者建立起一个合理的研究框架，包括研究问题、研究假设、研究变量等，这有助于研究者在正式调研过程中更有条理地开展工作；第五，制订调研计划，预调研可以为研究者提供关于资源、时间、人力等方面的预估，从而制订出更为详尽和实用的调研计划。这将有助于提高调研的效率和成功率；第六，预防风险，通过预调研，研究者可以发现潜在的问题和风险，从而在正式调研过程中采取相应的措施加以规避或解决，减少调研过程中出现的问题。

总之，预调研在整个调研过程中起着至关重要的作用。通过预调研，研究者可以更好地了解研究对象和研究问题，从而为正式调研提供坚实的基础。同时，预调研还有助于提高调研的质量、效率和成功率。为此，本书通过以下四个方面设计预调研方案。

首先，围绕本书的研究目的确定研究范围。根据巩固拓展脱贫攻坚成果对民族村农户可持续生计能力影响的研究目的，考虑到实际可行性，包括数据获取难度、研究时间和经费等方面的限制因素，暂定广西靖西市龙邦镇大莫村、广西百色市西林县央龙村、广西河池市大化县胜利村为研究目的地，针对以上村落的情况进行研究。在确定研究地点范围后，充分了解以上村落的文化、历史、社会和经济背景，以便更好地设计研究方案和采集相关数据。

其次，根据本书的研究目的和研究范围，通过初步走访调研，确定要研究的问题，涉及脱贫攻坚成果的巩固与拓展、当地政府在防止返贫方面所发挥的作用、群众的生计状况以及生计资本的建设和积累等方面，例如：脱贫攻坚成果在实际推行中的稳定性如何？当地政府在制定政策和措施上如何有效防止贫困人口再度陷入贫困？以及各项生计资本的建设和积累情况如何？

再次，根据研究问题和调查内容，选择合适的调查方法，例如问卷调查、访谈、实地观察等。在确定调查工具和调查对象后，根据所选择的调查方法，确定需要使用的调查工具，例如访谈提纲、问卷等。同时，要确定调查对象，例如脱贫农户、村干部、政府工作人员等。

最后，在进行实际调查之前，关键的一步是做好充分的准备工作。一是与当地相关部门和人员积极沟通与协作，充分了解当地的社会背景、文化特点以及可能遇到的问题。二是根据收集到的信息，细致地制定一份全面而实用的调查计划，包括调查方法、时间安排、人员分工等。三是调查过程中可能会遇到各种预料之外的变数，因此要具备灵活应变的能力，根据实际情况及时调整调查计划，确保调查任务能够顺利进行并取得满意的结果。

二、实地访谈方案设计

（一）案例选取

基于上文对于巩固拓展脱贫攻坚成果进程中的民族村农户可持续生计理论分析，为了展示巩固拓展脱贫攻坚成果对民族村农户可持续生计的影响，选择采用案例分析进行验证。案例分析研究是通过对具体案例的深入研究，探索案例本身及其背后的问题、原因和解决方法，从而获得对巩固拓展脱贫攻坚成果促进民族村农户可持续生计的更深入的理解和认识。在典型的民族村寨中选择贫困问题深远、返贫风险最大的案例，可以更好地反映出巩固拓展脱贫攻坚成果对民族村农户可持续生计影响的特点，探究巩固拓展脱贫攻坚成果进程中民族村农户面临的可持续生计问题和解决方法，提出可行的政策建议和发展战略。为此，本书根据代表性、多样性、信息量以及实用性等案例选取原则，从预调研对象中选择一个最具代表性的案例进行正式调研分析，调研时间为 2022 年 8 月至 2023 年 1 月。

（二）访谈提纲设计

本书的访问提纲借鉴和参考了学者们在相关研究领域的访谈提纲，并结合相关领域权威专家的指导意见，从脱贫农户、村干部两个角度设计了访谈提纲，具体如表 3 - 1、表 3 - 2 所示。

表 3 - 1　　　　　　　　　脱贫农户的访谈提纲

题号	问题
1	您家庭的基本情况如何？是哪年实现脱贫的？
2	您对脱贫后各项帮扶政策的延续情况是否满意？政策对您的生计资本有什么影响？
3	脱贫后，您的生活出现了怎样的变化？

续表

题号	问题
4	您家庭目前主要的生计方式有哪些？经济收入来源是否稳定？
5	您为什么选择目前从事的生计方式？
6	您认为目前您的家庭生计面临的最大困难是什么？
7	您对未来生活有哪些期望和目标？
8	您的村子现有少数民族特色活动多吗？您参加过什么？愿意参加什么？为什么？
9	您如何看待本民族文化对您家庭生计的帮助？
10	您对巩固拓展脱贫攻坚成果以及乡村振兴战略的实施有什么建议？

表 3 - 2　　　　　　　　　**村干部/政府相关部门工作人员的访谈提纲**

题号	问题
1	请介绍一下您村的基本情况。
2	您村有多少户人？少数民族有多少？
3	您村脱贫户主要选择哪种生计方式？
4	全村脱贫以来村里都做了哪些工作来巩固脱贫攻坚成果？
5	全村脱贫以来您村主要实施了哪些乡村振兴政策和项目？资金是如何筹集和使用的？
6	您在巩固拓展脱贫攻坚成果同乡村振兴有效衔接工作中印象比较深刻的事有哪些？
7	您认为未来防止返贫，落实乡村振兴中存在最大的问题和困难是什么？
8	您如何看待巩固拓展脱贫攻坚成果的相关政策推动农户生计能力提升的可持续发展？
9	您对未来工作和乡村可持续发展有哪些计划和安排？
10	您对巩固拓展脱贫攻坚成果以及乡村振兴战略的实施有什么建议？

（三）访谈对象选择与访谈形式设计

受访者的真实想法，会极大地影响到数据来源的真实性。由于在调查巩固拓展脱贫攻坚成果以及农户可持续生计等较为专业的领域的感知方面，农户是政策的直接受益者、生计方式的直接参与者，政府相关部门工作人员是巩固拓展脱贫攻坚成果相关政策的主要实施者，他们的感受更加准确，因此，选择案例与扶贫工作有关的政府部门工作人员和脱贫农户作为受访者。

在访谈形式方面应该选择合理的方式，因为脱贫农户的受教育程度普遍偏低，可能表达能力有限，所以如果访谈对象数量较少，可能难以获得全面、清晰的访谈资料，因此应尽可能多地对脱贫农户进行深入访谈，以获取民族村巩固拓展脱贫攻坚成果和农户可持续生计的现实情况。本书结合了问卷调查和访谈调查的形式，在发放调查问卷的同时对问卷填写者进行访谈，这样的访谈形式能够在针对调查对象的误解等原因造成的问卷误差进行修正的同时，尽可能多地获得访谈记录。需要注意的是，针对当地村干部或者政府相关部门工作人员进行访谈时，访谈结束之后还应向其申请借阅政府相关部门的官方资料。

三、问卷调查方案设计

（一）指标体系构建与问卷设计

为了从量化角度进一步分析巩固拓展脱贫攻坚成果进程中的民族村农户可持续生计现状与能力提升，本书建立了三个指标体系：巩固拓展脱贫攻坚成果指标体系、生计资本指标体系、可持续生计能力指标体系，对案例地巩固拓展脱贫攻坚成果、农户可持续生计现状进行评价，并运用结构方程模型和多元线性回归模型分析脱贫攻坚成果进程中的民族村农户可持续生计能力提升。

通过构建以上评价指标体系，运用问卷调查的方式获取数据，可以基于农户的真实感知，使各项变量具体化，从而有效地描述民族村巩固拓展脱贫攻坚成果的情况以及农户的可持续发展状态。在选择指标时要密切联系农民的实际情况，并要以农户的现实情况为导向。在此基础上建立农户可持续生计评价指标体系必须坚持以下基本原则。

第一，科学性原则。农户可持续生计评价指标体系是个复合系统，综合性较强，所采用的指标应与农户的实际生计情况相符，以获得更精准、科学、全面的农户可持续生计评价指标体系，充分掌握农户的生计发展相关信息。

第二，概括性原则。为了能够全面掌握农户的生计情况，在制定可持续生计评价指标体系时，所要建立的指标必须能够全面覆盖农户生计情况，但这很可能会出现指标体系规模过大的情况，不仅加大了工作量，对于数据的获取和处理也带来很大的困难。所以在实际应用中应该尽可能地使用综合指标，提高指标的实用性和综合性。

第三，可操作性原则。构建指标体系的初衷就是希望其能够被运用，因此，在建立这个指标体系时要考虑到指标可操作性。如果某指标只是在理论层面上十分完美，但是现实中可操作性较低，那么很可能会因为无法获得有效的数据而影响到指标体系的正常运行。因此，在构建指标体系时要以可操作性为导向，对指数的内涵进行界定，同时要注意指标数据是否真实可靠，是否容易获取等问题。

第四，区域性原则。在选取指标时要根据本地的具体条件，选取能够最佳地体现本地发展水平的指标。如果指数不能很好地反映地方的实际情况，那么指标的设计就毫无意义，毫无价值。因此，在制定可持续生计评价指标体时，应选取具备地区代表性的指标，该指标应普遍适用于该领域研究，才能最好地反映出当地农户的真实生计现状，从而使研究结果更具准确性和学术价值。

在此基础上，根据指标构建原则设置问卷题项，本书根据研究需要设计了一组调查问卷，即《巩固拓展脱贫攻坚成果进程中的农户可持续生计分析调查问卷》。在设计调查问卷时应该清楚调查目标，研究"'巩固拓展脱贫攻坚成果'对'农户可持续生计'的作用机理"。在设计问卷内容时，根据前文提出的概念模型，以巩固拓展脱贫攻坚成果（包括减贫效应、长效水平）、生计资本（包括自然资本、物质资本、人力资本、金融资本、社会资本、民族文化资本、心理资本）、农户可持续生计能力（包括应对风险挑战能力、自身发展能力）等方面作为切入点，将问卷分成"巩固拓展脱贫攻坚成果状况的调查""生计资本状况的调查""农户可持续生计能力状况的调查"三个部分。

同时，在设计调查问卷的问题时，应注意以下原则：一是采用科学性、可操作性的问题设计方式，如此不用重复验证问卷的科学性和有效性，或者是选择的问题设计应当是许多学者在研究该领域时常用的问题设计；二是基于已有的问卷设计规模，参照权威顾问的建议，并结合当前的研究目标及现实条件进行问卷题目设计；三是在本书范围内如果没有现成的、有效的调查表，则应充分参考国内外相关研究文献以及理论，对各类问卷进行严格的筛选与整理，同时根据调查目的以及发展地实际情况并结合相关权威学者的建议，经过综合考虑进行问卷设计。

本书采用 Likert-scaled item 五星量表的范式进行设计，涉及量化指标时等分数据区间，由高到低分别由 5 分～1 分来依次表示；在涉及感知结果时用主观感知的方法获取数据，在调查过程中尽可能地记录下被调查人最真实的感受，让受访者根据相关问题进行评分，评分分为 1～5 分，分别对应同意程度，1 分对应非常不同意，5 分对应非常同意。

（二）变量的度量

1. 巩固拓展脱贫攻坚成果指标赋值

现有研究中对政策效果的研究通常运用 DID 模型进行分析，但是这种分析方法难以对政策变量进行更加详细的量化，本书使用结构方程模型对变量间关系进行实证检验，因此，本书基于农户和相关工作人员对政策的感知情况构建巩固拓展脱贫攻坚成果的指标。目前对政策感知进行分析时的调查问卷题设通常包含以下几个方面：第一，政策知晓度，即通过问题了解受访者是否了解该政策的名称、内容、实施时间、对象等情况。第二，政策评价，即通过问题了解受访者对该政策的整体评价、支持度和反对度，以及对政策实施效果的感知。第三，政策影响，即通过问题了解受访者对该政策影响其生活、工作、收入等方面的情况，以及政策是否能够有效解决问题。第四，政策改进，即通过问题了解受访者对该政策的改进意见和建议，以及对政策未来发展方向的看法。其中，前两个方面多用于量化指标的分析中，基于上述分析，结合对巩固拓展脱贫攻坚成果的内涵概念分析结果，本书从减贫效应和长效水平两个维度出发设置问卷题设，对巩固拓展脱贫攻坚进行测度，如表 3 - 3 所示。

表 3 - 3　　　　　巩固拓展脱贫攻坚成果（CEAP）指标体系及赋值

巩固拓展脱贫攻坚成果维度	测量指标及题设编码	指标解释与赋值
减贫效应（CEAP1）	巩固拓展脱贫攻坚成果政策减贫效应的知晓程度（CEAP11）	不知晓 =1，稍微知晓 =2，一般知晓 =3，比较知晓 =1，非常知晓 =5
	巩固拓展脱贫攻坚成果政策减贫效应的符合可持续生计需求的程度（CEAP12）	非常低 =1，比较低 =2，一般 =3，比较高 =4，非常高 =5
	巩固拓展脱贫攻坚成果政策消除相对贫困的满意程度（CEAP13）	非常不满意 =1，不满意 =2，一般满意 =3，比较满意 =4，非常满意 =5
长效水平（CEAP2）	巩固拓展脱贫攻坚成果政策长效机制的知晓程度（CEAP21）	不知晓 =1，稍微知晓 =2，一般知晓 =3，比较知晓 =1，非常知晓 =5
	巩固拓展脱贫攻坚成果政策长效机制符合可持续生计需求的程度（CEAP22）	非常低 =1，比较低 =2，一般 =3，比较高 =4，非常高 =5
	巩固拓展脱贫攻坚成果政策长效机制的满意程度（CEAP23）	非常不满意 =1，不满意 =2，一般满意 =3，比较满意 =4，非常满意 =5

2. 生计资本指标赋值

本书以英国国际发展署（DFID）所提出的五种生计资本为基础，构建生计资本的评价指标体系，对民族村的社会、经济、样本地农户的现实状况进行实地考察并与生计资本相结合，将上述 5 大类生计资本加以拓展，不仅如此，还将民族文化资本与心理资本纳入其中，建立民族村农户生计资本（LCFE）指标体系，这一指标体系切实符合样本村的现实条件，符合指标体系的建立原则，如表 3 - 4 所示。需要指出的是，本书以过去的专家学者所提出的指标赋值方法来为耕地面积、林地面积、住房面积、家庭收入等连续性变量赋值，并结合问卷调查、样本地受访者农户生计的现实条件和平均水平，对其进行综合分析，最后设计与本书研究需求基本一致的指标赋值要求。

表3-4　　　　　　　　　　生计资本（LCFE）指标体系及赋值

生计资本维度	测量指标及题设编码	指标解释与赋值
自然资本（LCFE1）	耕地面积（LCFE11）	2亩以下=1，2~3亩=2，3~5亩=3，5~7亩=4，7亩以上=5
	耕地质量（LCFE12）	非常低=1，比较低=2，一般=3，比较高=4，非常高=5
	耕地灌溉状况（LCFE13）	非常差=1，比较差=2，一般=3，比较好=4，非常好=5
	林地面积（LCFE14）	0亩=1，0~2亩=2，2~4亩=3，4~6亩=4，6亩以上=5
物质资本（LCFE2）	人均住房面积（LCFE21）	10平方米以下=1，10~20平方米=2，20~30平方米=3，30~40平方米=4，40平方米以上=5
	家用电器及科技产品（LCFE22）	（电脑、空调、冰箱、微波炉、洗衣机、电视机、饮水机、电磁炉、热水器、太阳能电板等），拥有1种=1，2种=2，3种=3，4种=4，5种及以上=5
	农业机械和汽车等（LCFE23）	（家用轿车、摩托车、电动车、农业汽车、拖拉机、粉碎机、收割机、喷雾器、播种机等），拥有1种=1，2种=2，3种=3，4种=4，5种及以上=5
人力资本（LCFE3）	户主受教育水平（LCFE31）	小学以下=1，小学=2，初中=3，高中/中专=4，大专及以上=5
	家庭成员劳动力数量（LCFE32）	0人=1，1~2人=2，3~4人=3，5~6人=4，7人及以上=5
	家庭成员健康（LCFE33）	有长期患病者、残疾人=1，有经常患病者=2，有偶尔患病者=3，人很少患病=4，人都非常健康=5
社会资本（LCFE4）	亲朋好友关系（LCFE41）	非常差=1，较差=2，一般=3，较好=4，非常好=5
	获得政府支持与帮助（LCFE42）	几乎没有=1，很少=2，一般=3，比较多=4，非常多=5
	参与社区组织（LCFE43）	几乎不参加=1，较少参加=2，一般=3，参加较多=4，参加非常多=4
金融资本（LCFE5）	家庭年收入（LCFE51）	0~1万元=1，1万~3万元=2，3万~5万元=3，5万~7万元=4，7万元以上=5
	人均年收入（LCFE52）	0~0.65万元=1，0.65万~1万元=2，1万~1.5万元=3，1.5万~2万元=4，2万元以上=5
	家里贷款是否方便（LCFE53）	非常不方便=1，不方便=2，一般=3，比较方便=4，非常方便=5
	购买人身保险类型（LCFE54）	0种=1，1种=2，2种=3，3种=4，4种及以上=5

续表

生计资本维度	测量指标及题设编码	指标解释与赋值
心理资本 （LCFE6）	生活幸福感（LCFE61）	非常不幸福 = 1，不幸福 = 2，一般 = 3，比较幸福 = 4，非常幸福 = 5
	对未来生活改善预期 （LCFE62）	期望非常小 = 1，期望较小 = 2，期望一般 = 3，期望较大 = 4，期望非常大 = 5
	自信心（LCFE63）	非常小 = 1，比较小 = 2，一般 = 3，比较大 = 4，非常大 = 5
	遇到困难时的心理弹性 （LCFE64）	非常小 = 1，比较小 = 2，一般 = 3，比较大 = 4，非常大 = 5
民族文化资本 （LCFE7）	与本民族联系的频率 （LCFE71）	从不 = 1，很少 = 2，有时 = 3，经常 = 4，总是 = 5
	参与本民族传统文化 节日的频率 （LCFE72）	从不 = 1，很少 = 2，有时 = 3，经常 = 4，总是 = 5
	参与其他少数民族传统 文化节庆的频率 （LCFE73）	从不 = 1，很少 = 2，有时 = 3，经常 = 4，总是 = 5

自然资本是影响农户生存发展的关键因素，包括耕地面积、耕地质量、水资源等。其在很大程度上影响着农户生存的不确定性和风险，对农户起到很关键的作用。国外学者梅里特（Merritt，2016）等为了对自然资本进行衡量而选择了耕地面积、耕地质量、水质量以及公共资源等指标；乔金（Joakim，2006）以灌溉设施为测度对象，研究了不同尺度下的灌溉设施生态系统对自然资本的影响。国内学者吴孔森等以人均耕地面积、林地面积等作为衡量对象，对农户的生计资本进行了测度；吴乐等以人均水稻种植面积、耕地质量等为衡量标准。在此基础上，本书将样本地农户生存现实条件和专家意见同本书密切联系，并拟选取耕地面积（LCFE11）、耕地质量（LCFE12）、耕地灌溉状况（LCFE13）和林地面积（LCFE14）作为自然资本的测度指标。

其中，物质资本指的是农民赖以生存所需要的生产资源及基本设施。家庭的整体收入水平和谋生能力往往可以通过所拥有的物质资本的多少来反映。苏（Su）等将住宅结构、交通方式等因素作为有形资产的度量。孔令英等以家畜数量、住房类型和人均耐用消费品等作为重要指标来衡量物质资本。伍艳在衡量物质资本的时候，选择了交通方式、家畜规模、生产方式等作为衡量标准。本书结合了专家学者和实际调研的分析，采用人均住房面积（LCFE21）、家用电器及科技产品（LCFE22）、农业机械和汽车（LCFE23）三个指标来对物质资本进行衡量。

人力资本包含了两个方面，一个是知识技能，另一个是身体素质，而一切的生计活动都与人密不可分，可以看出，在各种生计资本类型中，人力资本占据着非常重要的地位，同时也对农户的可持续生计发展发挥着非常关键的影响。埃蒂瓦德（Edward，2014）认为，技术水平、受教育水平、身体条件和劳动力数量是人力资本所涉及的四个不同维度。孔令英等提出了"劳动力数量"和"劳动力质量"这两个概念。伍艳以成人文化程度、劳动能力等作为衡量人力资本的重要指标，对其进行了研究。在此基础上，拟采用户主受教育水平（LCFE31）、家庭成员劳动力数量（LCFE32）和家庭成员健康（LCFE33）三个指标对家庭成员的人力资本进行测度。

社会资本指的是个体或群体在社会网络、信任关系、互惠合作等方面所拥有的非物质性资源和能力，它是一个社会的组成部分，反映了社会组织、社会规范、社会信任、社会关系等社会性质的因素。社会资本够帮助个体或群体获得社会支持，获取资源和信息，创造机会和实现目标等。社会资本的存在能够促进社会的和谐，减少社会冲突，提高社会效率和创新能力。在生计资本的框架下，社会资本对于个体和家庭的生计和经济发展具有重要的作用。文森特（Vincent，2007）从社会网络、信任关系和组织结构间沟通三个维度对社会资本进行度量。穆罕默德（Muhammad，2015）等使用社会支持、社会成员间的关系等来度量社会资本。侯双在选取社会资本评价指标时，选取了合作社参与、遇到困难时帮助他人的人数、有无村干部和手机联系人等指标来衡量社会资本。吴乐等则采用社区组织参与度、领导才能和亲属关系等指标对社会资本进行测度。在此基础上，针对农户现实生活状况，采用亲朋好友关系（LCFE41）、获得政府支持与帮助（LCFE42）、参与社区组织（LCFE43）三项指标来测度农户社会资本。

金融资本指的是满足人民生活需要的金融资源。一个家庭的生存品质和应对风险的能力很大程度上可以通过其所占有的金融资产，特别是货币资产来反映。穆罕默德（Muhammad，2015）等设计的金融资本评价指标主要包括获得贷款的渠道、现金收入和储蓄等方面。赵文娟等将人均纯收入和家庭收入等作为衡量金融机构的财务绩效的指标。伍艳（2015）通过获得补贴的机会、获得信贷的机会等与其计量相关联的研究方法，提出了一种新的视角。在上述研究结果的基础上，根据农户的现实状况和专家的建议，本书主要选择了家庭年收入（LCFE51）、人均年收入（LCFE52）、家里贷款是否方便（LCFE53）、购买人身保险类型（LCFE54）这四个指标来衡量金融资本。

心理资本指的是农民在面临生活环境变化时所表现出的一种正面的心态，它是一种帮助农民提高自身能力的心理资源。而脱贫农户的生计能力还比较薄弱，因此，在提高农户可持续生计能力的过程中，心理资本的作用也不容忽视。此外，在农户完全脱离贫困，不返贫的前提下，心理资本也是农户提升自身生存技能的内生动力。已有学者对心理资本进行了较为详细的研究，并以信心、主观幸福感、韧性指数作为主要特征。本书将上述学者的研究成果与调查对象的实际情况相结合，将生活幸福感（LCFE61）、对未来生活改善预期（LCFE62）、自信心（LCFE63）、遇到困难时的心理弹性（LCFE64）四个指标作为心理资本的度量指标。

民族文化资本是多民族地区居民生计资本的重要组成部分。在多元文化环境中，不同民族的文化资本都是构成居民生计资本的重要组成部分。这也意味着，民族文化资本与其他生计资本（如物质资本、人力资本等）具有相互作用和相互依存的关系。民族文化资本的形成是通过居民与同族和异族之间的交往联系而形成的具有文化特色的社会网络和信任关系的非物质资本，是一个民族的文化独特性和历史积淀的重要体现，对于该民族的经济发展、社会和谐和文化创新具有积极的影响。因此，将民族文化资本单独作为一种生计资本进行考虑，可以更好地反映民族文化对居民生计的影响，凸显其在生计资本中的地位和作用。目前对民族文化资本的量化研究较少，本书借鉴前人的研究成果，并结合调查对象的实际情况，主要选取与本民族联系的频率（LCFE71）、参与本民族传统文化节日的频率（LCFE72）、参与其他少数民族传统文化节庆的频率（LCFE73）作为民族文化资本的测算指标。

综上所述，本书针对民族村生计资本这一变量，共设计了 24 项题设，从自然资本（LCFE1）、物质资本（LCFE2）、人力资本（LCFE3）、社会资本（LCFE4）、金融资本（LCFE5）、心理资本（LCFE6）、民族文化资本（LCFE7）七个维度对生计资本进行测度。

3. 农户可持续生计能力指标赋值

钱伯斯（Chambers，1992）提出，以可持续生计能力为目标，指的是在不对自然环境造成毁灭性影响的情况下，农户的生计资本会呈现出连续增长的趋势。目前，针对可持续生计能力衡量指标的研究比较匮乏，袁梁以生活水平提高、就业能力提高和收入水平提高三个维度为衡量指标，对我国农村居民可持续生计能力进行测评。王振振以经济能力、发展能力和社会能力为衡量指标，对农户可持续生计能力进行测度。张桂颖则以风险承受能力和社会适应性为衡量指标，对农户的可持续生计能力进行测度。本书基于相关领域的研究成果，有效结合了样本地农户的访谈结果和专家建议，从风险应对能力和发展能力两个方面来衡量可持续生计能力。为此，本书设计风险应对能力（SLAF1）和发展能力（SLAF2）两个方面的八个指标（SLAF11、SLAF12、SLAF13、SLAF14、SLAF21、SLAF22、SLAF23、SLAF24）来测度农户可持续生计能力，如表 3 - 5 所示。

表 3 – 5　　　　　　　　　农户可持续生计（SLAF）指标体系及赋值

农户可持续生计维度	测量指标及题设编码	指标解释与赋值
风险应对能力（SLAF1）	家庭收入稳定性（SLAF11）	非常不稳定 = 1，不稳定 = 2，一般 = 3，比较稳定 = 4，非常稳定 = 5
	家人就业能力（SLAF12）	非常低 = 1，比较低 = 2，一般 = 3，比较高 = 4，非常高 = 5
	提高收入的难易度（SLAF13）	难度非常大 = 1，难度较大 = 2，可以实现 = 3，比较容易实现 = 4，非常容易实现 = 5
	对农村医疗保险满意度（SLAF14）	非常不满意 = 1，不满意 = 2，一般 = 3，比较满意 = 4，非常满意 = 5
发展能力（SLAF2）	有效利用资源能力（SLAF21）	非常低 = 1，比较低 = 2，一般 = 3，比较高 = 4，非常高 = 5
	生计创新能力（SLAF22）	非常低 = 1，比较低 = 2，一般 = 3，比较高 = 4，非常高 = 5
	适应市场变化能力（SLAF23）	非常低 = 1，比较低 = 2，一般 = 3，比较高 = 4，非常高 = 5
	接受新事物能力（SLAF24）	非常低 = 1，比较低 = 2，一般 = 3，比较高 = 4，非常高 = 5

（三）指标权重的确定及现状评估方法

本书采用综合指数法对农户的可持续生计水平进行测算和评价。综合指数法常被用于评价可持续生计水平，该方法将各个指标通过一定的加权方式综合起来，形成一个综合指数，用于对研究对象进行排名、比较和评估。通常，综合指数越高，表示研究对象在各项指标上表现越好。

本书运用熵值法对指标权重进行评价。熵值法主要用于对多个指标进行加权综合，以评价研究对象在各个指标上的表现。该方法的基本思想是通过计算各个指标的熵值来确定各个指标的权重，从而对各个指标进行加权，得到综合指数，其优点是可以避免主观因素的影响，因此，在本书的分析中，采用熵值法来计算指标权重。详细来说，其计算过程是这样的。

①在进行多个指标的综合评估时，必须先将各指标的数据规范化，以便更好地进行数据的分析。用极差法对其进行了分析，如下所示：

正向指标：

$$Z_{ij} = (X_{ij} - X_{jmin}) / (X_{jmax} - X_{jmin}) \qquad (3-1)$$

负向指标：

$$Z_{ij} = (X_{jmax} - X_{ij}) / (X_{jmax} - X_{jmin}) \qquad (3-2)$$

其中，i 代表农户个数，j 代表指标个数，X_{ij} 代表第 i 个农户第 j 项指标的现状值，Z_{ij} 代表第 i 个农户第 j 项指标标准化后的值。X_{jmax} 代表第 j 项指标的最大值，X_{jmin} 代表第 j 项指标的最小值，经规范化处理后的值越趋近于 1，表示该指标相对水平越高。

②计算第 j 项指标下第 i 个农户在指数中所占的比例：

$$P_{ij} = Z_{ij} \Big/ \sum_{i=1}^{n} Z_{ij} \qquad (3-3)$$

③计算第 j 项指标的熵值：

$$e_j = -1/\ln n \sum_{i=1}^{n} P_{ij} \ln P_{ij} \qquad (3-4)$$

④计算第 j 项指标的差异系数：

$$g_j = 1 - e_j \qquad (3-5)$$

⑤计算第 j 项指标权重：

$$W_j = g_j \Big/ \sum_{i=1}^{n} g_j \qquad (3-6)$$

在计算出了权重后，再根据各个指标的标准化值和各个指标的权重，计算综合指数，从而得到第 i 个农户巩固拓展脱贫攻坚水平、生计资本、农户可持续生计能力值，计算公式为：$R_i = \sum_{j=1}^{n} W_j Z_{ij}$。最后对这一计算结果取均值，得到大莫村农户巩固拓展脱贫攻坚水平、生计资本、农户可持续生计能力的综合得分。需要注意的是，通过以上计算过程得到的巩固拓展脱贫成果水平、生计资本以及农户可持续生计能力等变量的综合得分仅用于测度大莫村以上三个方面的发展现状，以及运用回归模型检验不同生计类型农户的异质性。为保证结构方程模型检验结果的准确性、科学性，本书在运用结构方程模型检验巩固拓展脱贫成果对农户可持续生计影响时，使用有效问卷的原始数据。

（四）结构方程模型设计

结构方程模型（SEM）是一种很好的社会学研究手段。该方法能较好地解决模型的构建、估计和检验问题。与传统的计量经济学模型不同，结构方程模型是一种由显式（可观察）和潜式（不可观察）组成的组合，它能够取代许多传统的计量经济学模型，对各个个体以及它们对整体的影响进行分析。在 20 世纪 80

年代，结构方程模型已经比较成熟，而在国内的发展却比较晚。当实际问题涉及多因多果问题，乃至是不能被观察到的变量时，常规的统计学方法很难得到有效的求解，比如，多项式回归模型只能用于研究一套自变量对单一或多个因变量的作用，在这种模型中，所选择的自变量都是可以直接获得的，而且每个因变量间没有关系。但由于供给者的主观感觉等因素，模型结果容易出现误差。而且，其中说不定还有什么隐含的关联。针对上述实际问题，瑞典统计学家耶雷科格（Jörekog）等于 20 世纪 60 年代后期提出了验证性因素分析，并将其与路径分析相结合，形成了一套多元统计的新方法。它是根据特定的原理，对一些已有的现象的内部结构作出假定，并用假定的检验来判定其是否成立。

LISERL、AMOS、EQS、Mplus 等软件都可以被用来对结构方程模型进行分析。本书选择使用的是 AMOS 软件，原因如下：第一，AMOS 软件属于 SPSS 软件系列之一，所以数据文件与 SPSS 文件具有互通性。第二，AMOS 软件提供了一个简单、完整的 SEM 图表和方便的参数，让我们可以迅速地画出所需要的所有假定模型图表。第三，为了方便用户使用，AMOS 有一个比较容易理解的输出报告。

该方法可以同时考虑和处理多个自变量。在回归分析或路径分析中，虽然有多个因素在图表上，但实际上，在计算回归或路径系数时，都是一个一个因素去计算。另外，结构方程模型可以把因素分析法与路径分析法结合起来，既可以有效地规避计量误差，又可以对变量间的关系进行分析，得出变量间交互作用的直接效应、间接效应和总体效应。因为本书所采用的是调查资料，且包含了态度、行为等相关变量，所以一般情况下容易产生较大的误差，此时，若采用结构方程模型则可以有效解决误差问题，因为结构方程模型可以允许这种计量误差。

结构方程模型中的变量组成可以分为能够被直接观测到的显性变量以及不可以被直接观测到的隐性变量，也称显变量和潜变量。在巩固拓展脱贫攻坚成果对农户可持续生计能力影响的研究中，能直接观察的显性变量可以直接通过前文构建指标体系（表 3 - 3、表 3 - 4、表 3 - 5）的调查问卷所得数据代表，在结构方程模型图中标识为矩形。无法直接观察到的潜变量分别为巩固拓展脱贫攻坚成果（CEAP），包括减贫效应（CEAP1）、长效水平（CEAP2）；生计资本（LCFE），包括自然资本（LCFE1）、物质资本（LCFE2）、人力资本（LCFE3）、社会资本（LCFE4）、金融资本（LCFE5）、心理资本（LCFE6）、民族文化资本（LCFE7）；农户可持续生计（SLAF），包括风险应对能力（SLAF1）、发展能力（SLAF2）。同时，在显变量和潜变量之下又有内生以及外生变量的分别。其中，内生变量可以理解为相互关系中的解释变量，外生变量则为被解释变量，此外，中介变量则介于二者作用之间。

在构建结构方程的过程中，通常需要通过构建测量模型以及结构模型两个部分来组成一个完整的结构方程模型。其中，各项指标对应的潜变量之间的关系可以通过测量方程的构建来进行描述，方程通式如下：

$$\begin{cases} X = \lambda_x \xi + \delta \\ Y = \lambda_y \eta + \varepsilon \end{cases} \tag{3-7}$$

其中，外生潜变量用 ξ 表示，其对应的观测变量用 X 表示，λ_x 是 X 所对应的因子载荷矩阵；η 是模型的内生潜变量，Y 是内生潜变量 η 的观测变量，λ_y 是观测变量 Y 对应的因子载荷矩阵；δ 和 ε 为误差项。ξ 和 η 变量因为是潜变量而一般不可直接测量获得，所以为了解决这一问题，可以通过建立势变量对不可测量的变量进行测量。举例而言，我们通常运用包括理性、直觉思维以及理性情绪来对"问题解决"进行理解。

而上述各变量之间具体的因果关系则需通过结构方程的建立来揭示，具体形式如下：

$$\eta = \beta\eta + \gamma\xi + \zeta \tag{3-8}$$

其中，β 表示的是互相影响效应系数，研究的对象为内生潜变量间的关系，而 γ 是外生潜变量对内生潜变量的影响效应系数，ζ 是结构模型的残差。

（五）多元回归模型设计

在确定巩固拓展脱贫攻坚成果促进农户可持续生计能力提升的作用机制之后，还应深入探究不同生计选择类型的农户受到巩固拓展脱贫攻坚成果政策以及生计资本影响的差异，探索适用于不同生计策略类型农户的可持续生计能力提升路径。为此，在前文研究的基础上，运用多元线性回归分析方法，分析不同生计策略类型农户的可持续生计能力影响因素。

多元线性回归分析是一种统计分析方法，旨在研究多个自变量（预测变量）与一个因变量（响应变量）之间的线性关系。在多元线性回归分析中，通常尝试建立一个数学模型，以描述各个自变量如何共同影响因变量的变化。本书所依据的多元线性回归模型的一般形式为：

$$Y = \beta_0 + \beta_1 X_1 + \beta_2 X_2 + \cdots + \beta_n X_n + \varepsilon \tag{3-9}$$

其中，Y 是因变量，X_1，X_2，$\cdots$，X_n 为自变量，β_0 为截距，β_1，β_2，$\cdots$，β_n 为各自变量的回归系数，ε 为误差项，表示模型未能解释的因变量的变异。

第四章

巩固拓展脱贫攻坚成果进程中的民族村农户可持续生计的实证分析[*]

第一节　巩固拓展脱贫攻坚成果对农户可持续生计作用的预调研

一、预调研过程

　　笔者于 2021 年 7 月 18 日至 7 月 31 日，2021 年 8 月 5 日至 8 月 25 日，2021 年 8 月 30 日至 9 月 15 日，先后三次分别前往广西西林央龙村、广西大化胜利村和广西靖西大莫村进行预调研工作，三个案例地分别代表自然资源丰富、自然资源匮乏但具备支柱产业以及自然资源匮乏且不具备支柱产业的民族村，通过对三种类型的案例地预调研进行比较，有助于科学确定本书研究所用案例地。通过走访当地村民以及政府相关部门，了解以上三个民族村在自然地理环境、贫困治理、农户生计等方面的大体情况，获得了相关内容的一手资料。

二、预调研目的地基本情况

（一）广西西林央龙村

　　央龙村位于广西百色市西林县足别乡，村部所在地距乡人民政府 12 千米，是一个纯苗族聚居的少数民族村。全村辖 9 个自然屯，总人口 365 户 1823 人，

---

　　* 本章的数据与资料均来源于靖西市政府办公室提供的资料和笔者的实地调研访谈资料。

其中脱贫人口 147 户 711 人。总面积 27.43 平方千米，其中，耕地面积 7303 亩（水田 388 亩，旱地 6915 亩）。央龙村坐落于海拔 1300 米的九龙山之上，九龙山主峰达 1600 米，其上有高山沼泽湿地、瀑布，野生植物丰富，森林覆盖率达 87.1%，其中有全国罕见植株密集的桫椤群达 1100 多株，被称为"中国桫椤之乡"，有常年云雾萦绕的千亩"苗岭茶台"、百年古茶树丛，分布大面积的原始森林、毛竹林，连片疏落达万亩的野生杨梅以及种类丰富的野生菌等，生态景观优美。

央龙村群众主要经济收入来源以外出务工，种植茶叶、油茶、杉木、水稻，养殖以生猪、黄牛、山羊为主。截至调研之时，全村共有杉木 15000 亩，油茶 4000 亩，茶叶 3150 亩（其中国家有机认证 1800 亩），水稻 385 亩，山羊 1400 余只，黄牛 500 余头。央龙村先后荣获农业部全国"一村一品"示范村称号、"全国有机农业示范基地"称号，被全国休闲农业与乡村旅游星级企业（园区）评审委员会评定为三星级休闲农业与乡村旅游园区。自脱贫攻坚工作开展以来，央龙村借助后援单位中国能源建设集团的帮扶优势，2013 年以来累计争取到能建集团投入资金 2000 多万元，水电路、住房、产业等发生了翻天覆地的变化。央龙村作为国定深度贫困村，于 2019 年实现整村脱贫摘帽。

可以看出，央龙村的脱贫攻坚成果显著，农户自然资本丰厚，在帮扶政策的支持下，农户物质资本也得到有效积累。

（二）广西大化胜利村

胜利村地处该自治县雅龙乡西部，下辖 42 个村民小组、108 个自然屯，截至调研之时，全村现有 1342 户 6191 人，瑶族人口占 90% 以上，人均耕地面积不足 0.6 亩。由于山多地少，资源匮乏，自然条件恶劣等，胜利村现实的贫困程度与村名形成了强烈的反差。2017 年，建档立卡贫困户动态调整后，胜利村贫困发生率一度达到 93.44%，成为广西乃至全国"最穷的村"。随着精准扶贫政策的不断落实，在后援单位广西壮族自治区政府办公厅、自治区机关事务管理局的帮扶下，胜利村大力发展特色产业，以旱藕种植加工产业作为支柱产业走上了脱贫的道路，直至 2020 年，全村的建档立卡贫困户 940 户 5200 人全部实现了脱贫摘帽。

全面脱贫以后，为了巩固脱贫攻坚成果，该村继续因地制宜发展壮大旱藕种植加工产业，继续运营好旱藕粉丝加工厂并作为村集体经济项目，助农就业增收，有力托起了瑶族群众的乡村振兴梦。该厂于 2018 年 12 月正式投产，建有总面积 2000 平方米的标准厂房，年产旱藕粉丝可以达到 10 万斤以上，销售额可以达到 70 万元以上，带动本村农户种植旱藕达到 300 亩以上，带动周边的村屯农户种植旱藕达到 800 亩以上，每亩收益约 2000 元，是雅龙乡主要的产业之一。

2019～2021年，该厂每年给村集体经济带来收入3万～5万元不等。截至调研之时，该厂已经从农户手中收购旱藕20万斤，当年预计生产旱藕粉丝5万斤。

可以看出，胜利村虽然贫困问题深远，但是在特色支柱产业的带领下已经基本实现了农户物质资本、自然资本等多种生计资本的稳定积累，巩固拓展脱贫攻坚成果进程中的农户可持续生计发展情况良好。

（三）广西靖西大莫村

大莫村地处靖西市龙邦镇西南部，村委距镇人民政府所在地15千米，与越南茶岭、河广两县交界，边境线长达9.6千米，共有9块界碑，属0～3千米边境村。全村辖7个自然屯（村民小组），截至调研之时，全村共271户1234人，其中，劳动力750人，外出务工414人，低保户72户292人。

大莫村是"十三五"深度贫困村，2015年时共有建档立卡贫困户220户，共1089人。几年来，在各级党委政府、深圳市龙岗区对口帮扶及社会各界的大力支持下，大莫村迎来翻天覆地的变化。特别是2017年以来，深圳市龙岗区分两期投入2350万元，以实现乡村振兴的"五个振兴"为目标，坚持精准扶贫、东西协作和乡村振兴有机结合，实施"五个工程""四化提升"，推动"乡村活化"，全力加快"锦绣边关、多彩大莫"建设。援助大莫村修建蓄水池接水管入户、兴修水利、硬化村屯道路、实施电力改造、安装通信基站及兴建村集体养牛场等，全面改善生产生活条件，提升乡村土地资源可利用价值；投入1365万元，实施净化、美化、亮化、活化"四化提升"，打造具有浓厚民族特色的"苗寨""壮寨"，建成后成为靖西市新的边境旅游亮点，实现乡村资源价值的高效盘活。2019年全村以发展养猪、牛，种植优质稻、杂粮杂豆、牧草产业为主，通过引导劳务输出、发展种养产业等措施，实现80户331人脱贫，全村贫困发生率降至1.12%。贫困群众出行难、居住难、用电难、通信难、饮水难等问题得到了有效解决，全村基础设施得到了全面改善。2020年，该村持续巩固发展养猪、牛，种植优质稻、杂粮杂豆、牧草等产业，实现全面脱贫。

三、预调研结果与实证案例地选取

根据预调研获取的央龙村、胜利村和大莫村基本情况可以看出，虽然三个民族村均已脱贫摘帽，但是由于自然条件、贫困深度、发展路径等方面的差异，三个民族村在巩固拓展脱贫攻坚成果进程中表现出的可持续发展动力截然不同。从曾经贫困深度的角度来看，胜利村与大莫村曾经的贫困深度相当，均比央龙村曾经的贫困深度大，前者为曾经的"广西最穷"村，后者为"十三五"深度贫困村；从巩固脱贫攻坚成果进程中农户的可持续发展动力角度来看，央龙村凭借自身优质的自然资源，基本实现了农户自然资本的可持续积累，胜利村在精准扶贫阶段形成了特色支柱产业，也基本实现了农户物质资本的可持续积累，大莫村虽然通过开展各项扶持政策顺利脱贫，但是由于大莫村生计方式传统，没有形成特色的支柱产业，又地处边境山区，没有优质的自然资源，因此，大莫村目前的农户可持续生计动力最低，巩固拓展脱贫攻坚成果同乡村振兴有效衔接的难度最大，返贫风险最大（见表4-1）。

表4-1　　　　　　　　　　　预调研案例地一览

地点	自然条件丰富程度	曾经的贫困程度	可持续生计动力
广西西林央龙村	"一村一品"示范村 全国有机农业示范基地	—	自然资源丰厚
广西大化胜利村	山多地少，资源匮乏	"广西最穷"村	形成支柱性产业
广西靖西大莫村	地处边境山区，资源匮乏	"十三五"深度贫困村	—

综上可以看出，预调研所选取的三个民族村属于不同类型。其中，以央龙村为代表的民族村虽然曾经贫困，但是自然资源丰富；以胜利村为代表的民族村虽然自然资源匮乏，但是在精准扶贫阶段已经形成了支柱性产业，未来的发展路径明确；以大莫村为代表的民族村地处边境山区，既没有丰富的自然资源，又没有支柱产业。纵观整个民族地区，地处边疆、自然条件较差等特征是普遍存在的，因此，相较以央龙村和胜利村为代表的民族村而言，大莫村代表的民族村所面临的发展困境代表了民族地区更加广泛的民族村所面临的现实困境，大莫村的发展情况更容易反映出巩固拓展脱贫攻坚成果进程中民族村农户生计可持续发展的突出短板。因此，通过对预调研案例地特征进行对比，可以更加明确地为本书研究所用案例地的选取提供依据，即本书旨在研究巩固拓展脱贫攻坚成果进程中的农户可持续生计能力提升，为降低民族村脱贫农户的返贫风险提供理论依据，因此，应该选择巩固拓展脱贫攻坚成果进程中问题最多、困难最大、挑战最强的大莫村作为本书实证分析的案例地。

第二节　巩固拓展脱贫攻坚成果对农户
可持续生计作用的实地访谈

笔者于2022年9月至2023年1月对广西靖西大莫村进行正式调研工作，通过走访当地村民以及政府相关部门，了解广西靖西大莫村在自然地理环境、贫困治理、农户生计等方面的详细情况，获得相关内容的一手资料。

一、广西靖西大莫村基本情况

人类生存于多元的生态环境之中，并在此基础上发展出自己独特的文化与文明。针对大莫村脱贫攻坚成果巩固进程中的农户可持续生计能力进行研究时，它的自然生态环境、民族风俗文化，都在影响着农户生计方式和生计决策的转变。同时，以上因素也是本书选取大莫村作为案例地的重要依据。因此，本节通过介绍自然生态环境、人口民族组成和与农民生产生活有直接关系的社会经济条件，说明本书选择大莫村作为案例地点的合理性，并为后文分析评价大莫村巩固拓展脱贫成果和农户可持续生活的研究提供了丰富的基础数据。

（一）自然生态环境

从环境中获得生存物质是人们赖以生存的基本要素，生存质量又由资源禀赋决定。黄宗智曾说："研究农村人民的历史学家不能忽视气候、地形、水利等因素，因为农民的生活是由自然环境决定的。要书写农村社会的历史，必须注意环境与社会、政治、经济的关系。"农户的生存模式与其生存的自然环境有着密切的关系。为此，本书从大莫村的地理位置、气候、自然资源等几个方面对其进行了分析，掌握了大莫村农户可持续生计依赖的资源禀赋状况。

1. 地理位置

大莫村地处靖西市龙邦镇西南部，村委距镇人民政府所在地15千米，平均海拔为800米，与越南茶岭、河广两县交界，边境线长达9.6千米，共有9块界碑，属0~3千米边境村。

龙邦镇明清时期为上勾峒地，清光绪年间为安宁、坡豆团地，民国21年为龙邦乡，为南区区驻地。解放后，1950年属地州区，区驻坡豆，后迁地州称第五区，1951年8月增设龙邦为第五区，地州改为第六区，1958年改称龙邦公社，1962年改区，1966年复称公社，1984年10月改乡，1992年龙邦撤乡设镇。此前龙邦镇行政区划常有变更，但基本以目前龙邦镇所在地为中心，大莫村的地理位置在过去的几年里并没有发生太大的变化。

大莫村与中国西南部的其他多民族聚居的村庄一样，也是一个山地村庄，位于金钟山山系，地形较为复杂，放眼望去群山环绕，沟谷纵横，虽与越南交接，但也相隔重山，下辖有7个村民小组，地理位置呈南北向分布。大莫村虽与龙邦镇相隔较远，且被群山阻隔，目前只有一条山路往来，但大莫村所处位置恰好为群山环绕下的一处平缓、肥沃的平原区，适合发展农业，有很好的农业灌溉和机械化的条件。与此同时，背靠着的山区，虽然使人们的耕作不方便，对水土保持不利，但农作物呈现出了垂直化和多样性，这样就更适合于畜牧业。大莫村虽处于山地区域，但主要地貌较为平坦，耕地条件较好，大部分为台地，少数为半坡地。而在以农业为主的壮苗地区，农民的主要生活来源，就是种植。

大莫村因为是在山里，所以路况比较复杂，出村子很不方便。"要想富，先修路"这一口号在我国的很多地方都有流传，这说明了公路交通在我国的发展中扮演了很重要的角色。少数民族聚居的村落，大部分都在大山之中，因此很难找到合适的交通工具，大莫村便是其中之一。在 2001 年以前，通村路没有修建，龙邦镇和大莫村之间的道路都是盘山公路，步行是村民的主要出行方式。村里的人要到镇上去赶集市，起码得走上一天的路。每到雨季，道路就会变得更加糟糕，到处都是坑坑洼洼，泥石流时有发生。虽然 2001 年后修通了村路，但是较窄的村路仍然难以满足大莫村的发展需求，因此大莫村被列为"十三五"贫困村，2015 年时共有建档立卡贫困户 220 户，共 1089 人。2014 年推出精准扶贫政策后，国家加大了对大莫村的投资建设，把以前的土路全部换成了水泥路，但由于资金有限，水泥路并不是很宽敞。2017 年，为提升粤桂扶贫协作成效，根据广东省第二扶贫工作组的部署要求，相关部门将大莫村打造成边境社会主义新农村样板、兴边富民的典范，组织实施大莫村新民族文化村建设项目，深圳市龙岗区分两期投入 2350 万元，主要用于修建大莫村 7 个自然屯人饮管道项目工程，修建水池、改善兜底贫困户的住房条件；支持大莫村发展养牛产业，成立村集体股份公司，引进深圳企业合作发展养殖业；同时，开工建设村级路改扩建项目，路面拓宽至 6.5 米，长度 4.5 千米。现在，大莫村到龙邦镇的客运班车已经开通，每天都有不少村民骑着电动三轮车，载着一箱箱货物来到跨境经济合作区国际商贸物流中心，进行边贸交易。

加强乡村基础设施的建设，既能提高乡村居民的生存质量，还能为居民提供各种所需的条件。人们的生产生活离不开道路，交通条件的改进，使得乡村与外面的世界接触变得更为便利，促进了人们之间的交流，推动了信息技术的传播，使乡村原来的经济社会、传统文化和自然环境发生了变化。在交通道路的不断发展下，中国传统的中、小区域多层级的城市与农村之间的空间格局向"串联"发展，而中等层级的空间则向"扁平"发展。这使得农村地区与外部世界有了更多更密切的接触。

2. 气候条件

大莫村所在靖西市龙邦镇地处亚热带季风地带，四季如春、降水量充足是该区域的主要特征。靖西市气象台对当地多年来的气象数据进行了分析，结果显示，龙邦镇一年中最寒冷的几个月中，日间的平均气温为 23.1 摄氏度，夜间平均温度为 13.6 摄氏度；最热月份白天平均温度为 29.6 摄氏度，夜间平均温度为 22.4 摄氏度，年平均温度为 18.5 摄氏度。四季温度适宜，冬季和春季干旱，夏季和秋季多雨，冬天昼夜温差较大，变化幅度在 10 摄氏度左右，夏季昼夜温差小，变化幅度在 4 摄氏度左右①。

大莫村的降水量以天然降水为主，年平均降水量为 1937 毫米。降水因季节的变化而变化，夏、秋两季降雨较为丰沛，春、冬两季则较为干旱。除了温度和降水量，光照也是一个影响农户生计的重要因素。其所在靖西市龙邦镇无霜期为348 ~ 350 天，日照时间为 1906.6 个小时，日照以冬季和春季为主，夏季和秋季为辅。2 月是一年中光照最好的月份，平均每日光照时间为 6.2 个小时，而 6 月是一年中光照时间最短的月份，仅有 3.6 个小时。1 ~ 4 月日照充足，但降雨量和气温较低，这时种植春播，不利于对光能的充分利用；5 ~ 10 月多云、多雨，其中，7 月、8 月和 9 月是降雨最多的月份，平均每月降雨量超过 200 毫米，对大春作物尤其是水稻生长有一定影响②。总体来说，龙邦镇全年多阴雨的情况比较常见。当地农民在日常劳作中，还总结出了气候谚语："五月雨，六月花，七月稻穗挂满枝；八月秋，九月收，山野田野都欢腾；一年辛苦耕不懈，甜甜稻米尝香甜。"这首歌谣描述了大莫村种田的整个过程，从五月的雨水开始，到六月的花开，七月的丰收，八月的秋天，九月的收获，一直到最后品尝到香甜的稻米，让人感受到了耕作和收获带来的喜悦。

3. 自然条件

大莫村全村面积 22.66 平方千米，土壤类型主要有石灰岩土、黄壤、红壤等，其中，石灰岩土是该地区较为特殊的一种土壤类型。这种土壤通常具有碱性较高、含钙量丰富、排水良好等特点，适宜种植柑橘、茶叶、荔枝等作物。同时，黄壤和红壤也是广西地区比较常见的土壤类型，适宜种植水稻、玉米、甘蔗等农作物。总体来说，龙邦镇大莫村的土壤属于典型的南方喀斯特地区的土壤类型，具有较好的农业生产潜力。当地农民因地而异，有选择性地种植各种作物。

大莫村的天然植被，是由其所处的地理、气候等因素所决定的，是典型的南方喀斯特地区植被类型。森林树种包括常绿阔叶林、落叶阔叶林和针叶林等类型。这些森林中常见的树种包括楠木、相思树、榕树、柚木、橡树、松树等。此外，大莫村的农田、果园等人工植被也占据了一定的比例，常见的作物包括水稻、茶叶、柑橘、荔枝等。总体来说，该地区的自然植被类型丰富，生物多样性较明显，但由于历史上的砍伐森林、开垦农田等人类活动，该地区的自然森林面积已经大大减少，很多珍贵的树种也受到了破坏，极度濒危。为了保护当地的自然环境和生态系统，当地政府已经采取了多种措施，包括实施退耕还林、禁止乱

---

① 详见天气 5 网，https://www.tianqi5.cn/guangxi/longbangzhen/lidongtianqi.html，2023 年 3 月 1 日。
② 数据根据靖西市政府办公室提供的材料整理所得。

砍滥伐、加强林业防火等，以保护自然森林的生态功能和生物多样性。如今，大莫村道路两旁的山上，以及靠近田地的山上，都是绿意盎然，一派新意。

当地山地地形复杂，地质条件丰富，天然植被密集，是野生生物生存的绝佳场所。大莫村有着大量的野兽、飞鸟、鱼类、昆虫。按照村子里的长辈们的说法，他们年轻的时候，还能看到一些凶猛的野兽，比如狼群、猎豹。现在，由于生态环境的急剧恶化，人类活动范围不断增加，那些体型更大的野兽无处可去直至消失。

（二）人口与民族

根据当地政府提供的资料显示，大莫村全村目前有 7 个村民小组，共 271 户 1234 人。其中，男性 688 人，占全村人口总数的 55.75%；女性 546 人，占全村人口总数的 44.25%，见表 4-2。

表 4-2　2022 年大莫村各村民小组人口基本情况

自然屯（村民小组）	总人数	男性人口数	女性人口数	男女性别比例
弄关屯	269	148	121	122：100
村内屯	256	131	125	105：100
那排屯	177	104	73	142：100
弄灯屯	130	72	58	124：100
弄拉屯	101	59	42	140：100
弄最屯	163	95	68	140：100
村外屯	138	79	59	134：100
全村	1234	688	546	126：100

资料来源：根据 2023 年靖西市政府办公室提供的资料整理汇总。

如上表所示，2022 年大莫村的男女比例为 126：100，同期全国人口性别比为 104.69：100，远低于大莫村的男女性别比。男女比例失衡更为突出，"光棍"在大莫村是一种普遍存在的现象，有些甚至已成"绝户"。大莫村男女两性比例失调的形成有两大因素：一是男女两性的出生率和死亡率的偏差，使男女两性的数量出现"过剩"，从而引起了男女两性的不平衡；二是在劳动力转移过程中男性和女性所存在的差异会进一步加重区域之间的性别不平衡。笔者在采访中发现，村民们还存在一定的"重男轻女"思想。由此，我们可以得出结论，大莫村男女比例失调的成因很大程度上是村民认知。大量的人口流动，尤其是妇女的大量外出务工，使得边远、不发达的乡村地区的男性结婚压力更大，城乡性别不平衡问题更为突出。

在民族构成方面，根据当地政府部门提供的数据显示（见表4-3），2022年，大莫村的7个村民小组共有271户1234人。其中，汉族20人，占全村总人口的1.62%；壮族931人，占全村总人口的75.45%；苗族282人，占全村总人口的22.85%；瑶族1人，占全村总人口的0.08%。少数民族共1214人，约占全村总人口的98.38%，可见大莫村属于典型的少数民族聚居村。

表4-3　　　　　　　　2022年大莫村各村民小组民族构成基本情况

村民小组	总人数	汉族人数	壮族人数	苗族人数	瑶族人数
弄关屯	269	4	7	280	0
村内屯	256	4	229	1	0
那排屯	177	3	190	0	1
弄灯屯	130	1	146	0	0
弄拉屯	101	2	79	1	0
弄最屯	163	2	148	0	0
村外屯	138	4	132	0	0
全村	1234	20	931	282	1

资料来源：根据2023年靖西市政府办公室提供的资料整理汇总。

（三）风俗习惯

1. 饮食

在饮食上，自古就有"民以食为天"之说，而少数民族区域的饮食文化更有其独特的特点。大莫村目前的主要粮食是水稻、玉米、荞麦、土豆等，以猪、牛、羊、鸡等为主的肉类，蔬菜可以吃一些自己种的当季的青菜和瓜豆。每逢年过节或宴会，村里还会宰杀肥猪，提炼出猪油，用作生活所需的食用油。壮族人性格豪爽，素来以"嗜酒"著称，双龙村的人在吃饭的时候，讲究的是无酒不成席，喝的酒是稻谷和其他谷物酿造的白酒。壮族人既能唱歌，又能跳舞，广阔的壮乡素有"歌海"的美誉，很多人知道的刘三姐就是壮族有名的歌手。特别是家中有宾客来访，壮族人就会高唱"劝酒歌"，为宾客祝酒。

2. 服饰

靖西壮族隶属于布央族。在服装上，壮族女子善于织造、绣，她们所织成的壮布、壮锦缎，不仅花纹精致，颜色鲜艳，而且"蜡染"更是独树一帜。在衣着方面，男性较为朴素，女性却是色彩鲜艳，尤其是在鞋子、帽子、衣襟上，以五彩缤纷的丝线刺绣为主，有人物，有飞禽走兽，有花草，有各种颜色。《天下郡国利病书》记载："壮人花衣短裙，男子着短衫，名曰黎桶，腰前后两幅掩不及膝，妇女也着黎桶，下围花幔。"壮族男子服装大多是用地方布料做的，破胸对襟，不穿长裤，上半身是短袖，有六到八个布结，胸前是小兜一对，腹部是两个大兜子，下摆向内折叠，两边是对称的两条缝隙。壮族男子穿着宽松的裤子，裤子的长度要到膝盖以下。有人包扎绑腿，有人包扎头巾。在冬季，他们要穿上鞋子和帽子（或者用黑色的围巾包头），在夏季，他们通常不穿帽子和靴子。逢年过节或探亲时，都要穿云头的布底鞋，或者是带勾的鸭嘴的鞋子。干活的时候，要穿草鞋。壮族的银器在历史上一度很流行。据民国廿二年（1934 年）编的《广西各县概况》记载，百色"女子饰品，有发箍、簪及指约、手镯等"，恩降"妇女装饰，城厢多尚金玉，乡村则重玉质银器"，西林"惟女子最爱佩戴簪钗、耳环、手镯及盾牌等。富者用金质，贫者用银质"[1]。桂东南的壮族姑娘们，也都是"带着簪环"的。壮族的银器有银梳、银簪、耳环、项圈、胸牌、戒指、手镯、脚环等。在当差时期，安平女人戴着四条银链，十来枚（有些人一根手指就戴数个），总重量超过一斤。桂北壮族女子戴的项圈共有九条，胸前呈矩形，通体镂空，上面刻着飞禽走兽，下面有一条小小的链子，用一条银色的链子系在颈上。壮人银镯的样式很多，有的被打成了手指粗细的薄片，有的被打成了一条藤蔓，还有的被打成了几条互相纠缠在一起的款式。有些则镶嵌着青色的小珠儿等，这些都展现了壮族的银器艺术。由于时间的流逝，人们的思想观念也发生了改变，现在壮族地区的壮族女性已经很少佩戴传统的银饰品了。近几年来，壮族的传统服装发生了变化，大部分上了年纪的女人还保留着壮族的某些传统服装，例如，喜爱佩戴银饰品等；孩童和少年的穿着与汉族没有太大的不同，不过他们的父母还是会给他们准备一些壮族的传统服装，以便他们在过节或者出嫁的时候，能够打扮得漂漂亮亮。

3. 居住

靖西地区是我国壮族"干栏式"建筑群的集中分布地区。传统的"干栏式"房屋别具一格。这些房子有三层，下层是饲养牲畜、放置农具的场所，中层是供人居住的房间，上面是祭坛和储藏粮食的阁楼。"干栏式"房屋是壮族先民为适应温热潮湿，抵御蛇虫鼠蚁的侵袭而设计的，现已被傣族、瑶族、苗族等多个少数民族所使用。建筑多为 5 ~ 7 开间，竹木建筑或半土木建筑，但最近几年，大莫村的篱笆房越来越现代化了，很多篱笆房都是用钢筋水泥建造的，但也保留了篱笆房的一些特点。

① 广西省政府民政厅.《广西各县概况》第一册 [M]. 南宁：南宁大成印书馆，1934：149 - 199.

4. 节日

大莫村的节日和靖西区域中别的壮族差不多，其中，春节、二月初二花炮节、三月三歌节、端午药王节、七月初七蓄水节、八月十五中秋节等节日的重要性不言而喻。在这些传统的节日中，人们以各种形式来庆祝。过年的时候，靖西县的"扮台阁"大游行，可以说是家喻户晓，而端午药市，更是吸引了不少外地游客。三月三歌节最为特殊，是壮族特有的民族节日。宋人周去非在《岭外代答》中记载："上巳日（三月三），男女聚会，各为行列，以五色结为球，歌而抛之，谓之飞驼。男女目成，则女受驼而男婚已定。"它的大意是：每年的农历新年和"三月三"的时候，壮族的年轻男子和年轻女子就会在户外进行"扔绣球"的游戏，许多年轻的男子和女子就会通过这一游戏而结成连理。"绣球"是广西壮家的定情物，也是广西最有特点的一种旅游手工艺品，最初被认为是壮族年轻男女恋爱的象征。靖西女子的绣球因其结构独特，用料讲究，而且都是手工精心缝制而成，小巧精致，色泽艳丽，在广西绣球中深受好评，现已被许多人用来送予亲朋好友，各大企业也用其来做广告或作为维系促进公共关系的礼物，这一点在大莫村的妇女身上也能够有所体现。如今，它已成为广西壮乡的一个吉祥物，成为传递爱情、亲情和友谊的民族文化的代表。虽然绣球已经成为当地很多家庭的重要装饰品，但是现在抛绣球的活动逐渐不再受到年轻人的欢迎。

村民老许向笔者回忆了当地文化活动的变化："在过去，年轻男女蛮流行抛绣球活动的，过节的时候那是很热闹的，但现在孩子们都想去大城市，不喜欢这些老一辈的活动了，所以现在参与抛绣球活动的年轻人已经越来越少，俨然成为中老年人活动。"[1]

需要注意的是，大莫村下辖有一个靖西唯一的苗族聚居屯，那就是弄关屯。弄关屯作为苗族聚居地，也有自己独特的节日活动，比较有代表性的就是新春斗牛比赛活动，每次比赛一开始，就会有成千上万的人从附近的村子里赶来，有苗族，有壮族，有汉族，有其他民族的人，他们都会来观战，为比赛加油，场面十分精彩。这项活动让弄关苗寨的本地民间文化焕发出了新的光彩，大大丰富了当地群众在春节期间的文化生活，也在很大程度上将文化遗产的传承持续下去，更是提高了苗寨群众发展旅游脱贫的信心。

（四）经济社会背景

党的十一届三中全会之后，农村土改实行家庭联产承包责任制，极大地激发了农民从事农业的热情，使他们的生活条件有所改善，基本上达到了吃穿不愁的

---

① 资料来源于笔者对 XZX 的访谈资料，时间：2022 年 8 月 16 日；地点：去村委会的路上。

水平。大莫村公所已经通上了电，开始了机械化碾米、磨面、碾压。近年来，随着国家大力支持坝塘等各类大大小小的水库，这些水库的水利化水平不断提升。目前，我国农用地的有效灌溉面积已经占到了农用地总面积的近半数。在农业上，除谷物之外，还有一些烟草的种植。随着现代栽培技术的引入，水稻和小米的平均单产提高，畜牧业的发展也有了明显的提高。然而，在民族地区，受自然、人文等因素的制约，经济发展仍十分迟缓。除农业、林业、畜牧、渔业之外，几乎没有什么手工业。农业生产中，几乎以人力和牲畜为主要劳动力，形成一个自我维持的经济。

大莫村早期以农耕为主，以畜牧业为辅。改革开放后，该村群众生活质量有了很大的变化，但由于受地形和自然环境等因素的影响，大莫村的经济社会发展一直比较滞后。由于地形复杂，村民在山脊上开凿了一块又一块的阶梯状的丘陵地带。大莫村种植业以稻谷、玉米为主，也有一些蔬菜和豆类等，以烟叶为主要经济来源。因为土地稀少，人口众多，人地矛盾十分突出，大部分农户已经形成了传统的农业发展思想，只依赖传统的农耕生活，保持着一种自给自足的小农经济。

大莫村以"自给自足"为主体的生产经营模式，是为适应山地地区的自然经济条件而发展起来的。大莫村因自身底子薄，向市场经济转型的阻力较大，且不符合国家的整体经济发展战略，所以其经济发展以"自给自足"为主，是其发展过程中所面临的一种必然结果，也是其对"小农经济"的传承与发展。

这两年，大莫村更多的人选择外出打工，打工的收入也成了他们最大的经济来源。特别是在中国实施"精准扶贫"政策后，大莫村的劳动力流动成为农户脱贫的重要途径，打工已成为一种常态。根据靖西市政府办公室提供的资料显示，在2014年的精准扶贫开始之初，大莫村一共有259户，共1215名村民，其中有603名劳动力，512名村民在家务农，91名村民常年在外打工。打工人数只占村民的7.48%，也就是全部劳动力的15.09%，这一年，村民们的经济总收入为986.58万元，村民们人均纯收入为9120元，村民们在外打工的收入为455万元，村民们在外打工的人均收入为1万元，其收入占全村经济收入的46.12%。2014年，外出务工给村民带来了极大的收益，人均纯收入达到了全村人口平均纯收入的六倍。直到2020年精准扶贫结束时，全村共271户1266个人，劳动力630人，外出务工（包括就近务工和区外务工）共323人，占全村人口的25.51%，是全村劳动力总数的51.27%。出去打工（有就近务工与区外务工）使大莫村的农民摆脱以简单的耕作为生，是农民增加收入、脱贫的快捷之路。自全面脱贫以来，靖西市政府在巩固拓展脱贫攻坚成果方面作出了持续努力，为大莫村的可持续发展提供了良好的政策环境。

二、广西靖西大莫村巩固拓展脱贫攻坚成果的现状分析

在巩固拓展脱贫攻坚成果阶段，脱贫农户如何可持续发展，民族村如何有效衔接乡村振兴战略，最终要落实在各级政府长期执行的具体的乡村振兴项目上。靖西巩固拓展脱贫攻坚成果同乡村振兴有效衔接措施主要针对已经脱贫的贫困户，项目类型可大致分为四类，包括产业扶持、教育帮扶、金融帮扶、兜底保障。大莫村自2020年成功脱贫后，农村经济发展较好、农民增收显著，而这一切的取得，与实施"乡村振兴"战略有着密不可分的关系。同时，大莫村是典型的边境民族村，少数民族人口占比超过90%，贫困问题深远，曾被列为"十三五"贫困村，返贫风险大，巩固拓展脱贫攻坚成果同乡村振兴的衔接挑战大。巩固拓展脱贫攻坚成果同乡村振兴有效衔接的各项政策作为外部影响因素对大莫村村民的生计行为产生影响的同时，也不可避免地会对当地的少数民族传统文化价值观念产生影响。一位受访的驻村工作人员对笔者说："早期我们刚进入村子开展扶贫工作的时候，很多老人是不理解的，甚至很多中年人也不理解，我们认为他们的生计困难，帮扶他们，但在他们观念里补助的钱与其用于耕作或者摆脱贫困，还不如多佩戴几个银饰。"① 这样的现象在扶贫早期非常常见，但随着大莫村全村脱贫，近年来巩固拓展脱贫成果进程的不断推进，这种观念已经非常少见，因此，巩固拓展脱贫成果进程中少数民族传统文化的价值观念如何与相关政策相适应，如何传承与延续也是分析的重点。综上，本书从巩固拓展脱贫攻坚成果政策的实施内容和少数民族传统文化对巩固拓展脱贫成果的价值认同两个方面对大莫村巩固拓展脱贫攻坚成果的现状进行分析。

（一）巩固拓展脱贫攻坚成果政策的实施内容

2020～2022年，大莫村为巩固拓展脱贫攻坚成果同乡村振兴有效衔接，实施了诸多帮扶项目，主要包括产业就业帮扶、教育帮扶、基础设施建设、金融帮扶、兜底保障等方面，如表4-4所示。

表4-4　2020～2022年大莫村巩固拓展脱贫攻坚成果同乡村振兴有效衔接项目

项目名称	项目类型	项目内容
2020年第一批特色产业扶贫项目（以奖代补）	产业项目	种植养殖以奖代补
2020年第二批特色产业扶贫项目（以奖代补）	产业项目	种植养殖以奖代补

① 资料来源于笔者对扶贫工作人员LJJ的访谈资料，时间：2022年8月31日；地点：大莫村村委会。

续表

项目名称	项目类型	项目内容
2021 年第一批特色产业扶贫项目（以奖代补）	产业项目	种植养殖以奖代补
2021 年第二批特色产业扶贫项目（以奖代补）	产业项目	种植养殖以奖代补
2022 年第一批特色产业扶贫项目（以奖代补）	产业项目	种植养殖以奖代补
2022 年第二批特色产业扶贫项目（以奖代补）	产业项目	种植养殖以奖代补
2021 年大莫村弄关屯养牛场项目联农带农	产业项目	粤桂协作帮扶
2021 年"雨露计划"	教育帮扶	中高职教育补助
2022 年"雨露计划"	教育帮扶	中高职教育补助
靖西农商行万名农信党员进万村工程	金融服务	小额信贷发放
乡村公益性岗位	兜底保障	招聘乡村保洁员、防止返贫监测网格员等
2021 年大莫村委会落实残疾人持证	综合保障	保障残疾人持证
2021 年大莫村委会脱贫户落实农村低保	综合保障	享受农村居民最低生活保障
2022 年大莫村委会脱贫户落实农村低保	综合保障	享受农村居民最低生活保障
2021 年大莫村委会落实村民养老保险	综合保障	满 60 周岁以上村民享受城乡居民基本养老保险
2022 年大莫村委会落实村民养老保险	综合保障	满 60 周岁以上村民享受城乡居民基本养老保险
0～3 千米边民生活补助	综合保障	大莫村作为边境民族村的补助

资料来源：根据 2023 年靖西市政府办公室提供的资料整理汇总。

1. 产业项目

大莫村巩固拓展脱贫攻坚成果在产业项目方面代表项目主要包括特色产业的以奖代补、粤桂协作工程主导的大莫村弄关屯养牛场项目两个方面，具体情况如下。

首先，在特色产业的以奖代补方面。"农村特色产业以奖代补政策"通常是指中央财政对地方优势特色农产品保险给予奖补支持，鼓励地方根据实际需求，开展多种形式的农业保险，缓释特色农业产业经营风险、价格风险，促进农民增收和乡村振兴的政策。利用奖补政策，可以将更多的特色农产品、新的保障方式，都纳入政策性保险的范围中，扩大了农业保险的受益群体和范围。同时，通过奖补政策，可以改变过去中央定品种、定标准、定补贴的方式，赋予地方更大的自主权和灵活性，让地方根据自身优势和需求制定适合本地区的农业保险品种和标准。通过奖补政策，可以引导金融机构为特色产业发展提供信贷支持，创新金融产品和服务，同时，也可以吸引更多社会资本投入特色产业建设，形成多元化的投融资机制。通过奖补政策，可以有效防范和化解特色产业发展中遇到的各种风险，提高特色产业抗灾能力、稳定收益能力、竞争力，同时，也可以推动特色产业向高端化、品牌化、绿色化方向发展，增加农民收入来源，带动乡村经济社会发展。自2020年以来，大莫村通过上述政策保障了农民农业生产的稳定性，具体情况如表4-5所示。

表4-5　　　　　　　　　2020～2022年大莫村产业以奖代补情况

年份		奖补农户数量（户）	含监测户或脱贫不稳定户数（户）	奖补金额（元）	总计（元）
2020	第一批	79	0	286720	854237.5
	第二批	112	0	567517.5	
2021	第一批	38	2	411804	509484
	第二批	32	4	97680	
2022	第一批	22	2	169500	810080
	第二批	124	2	640580	

资料来源：根据2023年靖西市政府办公室提供的资料整理汇总。

从上表可以看出，自大莫村2020年底全面脱贫以来，农业产业以奖代补的政策力度并没有减弱，而是延续了下来，并且实施关注监测户或者脱贫不稳定户的状态，使脱贫攻坚成果得到延续，有助于大莫村农户的可持续生计。具体来看，2020年，第一批特色产业以奖代补项目共计奖补79户，总金额为286720元；第二批共计奖补112户，总金额为567517.5元。2021年，第一批特色产业以奖代补项目共计奖补38户，其中包含2户脱贫不稳定户，总金额为411804元；第二批共计奖补32户，其中包含4户脱贫不稳定户，总金额为97680元。2022年，第一批特色产业以奖代补项目共计奖补22户，总金额为169500元；第二批共计奖补124户，其中包含2户监测户，总金额为640580元。

其次，在粤桂协作工程主导的大莫村弄关屯养牛场项目方面。为充分发挥产业项目帮扶"造血"功能和基础性作用，全面推进产业项目帮扶到村到户，拓宽脱贫群众（含监测对象）增收渠道，积极带动和扶持脱贫群众（含监测对象）持续稳定增加收入，实现致富奔小康，进一步完善上级扶持资金项目的带农益农机制，充分发挥上级扶持资金形成固定资产产业的经济效益和带农益农作用，结合大莫村实际情况，大莫村村委会制定了完整的工作方案。该项目分两期进行，

项目采用党支部 + 股份经济合作联合社 + 养殖户的模式进行，一期建设时间为 2020 年 6 月 ~ 2020 年 9 月，新建牛棚 3 排，建筑面积 678 平方米；二期建设时间为 2021 年 5 月 ~ 2021 年 6 月，新建 25 间牛棚，总建筑面积 629 平方米，场地硬化 500 平方米，室外排水沟 140 米。建设的资金来源为中央少数民族发展资金，其中：一期 96.166016 万元、二期 90.40443 万元，总计 186.570446 万元。以上数据均来源于 2023 年靖西市政府办公室提供的资料整理汇总。

此外，养牛场项目采用固定资产投入、农户自主经营的管理模式，建立品牌效应，带动脱贫户发展产业。项目方案还规定：项目引进企业必须无条件优先安排贫困户就业；如不引进企业的，项目原则上免费提供给脱贫户使用，直接增加经济收入；非脱贫户租用养殖场，按规定收取租金，作为村集体经济收入。村级自主经营优先聘用当地脱贫对象（含监测对象）参与养殖等相关工作，带动当地脱贫对象（含监测对象）增收，巩固脱贫成效。这样的规定将有助于脱贫农户的稳定就业，同时，对于有意向自主发展养牛产业的脱贫对象（含监测对象），经营对象要无偿提供技术培训帮扶，这就保证了农户人力资本的积累。对于有意向以资产、资本等入股发展产业实现分红的脱贫对象（含监测对象），经营主体要结合实际给予入股分红，这就促进了脱贫农户的物质资本积累。

2. 教育帮扶

在教育帮扶方面，《人力资源社会保障部 发展改革委 财政部 农业农村部国家乡村振兴局关于做好 2022 年脱贫人口稳岗就业工作的通知》提出："开展'雨露计划 +'行动。组织开展'雨露计划 +'就业促进专项行动，引导脱贫家庭（含防止返贫监测对象家庭）新成长劳动力接受中、高等职业院校和技术院校教育，原补助标准、资金渠道、发放方式保持不变，会同行业部门做好动态监测。做好'雨露计划'毕业生就业帮扶工作，发挥建筑、物流、电力等劳动密集型行业的作用，促进'雨露计划'毕业生实现就业。"

"雨露计划"自 2006 年启动实施，政策成熟，且自 2015 年以来国家乡村振兴局的"雨露计划"政策稳定。大莫村自 2020 年全面脱贫以来，"雨露计划"还在继续，针对脱贫家庭（含 2014 年、2015 年退户）、防止返贫监测对象家庭中，接受中、高等职业学历教育的学生和参加技能培训的劳动力进行补助，其中，属于 2016 年以来脱贫户的学生执行广西统一补助标准；属于 2014 年、2015 年退户的，执行差异化补助，补助标准由各县（市、区）自定，补助标准如表 4 - 6 所示。

按照表 4 - 6 的标准，大莫村 2021 年共计补助 57 名学生，其中，接受高等职业学历教育的有 21 人，接受中等职业学历教育的有 36 人，包含 1 名就读于广西右江民族商业学校文秀巾帼励志班的女学生，共计补助 172000 元；2022 年共计补助 60 名学生，其中，接受高等职业学历教育的有 25 人，接受中等职业学历教育的有 35 人，包含 1 名就读于广西右江民族商业学校文秀巾帼励志班的女学生，1 名 2015 年退出户的学生，共计补助 180700 元，如表 4 - 7 所示。通过这项政策，大莫村的人力资本得到稳定积累。以上数据均来源于 2023 年靖西市政府办公室提供的资料整理汇总。

表 4 - 6 广西"雨露计划"补助标准

培训类型	补助条件	自治区统一补助标准	差异化补助标准
职业学历教育	"雨露计划"补助对象中，接受中等、高等职业学历教育的学生	每学期补助 1500 元/生	靖西市规定，2014 年、2015 年退户的补助对象补助标准为：每学期补助 1350 元/生
文秀巾帼励志班	"雨露计划"补助对象中，就读于广西右江民族商业学校文秀巾帼励志班的女学生	每学期补助 2000 元/生	
乡村振兴局主办的短期技能培训	"雨露计划"补助对象中，16 ~ 60 周岁的劳动力可参加县乡村振兴局主办的短期技能培训	每人每期 3000 元，结算给培训机构，以考取职业资格证书、职业技能等级证书的学员数为准	
短期技能培训以奖代补	"雨露计划"补助对象中，自主参加县乡村振兴局以外的单位主办的技能培训，获得国家承认并可在网上查证的职业资格证书、职业技能等级证书的劳动力	一次性奖励 800 元/人	
农村实用技术培训	"雨露计划"补助对象中，参加农村实用技术培训的劳动力	参训农民补助 50 元/人天	

资料来源：根据 2023 年靖西市政府办公室提供的资料整理汇总。

表 4 - 7 2021 ~ 2022 年大莫村受到"雨露计划"补助情况

年份	补助学生数量（人）	接受高等职业学历教育人数（人）	接受中等职业学历教育人数（人）	包含右江民族商学院女学生数量（人）	共计补助金额（万元）
2021 年	57	21	36	1	17.2
2022 年	60	25	35	1	18.07

资料来源：根据 2023 年靖西市政府办公室提供的资料整理汇总。

3. 金融服务

在金融服务方面，靖西农商行实施"党旗引领 + 金融先锋"暨"万名农信党员进万村工程"，支持脱贫人口通过发展生产和自主创业实现增收，推动金融服务乡村振兴不断发展，加强巩固拓展脱贫攻坚成果和乡村振兴的高效连接。具体包括以下三个方面。

首先，加大沟通宣传，确保金融政策家喻户晓。加强与党委、政府的汇报沟通，要求基层支行行长每10天向当地党委、政府主要领导和分管领导汇报工作开展情况，得到了当地党委、政府的大力支持，共同推动各项工作落实。通过集中宣传、发放宣传单、入户走访等形式，驻村工作队队员、村"两委"干部、帮扶干部进村入户广泛开展宣传动员，让农户深入了解脱贫人口小额信贷的放贷要求、扶持方式、贷款用途及办理流程等内容，对有劳动能力且有贷款意向的脱贫户和易致贫的家庭做到"应贷尽贷"。

其次，优化贷款流程，及时满足贷款需求。对符合放贷条件并有贷款需求的农户，靖西农村商业银行开辟贷款绿色通道，简化贷款流程，在收到贷款申请表后5个工作日内完成调查，对不符合贷款条件的，10天内向贷款申请人说明原因，对满足符合贷款条件、有贷款意愿的脱贫户及边缘户，提出申请后按规定及时放款，高效推动脱贫人口小额信贷投放。同时，突出科技赋能，脱贫人口小额信贷实现了纯线上、无纸化操作，信贷员通过"智慧贷款"系统现场评级授信，农户足不出户就能获得贷款。

最后，加强贷款管理，做好风险防范工作。严格贷款申请、审批、放贷等贷款办理程序，坚持户贷、户用、户还，注重贷前调查、公示和贷后贴息等关键环节，完善贷款台账。切实加强贷后管理，定期对贷款户生产经营情况进行监测分析，防止贷款户将贷款用于非生产经营性支出，确保脱贫人口小额信贷使用精准。做好到期贷款收回处置，加强监测数据运用，提醒贷款户按时还贷款，严格防范贷款集中到期导致的大规模逾期风险。

综合以上措施，大莫村全面脱贫以来，脱贫农户在靖西农商行全力推动小额信贷发放工作中受益颇丰，如表4-8所示。

表4-8　　　　　　　2020～2022年大莫村小额信贷情况

年份	放贷数量（项）		贷款金额（万元）	主要用途		
	新增数量	续贷数量		养殖猪、牛、羊等	家禽饲养	经商
2020	67	1	322.1	67	0	1
2021	13	0	64.5	13	0	0
2022	11	0	54	8	3	0

资料来源：根据2023年靖西市政府办公室提供的资料整理汇总。

如上表所示，2020年，大莫村新增发放小额贷款67项，续贷1项，共计贷款金额为322.1万元,贷款用途主要为养牛、养猪等养殖业,仅有1项用于开小超市;2021年,大莫村新增发放小额贷款13项,共计贷款金额为64.5万元,贷款用途全部为养牛;2022年,大莫村新增发放小额贷款11项,共计贷款金额为54万元,贷款用途主要为养牛、养羊,少部分用于养马和家禽饲养。通过以上金融服务措施,大莫村农户的金融资本稳定积累。

4. 兜底保障

在兜底保障方面,为保障大莫村脱贫农户的就业可持续性,开放乡村公益性岗位进行招聘,兜底安置脱贫农户中生计困难、返贫风险较大的农户。乡村公益性岗位政策通常是指在农村地区发展非营利社会工作岗位,对有资格的贫困者给予优先安排,给予工作补贴,并购买意外伤害保险等待遇保障。这一政策对大莫村巩固拓展脱贫攻坚成果,推动农户可持续生计能力提升有着重要意义。首先,公益性岗位的设置增加了农户的就业机会和收入来源。通过乡村公益性岗位政策,可以为农户提供就地就近、稳定长期的就业岗位,特别是对弱劳力、半劳力等困难群体,有效解决了其就业难问题,增加了家庭收入。其次,公益性岗位的设置提高了农户的社会保障水平和生活质量。利用农村公益性岗位的政策,可以为农民购买意外伤害的商业保险,并与农民合法地签署劳动合同或劳务协议,保障了农户的基本权益和安全感。再次,也可以为农户提供基本公共服务,改善了农村环境卫生、社会治安、孤寡老人和留守儿童看护等方面的问题。最后,大莫村作为典型的民族村,通过乡村公益性岗位政策,可以有效防范和化解因脱贫后返贫风险而影响民族团结稳定的问题。同时,也可以推动民族文化传承和创新,培育特色产业和品牌,增强民族自信心和凝聚力。

按照政策要求,以岗位职责、工作内容、工作时间、工作难度程度等为依据,对岗位补贴标准进行分类,并对其进行合理的确定,每个月的岗位补贴标准在原则上不会低于当地农村居民最低生活保障标准,最高可达到当地最低工资标准的1.2倍。安置对象是16~60周岁,具有适应岗位能力需要,有就业意愿的防止返贫监测对象,还有脱贫家庭中的半劳力、弱劳力和无法外出、无业可就的脱贫人口。符合条件的,可将其年龄提高到65岁,并将其作为预防返贫的重点监测对象。

实践中,大莫村脱贫以来,乡村公益性岗位的发展也取得了一定成效。2021年大莫村共招聘了5名脱贫农民,其中包含2名监测户,就业岗位名称为乡村保洁员。2022年,随着设置岗位的增加,招聘人数显著增加,共招聘19名脱贫农民,就业岗位包括卫生保洁员、公共设施管理员、防止返贫监测网络员以及农村道路管理员(见表4-9)。可见,乡村公益性岗位在不断增多,为大莫村生计困难、返贫风险较大的农户提供了多样化的就业条件,有助于大莫村农户的各项生计资本的积累。

表 4 - 9　　　　　　　　2020~2022 年大莫村乡村公益性岗位聘用情况

年份	聘用总人数（人）	性别		聘用岗位				监测户数（户）
		男性人数（人）	女性人数（人）	卫生保洁员（人）	公共设施管理员（人）	农村道路管理员（人）	防止返贫检测网格员（人）	
2021	5	5	0	5	0	0	0	2
2022	19	16	3	9	1	8	1	0
总计	24	21	3	14	1	8	1	2

资料来源：根据 2023 年靖西市政府办公室提供的资料整理汇总。

5. 综合保障

为了对农村低保户和特困人员实施帮扶，政府推出了综合保障性扶贫，以此完成对农村居民低保的补助扶贫、分散供养或者集中供养。大莫村在 2021 年，享受到了农村最低生活保障的有 299 人。按照保障类别划分，2021 年 A 类低保户每人每月 350 元，B 类低保户每人每月 260 元，C 类低保户每人每月 210 元，对特困人员进行分散供养，每人每月 560 元，此外，大莫村全体村民还享受每人每月 210 元的 0~3 千米边民生活补助。2022 年大莫村共有 301 人落实为农村低保对象，本年补助金额有所上调，按照保障类别划分，A 类低保户每人每月 355 元，B 类低保户每人每月 265 元，C 类低保户每人每月 215 元，对特困人员进行分散供养，每人每月 560 元，此外，大莫村全体村民还享受每人每月 210 元的 0~3 千米边民生活补助。以上数据均根据 2023 年靖西市政府办公室提供的资料整理汇总。

以农村低保兜底保障、特困人员供养、医疗救助、临时救助、残疾人两项补贴为主要内容，充分发挥了民政"托底、保底"作用。

（二）少数民族传统文化对巩固拓展脱贫攻坚成果的价值认同

根据巩固拓展脱贫攻坚成果政策的实施内容可以看出，大莫村农民的生计方式与相关政策密切相关，这就导致了传统的文化理念也在悄无声息地改变。从历史的走向上说，这种变化是一种渐进式的，它不仅包含着对传统的提炼与摒弃，而且还包含着对异质文化的批判与吸纳。在现代社会中，由于各种因素的影响，原有的文化已被冲淡、混杂。与此同时，文化自身也在持续地进行着创新与重构，尽管表层已经焕然一新，但很多重要的因素还是得以保存下来。从民族学和人类学的发展来看，大莫村的传统文化与以往大不相同，民族间的文化、经济、社会等交往频繁。

随着扶贫开发有关政策的落实，该地区少数民族的生存和发展也面临着不同程度的挑战，尤其是在新的历史条件下，该地区民族文化的传承面临挑战。民族文化的传承要在文化多样性的基础上不断发展，任何一种文化都是不断发生变化的一个动态体系，而壮族的传统文化习俗也因大批农民的外出务工而发生了一定的改变。比如，壮族抛绣球、苗族春节赶牛车等民俗及手工艺品，在一定程度上被赋予了"新内涵"，并与县域经济相融合，形成了"新业态"，以全新的面貌，继承并发扬着民族的传统文化。以当地壮族最有特色的抛绣球为例，前文在介绍大莫村民俗时提到，宋人周去非在《岭外代答》中记载："上巳日（三月三），男女聚会，各为行列，以五色结为球，歌而抛之，谓之飞驼。男女目成，则女受驼而男婚已定。"文中的"色结为球，歌而抛之"指的便是绣球。虽然现在抛绣球活动不再像以前一样广受年轻人好评，但是抛绣球活动本身也已伴随经济社会的发展脱离文化活动本身的属性，随着巩固拓展脱贫攻坚成果政策的不断落实，抛绣球这项民族文化活动已经发展成为当地一项特色产业，绣球作为当地特色的旅游工艺品为当地村民带来了可观的收入。

文化又与生活相联系，在市场经济中，经济价值既能为国家文化的延伸与传承提供便利，又能为提升国家文化的价值提供一条途径。在国家对少数民族民俗文化进行大力推广扶持下，壮族特有的壮锦、绣球、当地村民组成的民族舞蹈队走向全国的舞台，越来越受到广大群众的喜爱。经过近几年深圳市龙岗区的对口帮扶建设，大莫村弄关屯空旷地已建成民族广场，投资达2000多万元，极具民族特色。基于民族特色鲜明的文化广场，弄关屯孕育出了一支民族舞蹈队，舞蹈队队员通常穿着民族服饰，为弄关屯的重要来客表演民族舞蹈，随着舞蹈队影响力的逐渐扩大，近年来，靖西市人民政府将该舞蹈队所跳舞蹈命名为"欢迎来到苗寨"。

现阶段，我国的很多传统民俗文化都在逐渐退出历史的舞台，这些文化得不到很好的继承和发展，单凭少数民族的人民无法改变目前的现状。各民族的发展相对较弱，文化的保存和传承离不开强大的外在支持，而这些外在支持中的"强势"之一就是国家权力。靖西政府对当地壮族、苗族文化的保护力度较大，开展了很多传统文化保护活动。在此之前，各地的节庆都是由村民自己举办，每家每户都要出钱，这是一种文化传承、物质交流、社会交往的机会。当今社会，各类节庆，特别是那些在公众场所举办、由当地居民广泛参加的重大节庆，不仅是一项具有代表性的文化事件，而且是一项具有一定影响力的文化事件，同时也是一项具有悠久历史的传统风俗和文化遗产。在国家和各大公司的大力扶持和参与下，越来越多的人了解并亲身来到活动中感受民俗风情，或是在这里扎根经商，推动了当地的旅游业发展，为当地人民带来很多就业机会。特别是壮族的三月三等节日，在当地政府的组织下，吸引来了很多商户，为当地带来了很好的经济效益。节日文化的原有内容和功能在商业的冲击下也被赋予了更多的内涵。在追求经济利益的"速食"商业模式的冲击下，虽然壮族节日中的生产和纪念等本义改变了，但它使得壮族的节庆文化被更多人知道。

民族文化的继承与发展受近代科技的普及和科学理性的落地与发展所影响。现代教育逐步在民族地区得到广泛传播，但同时，"理性"的科学理念也在不断地冲淡着民族传统文化中的"神圣性"和"神秘性"。壮族的传统文化未能很好地继承和发扬民族传统文化中的某些优秀成果。一个民族最重要的文化载体与民族特色标志就是语言，但是大莫村的文字已经消失殆尽，大莫村的村民们平时的沟通以壮语为主，出外打工的时候会讲普通话。壮语在少数民族地区的应用日益减少，现在的孩子、年轻人基本上都不会说壮语。外出打工的农户多以具有壮族口音的普通话与人沟通，回归乡村后，壮语的使用频度已逐渐降低，其文化的传承力量也在逐渐减弱。另外，为了消除壮族与外部世界的语言隔阂，国家在多个方面大力推行汉语，这对壮语的继承与发展也产生了影响。

三、广西靖西大莫村农户可持续生计的现状分析

农户的生计选择是指农户在不同的生计资本、生计环境和生计政策等条件下，为了实现自身的生计目标而采取的不同的生计活动和组合方式。农户的生计选择反映了农户对自身资源、能力、机会和风险的认知和评估，可以揭示农户在不同情境下对可持续发展理念和目标的态度和行为。农户的生计选择影响了农户收入水平、贫困状况、社会关系、环境质量等多个方面，从而影响了农户可持续生活水平。农户的生计选择受到外部因素如市场变化、政策干预、气候变化等多重制约，可以反映出不同地区、类型、规模等具有不同特征的农户在应对挑战时所面临的机遇和难题。同时，在生计变迁过程中，农户会遇到各种风险和挑战，如市场波动、政策变化、资源匮乏、环境恶化等，这些都会给农户带来困境和压力。因此，农户的生活方式、思想观念在生计变迁过程中的适应情况也是农户可持续现状的重要体现。综上，本书从"巩固拓展脱贫攻坚成果进程中的农户生计选择"和"脱贫后生计变迁过程中的困境与调适"两个方面分析大莫村农户可持续生计的现状。

（一）巩固拓展脱贫攻坚成果进程中的农户生计选择

在脱贫攻坚初期，大莫村的经济体系是一个自给自足的小农经济体系。长期以来，农民们基本上都是靠种庄稼来维持生活的。大莫村的村民因为生活手段单一，土地有限，只能勉强自给自足，难以与现代社会相融合，因此贫困问题开始显露。虽然大莫村在2020年顺利实现全面脱贫，但由于上述现实情况，大莫村脱贫农户的返贫风险仍然很大，发展速度难以显著提高。在乡村振兴阶段，各项

促进巩固拓展脱贫攻坚成果同乡村振兴有效衔接的政策相继实施之后，大莫村的经济社会开始稳步发展，适应现代化社会，与都市的主流社会及文化相融合。这说明，在巩固拓展脱贫攻坚成果的过程中，农户的经济理性行为有所加强，农户的家庭经济由"道义"小农向"理性"小农的转化过程已经基本完成。

从上述巩固拓展脱贫攻坚成果的实施效果来看，推动农村剩余劳动力的流动，是大莫村巩固拓展脱贫成果，实现乡村振兴的一条有效路径。在农村劳动力重新分布过程中，农户由种田逐步向就近就业转移。在调查中，大莫村农民更愿意就近务工而非外出务工的原因可能是该村地处边境，一定程度上受到了兴边富民政策的影响。同时，农户大多从事半工半耕的生活，就近务工可以便于在贸易区出售农产品。因此，如何对这一宝贵的人力资源进行有效的配置，使其最大程度地满足社会各阶层的需要，已成为当前迫切需要解决的问题。

本节基于生活理性与经济理性，对大莫村已脱贫的贫困人口的生计方式与生计选择进行了详细的剖析。在此期间，农户的传统思想也在不断地改变着，不再将家庭基本生活作为生存的理性选择标准，更多的是转变为以家庭的经济利益为经济理性的选择标准，对劳动资源进行再分配时，小农经济的理性与否成为其是否合理的重要标准。在大莫村，以打工的经济收入为指标可以看出，打工已经成了大部分农民避免返贫、提高收入的重要手段。选择生计方法是家庭共同的决策，更是家庭成员个体的选择。根据笔者了解的情况，从农民家庭中劳动力个体看，大莫村的脱贫农户中几乎都有务工成员，同时，只要家庭内有劳动力的脱贫农户，劳动力几乎都会参与务农，因此，在分析脱贫农户生计方式的选择上，主要为半工半耕。与此同时，大莫村的中年人（50 岁以上）与青年（18～49 岁）在工作时间、工作地点以及工作行业等方面的选择有所不同，在工作目的、城市适应性等方面也都有不同的特点。

因此，本书从大莫村的务工劳动力特征出发，针对大莫村脱贫农户半工半耕的生计方式，通过实证研究，系统地对贫困地区青年劳动力的生计转型历程及其生计选择、生活方式、生计困境的影响进行探析。

1. 大莫村务工劳动力特征

以大莫村已经摆脱贫困的农户为例，他们的个体劳动力有三种不同的生活模式：一是部分劳动力外出务工，其他劳动力留守；二是劳动力流动的范围和距离不同，具体体现在本地务工和外地务工的差异上；三是外出务工人口流动的差异性，一部分人选择在城市中发展，而另外的人更愿意回到家乡。所以，本章针对农民个体劳动的特点进行分析总结。

对农村劳动力外出打工有影响的因素具体有以下几个方面：务工人员的受教育水平、技术水平、外出工作经验、平时是否善用社会交往网络等，它们反映出了劳动力人力资本的大致内容。本书从理论上分析了我国农业生产中存在的问题，其中，受过良好教育的农民，其人力资本素质与受教育程度、受过技能训练程度和经历等都有较大的关系。在我国农业剩余劳动力进城的过程中，农户的人力资本构成了进入城镇的高障碍。这是由于城镇对劳动力的需求和乡村的需求不一样，以往仅以农业为主的劳动力，在向城镇转移时，其技术水平远远低于那些以非农业为主的劳动力。所以，个人要素对非农经济发展的适应性，会对农民的自由流动产生一定的影响。根据靖西市政府办公室提供的统计资料显示，2022年大莫村共有 414 人务工，具体统计情况如表 4 - 10 所示。

表 4 - 10　　　　2022 年大莫村外出（本地）务工人员情况统计表

年龄/性别	年平均务工时长（月）	总人数（人）	本地务工人数（人）	主要务工形式	外出务工人数（人）	主要务工形式
20 岁以下男性	6.5	13	5	企事业单位、工厂、零工	8	企事业单位、工厂、零工
20 岁以下女性	8.8	10	4	企事业单位、工厂、零工	6	企事业单位、工厂、零工
20～30 岁男性	9.8	91	59	企事业单位、工厂、零工	32	企事业单位、工厂、零工
20～30 岁女性	7.5	52	23	工厂、零工	29	企事业单位、工厂
30～50 岁男性	8.5	147	112	零工	35	企事业单位、工厂
30～50 岁女性	6.8	58	36	零工	22	企事业单位、工厂
50 岁以上男性	7.2	24	19	零工	5	企事业单位、工厂
50 岁以上女性	6.8	16	15	零工	1	企事业单位、工厂

资料来源：根据 2023 年靖西市政府办公室提供的资料整理汇总。

人力资本具有明显的选择性，分别从性别与年龄可看出差异。从表 4 - 10 可以看出，不同年龄和性别的劳动力，其外出务工时间、农村劳动力在就业岗位的选择、就业形式等方面存在着差异。农民工在就业动机、就业选择、城市适应能力和面临的问题上具有独特性，大莫村各年龄段、各性别的劳动人口所受的冲击，也对其家人及整个村子造成了较大的冲击。因此，本书从脱贫农户外出或本地务工的年龄差异与性别差异两个方面进行分析。

在年龄上，从表 4 – 10 中我们可以发现，在大莫村，不同年龄组的劳动力的平均工作时间存在着很大的差别，在 20 ~ 30 岁，农户在外工作的时间是最长的，足以说明从我国脱贫工作开展以来，该村脱贫农户的主要劳动力大部分依靠务工维持生计；20 岁以下年龄组的农民外出时间最短，反映出这一年龄段村民的外出或本地务工的时间较短；30 ~ 50 岁年龄组的务工人数最多，这与脱贫攻坚时期大莫村开始大量务工的现实情况相吻合；务工人数最少的是 50 岁以上年龄组的村民。可以看出，农村青壮年劳动力大多愿意居住在城市，而非农村。由于年轻人精力充沛，有活力，可以适应高强度的城市生活节奏，因而不愿意继续在农村生活。他们也已经习惯或者喜爱都市的方便和繁华，所以他们想要留在城市，特别是将自己的子女留下来，这对他们留在城市产生了强烈的吸引力。而对于中年人，他们已经适应了乡村的生活，大城市对于他们来说，并不会有太大的影响。即便是在城市里打拼了几年的中年农民工，曾怀揣着"留下来"的理想，但也因为某些政策的制约以及个人的能力等因素，未在城市里立足，城市对他们的吸引力也就越来越小。他们之所以进城，就是为了在城市挣点钱，挣点外快，然后回家，并不想在此久留。

在男女之间的差别上，受城乡二元社会的影响，以及传统的男女地位差异的思想影响，我国农村女性在家庭中一直处于最低等级。随着我国经济的快速发展和农村改革的深入，农村妇女也逐渐融入了市场经济之中；不仅如此，她们更愿意通过这种方式改变自己的家庭地位或者生活现状。全面脱贫以来，大莫村女性劳动力外出务工现象已经非常普遍，尤其是年轻女性。从表 4 – 10 中可以看出，20 岁以下年龄组的男性村民年平均工作时长仅有 6.5 个小时，是所有村民中最低的，但是相同龄段下的女性年平均务工时长高达 8.8 个小时，这反映出了大莫村在对待男女性别方面尚存一定程度的"重男轻女"思想，年轻女性可能过早担负起家庭责任，相较同龄男性更早进行外出或本地务工，并且返村意愿比同龄男性弱很多。从不同年龄段的女性角度来看，20 岁以下女性的务工时长也是最高的，同年龄段下男性务工时长在所有年龄段男性中是最低的，造成这一现象可能是传统的经济分配以及家庭成员的分工等原因。从传统的角度来看，男女在家务劳动中的分工不同，男人以挣钱和维持生计为主，所以，妇女在家务劳动分配中需要付出更多，在任何时候都有家务劳动的需要。比如，在家里有无法随行的老年人要赡养的情况下，妇女就是留在乡村照料家人的角色；在家庭财政拮据的情况下，妇女也要被迫加入劳动大军，参加工作来提高家庭的收入。而对单身女性来说，或许并不存在上述种种障碍，因此，单身女性更渴望并容易适应城市的生活，在融入城市过程中所遇到的阻力也相对较少。总而言之，男性的务工时长仍旧比女性要长，并且总体人数也比女性多，反映出妇女在地域与环境的变迁中并不占主动权，必须与男性统一行动，被迫跟随男性的脚步。不仅如此，在非农业产业中也同样如此，女性明显受到约束，且不占有主动性，在该村的搬迁过程中也可轻易看出这一问题。

此外，还有一点需要注意，无论是从性别差异方面，还是年龄差异方面，都有一个共同点，即本地务工的务工方式比外出务工的务工方式单一，这种情况随着年龄的增长会变得越发明显。一方面，有村民向笔者反馈这一现象的出现"是因为本地务工的就业岗位较少，同时，大部分人又都没有一技之长，选择本地务工的话，务工方式基本只能打零工了，年纪大的就更加不用说了"①。因此，大莫村未来巩固拓展脱贫攻坚成果同乡村振兴有效衔接重点应放在大莫村村民的人力资本积累上，组织多样化的技能培训活动，提高村民素质，拓宽脱贫农户的就业渠道，这样才能更加有效地保障农户的可持续生计。另一方面，还有村民表示"这是因为选择在本地务工的村民大多是半工半耕的形式维持生计，选择就近的乡镇，或者在本市打零工便于农忙时回家务农"②。从笔者对当地农户的访谈情况来看，农户对上述两个方面的观点不一，笔者认为大莫村本地务工的农户两种情况的数量相当。此外，还有一个比较明显的现象，即大莫村和其他大部分贫困农村不同，大莫村村民相比外出务工，更愿意选择就近的乡、镇、县级市进行务工，活动范围基本都在百色市内，即没有离开大莫村所在城市，很少有人离开广西去往广州、深圳等一线城市打工。对于这一现象，很大一部分村民表示："这样的选择可以在很大程度上为半工半耕的生计方式提供便利，同时大莫村地处边境，就近务工在龙邦边民互市贸易区进行贸易活动还比较方便。"③

2. 脱贫农户半工半耕的生计选择

在人类社会中，最重要的是分配资源。劳动力是农业生产中最重要的因素，因此，如何很好地分配劳动力也成为农民需要考虑的最基本和最重要的问题。根据大莫村村委会提供的资料显示，大莫村脱贫农户主要致贫的原因为缺少资金，大莫村大部分农户的生计仅依赖于有限的土地，能够选择的非农就业机会和副业少，又缺乏必要的资金维持耕作，因而，农村剩余劳动力的转移不能得到充分的实现。所以，在这个时候，农民的第一个生计选择就不再是寻求"经济理性"，而应该是基于"生存理性"，活下去成了首要的选择。这一类农户为了养活一家老小，就算有多余的劳动力，他们也不会想到出去打工，而是会选择和自己的亲人团聚，在生产、生活中分担风险，这也是农户无奈的选择。

"半工半耕"这一观念，是从近年来黄宗智、何雪峰等对"小农经济"与

---

① 资料来源于笔者对 ZX 的访谈资料，时间：2022 年 9 月 2 日，地点：ZX 家。
② 资料来源于笔者对 DCS 的访谈资料，时间：2022 年 9 月 3 日，地点：DCS 家。
③ 资料来源于笔者对 WQD 的访谈资料，时间：2022 年 9 月 10 日，地点：WQD 家。

"农民阶级"变迁的考察中得出的。黄宗智对此早已作出了明确的判断，他认为这种半工半耕的耕作方式，是对中国传统农耕社会中家庭经济的一种延续，他表示，"由于土地承包责任制促使现今中国农户大多同时依赖小家庭农场的种植和外出打工维持生活，没有完全无产化，形成了一个以'半工半耕'农户为主要社会成员的社会形态，从而形成较低的贫困率"。他从长久以来对农民"打工"经济问题的关切出发，将"半工半耕"的农户经济形态视为传统农耕社会的主体与辅助性劳动的组合。与黄宗智的说法不同，大莫村的村民最大的作用就是为家人谋福利，所以，他们在村子里的劳动都是以家人为基础，而不是一种"半工半耕"的形式。此外，大莫村以农业为主导的传统谋生手段，随着工业化和城市化进程的加快也发生了变化，耕种已经变成了一种副业，打工则变成了一种体力活。

斯科特（J. C. Scott, 2001）指出，农户在经济活动中有一种"生存伦理"，即趋利避害，换言之，减少不必要的损失，追求势力和经济稳定。从上述表述中可以看出，在条件不充足的条件中，农民依靠单一的生计方式很难维持家庭开支，并会进一步恶化本土资源。正如前面所说，随着自然资源的匮乏，传统的谋生方式已经很难维持下去了，这也让大莫村的村民们面临着更多的困难，他们已经别无选择，只能依靠当地的资源来维持生活。但是，对于农户而言，弃耕还田也是一种危险，这就需要以家庭为单位的劳动力再配置。老人、妇女、儿童留守乡村，保持着传统的耕作方式，而年轻人则到外地打工。由于传统的以农业为生的收入较低，农民被迫外出打工，但打工的风险也使得农民不得不依赖家庭的小型粮食田，因此，农民在劳动力转移的过程中，就出现了一种以劳动力转移为基础的"半工半耕"的生存模式。

持续推进巩固拓展脱贫攻坚成果的政策，极大地减少了脱贫农户的家庭风险，减少了他们的返贫概率。通过各种政策帮扶改善农村的生活条件，并开展一系列的扶贫工作，对其进行有针对性的帮扶，例如教育扶贫、对危房进行改造，可以帮助减轻农户的生存压力，提高其抵御风险的能力。而且，巩固拓展脱贫攻坚成果政策是精准扶贫的延续，使扶贫工作不是在脱贫之后戛然而止，长期稳定的扶持政策给农户带来了对未来更加稳定的心理预期，这个时候，农户的眼光已经从短期转向了长远，他们也不再挣扎在生存问题上，而是进一步追求生活质量，因此也具备了更高的经济理性行为。通过增强农户理性的行动能力，农户的行动变得更具"合理性"，进而使得农户在面对政府力量、市场经济制度等信息时，能够作出更加理性的回应。因此，政府要使市场经济规律变得井然有序，将市场机遇、国家政策、社会环境以及经济生产要素等融合在一起，要在新的情况下，使农户的经济收入和生活品质得到提升。

根据前文的统计结果可知，大莫村大部分脱贫农户目前的生计类型是多样性的，而多样性的生计方式主要就是半工半耕的生计方式，这也反映为当地脱贫农户外出务工较少，反而就近务工的较多。这是因为，稀少的土地资源使得农户从事农业生产的机会成本低，比较收益高，因此，对贫困人口而言，最好的分配方式就是采取半工半耕的生计方式。一般情况下，半工半耕指的是依靠青壮年劳动力外出务工，老人和病弱家庭成员留守农村务农，而由于地处边境的特殊区位，大莫村就近务工的半工半耕变成可能，因此，大莫村的半工半耕则是指青壮年劳动力就近务工。大莫村这种半工半耕的生计策略可以提高家庭收入，维持家庭的可持续性性计，并且符合国家兴边富民的战略需求。

在一般的贫困农村，虽然长期在外打工意味着留在乡下的人没有足够的劳动力，很难照顾到家里的生活，但是通常情况下在远离家乡的大城市务工的收入比在家务农或者就近小城镇务工的收入高出很多，因此，这也是一个"经济理性"的选择。然而对于大莫村这个边境民族村的脱贫农户而言，"龙邦边民互市贸易区"为大莫村村民提供了良好的贸易环境，因此留在靖西或者百色务工，既能打工赚钱，又能兼顾家中的老人、孩子和农业生产，还能够有在"龙邦边民互市贸易区"进行贸易活动的便利条件，因此，半工半耕的选择更符合其"经济理性"的选择。

脱贫农户中年劳动力外出务工的第一步，就是从一半劳作和一半耕作两个方面入手。因为没有工作的经历，所以他们不敢肯定自己会不会完全放弃农业，将外出工作当成自己的主要谋生手段。他们更多的则是为了在农闲的时候去城里打工。从农户劳动力资源的配置来看，这种半工半耕的模式，比起以往把全部的劳动力都集中到耕地上来更加有效，还可以更好地规避农户的风险。村民 ZDC（男，47 岁，壮族，在靖西市打零工）说："如果到外面能找到活干，那就先打工，反正家里的地就那么点，我老婆和阿公阿婆都能看（照顾）到，需要我回来的时候我再回来。今年龙邦边民互市贸易区终于又恢复通关查验，我肯定就在靖西不出去啦"① 这是很多在外面打工的中年人的心声。大莫村半工半耕从形态来看可以分为三种：一是在乡镇企业中打工，可以兼顾在家干农活；二是在附近的乡镇、县城或者市区打工，或者从事些季节性工作，目的同样是兼顾家里的农活；三是在邻近地区经营和保持农业生产型。

在乡村目前最常见的半工半耕的模式是在农闲时外出务工。从以下几个案例可以看出：该村村民 LSY（女，49 岁，壮族，在龙邦镇打零工）曾外出去往东莞市某快递公司打零工，但由于该工作过于烦琐与辛苦，且赚的工资并不足以支撑个人生活，随着年龄增长，家里老人越来越需要人照顾，最后，她决定返回龙邦镇，去找一家自发形成的劳务市场进行工作应聘。她寻找工作的这个劳动力

---

① 资料来源于笔者对 ZDC 的访谈资料，时间：2022 年 9 月 10 日，地点：ZDC 家。

市场是一个非正规的就业平台，农民可以在劳动力市场中做一些简单的农活，例如搬运工作、绿化种植、建筑施工等，农户们在此上班可以获得日结工资。她说："之前在快递公司干的都是重活，遇到大件有时候就要一大麻袋一大麻袋地装车，我毕竟在农村长大，农活更上手，而且岁数大了有时候扛完真的累得不得了。家里地不多，每年种和收的时候忙一下，其他时间打零工，干一天挣一天钱也挺好，干下来一个月也能有个一千多两千来块钱。"①

零工形式的务工，非常有利于农户们就业，因此，农户们不仅可以兼顾农活，还可以额外获得工作，增加了家庭的收入。那些在贫困地区打工的农户，大多都是四十多岁的中年人，他们的文化程度不高，大多只有小学文凭，靠着自己的努力赚辛苦钱。他们还保留着农业技术，对土地有着深厚的感情，不愿意放弃农业。如今，大莫村那些有青壮年的贫困家庭，大多还在做着临时工和季节工。

而在这些贫困家庭中，也有少数人在做生意，他们在村子里开了个小店，卖些日用品。在过去，因为交通和社会的原因，这里比较闭塞，但同时这里还开展类似于银行理财的业务。村民 LTF（男，30 岁，壮族，开小超市）曾经在外务工长达两年，也去过深圳、广州等一线城市进行务工，但并不能适应一线城市的工作节奏，在 2020 年，大莫村全面脱贫，他听到政府有提供小额贷款的帮扶政策，于是决定回家开一个小超市，他对笔者这样说："在外面打工，觉得不安稳。我觉得还是应该回家乡发展，因为我觉得现在这些在外面打工的人最终还是要回到村子，而且我们这里是边境，攒下点钱来我还想搞一搞贸易。正好那个时候听说我们脱贫的农户也可以申请小额贷款，说是什么要巩固拓展脱贫攻坚成果，我一听感觉是个机会，就回来了，2020 年就贷到了 50000 元开了这个超市，贷款反正现在在正常还着，是 2023 年 7 月到期，政府还有贴息，帮助真的挺大的。"②因为政策的扶持，他的还款压力不算大，也比在外奔波稳定了，收入相对稳定了，生活质量明显提升，对未来有着十分积极的预期。

从务工的动因来看，除了大莫村的边境区位优势，选择半工半耕这种劳动形式的中年人，是因为家里还有老人要照顾，且目前他们所处的农村农业收入不高，而城镇劳动力收入高，就业机遇多，同时也有自身的原因，比如文化程度低，年龄大等。他们并不想住在城市里，因为城里的文化生活对他们来说并没有什么太大的吸引力。不过对于下一代的态度，大多数人还会坚持保持着"以后我的孩子还是要出去见世面，到城市里找好工作才行，总像我一样一直待在村里也是不行的"之类的想法。

大莫村的贫困农民之所以会选择半工半耕的生活方式，一方面是因为他们的

---

① 资料来源于笔者对 LSY 的访谈资料，时间：2022 年 9 月 11 日，地点：LSY 家。
② 资料来源于笔者对 LTF 的访谈资料，时间：2022 年 10 月 1 日，地点：LTF 开的小超市。

土地收入不高，另一方面也是因为他们可以通过外出打工来获得更多的收入，从而实现土地与劳动力的最优分配。不仅如此，家庭人员的工作能力及边境民族村的区位条件也是重要因素。在不考虑"龙邦边民互市贸易区"的影响作用下，如果一个家庭由老人和一个四五岁的孙子孙女组成，那么中年男性的财务负担就会变得更加沉重。最大限度地实现经济收入就成了他们务工的目标，这个时候，他们最好的谋生方式，就是让还能干活的父母留下来种地，让其他人尽量出去打工。在外出打工的选择上，在附近打工或做临时工的比例较高；而年轻的男子则是在边陲之地，但大部分依旧停留在百色市内，这受到大莫村地处边境条件的影响较大。综上可以看出，半工半耕是理性小农考虑家庭生活可持续的选择。

（二）脱贫后生计变迁过程中的困境与调适

1. 脱贫后生计变迁过程中的困境

经过实地调查和分析，笔者在靖西地区大莫村开展了一系列的工作，为巩固拓展脱贫攻坚成果同乡村振兴有效衔接提供了良好的实践基础，并取得了诸多优异的成绩。但是，在生计转型的过程中，仍然面临着以下几个问题。

首先，大莫村总体生计方式还比较传统。虽然大莫村脱贫农户大多以半工半耕方式维持生计，但仍有近1/3的村民从事单一的务农和外出务工。而外出打工的农民工因为本身就有一些不足之处，比如他们的文化水平低、不能合理利用科学技术、不具备管理能力，因此，只能从事重体力工作，一直处于生产关系的底层，收入不仅不稳定而且很难得到保障。在从事农业的生产者中，因为他们没有受到科学文化的熏陶，也没有过硬的种植技术，因此，他们干农活还是最原始的方法，效果最差，收获也最少，甚至不规范的操作还会对土地造成一定损害。此外，农户生产者往往是以个人为主体的，这种观念已经深入人心，因而他们很难对自己的将来作出明确的计划。但近年来随着我国老龄化情况的加深，这种现象在脱贫农户的乡村中表现得更为明显。农村的老年人数量越来越多，但是家里的劳动主力们选择去大城市生活，这进一步加深了农村老年人所面临的危险，他们的身心都需要得到更多的照顾，这就是当地政府必须关注的问题。

其次，农民自身发展的水平不高。从大莫村的总体上来说，他们的文化水平并不高，大部分的贫困家庭因为文化水平较低，思想上还是比较保守的，很难与社会接轨，再加上他们的小农思想和自给自足的思想已经深入人心，虽然目前已经基本完成了道义小农向理性小农的转化，但并未形成创新意识。与此同时，部分脱贫户不愿意承担风险，并不愿意进行创业。由于脱贫户受教育程度低，自身发展水平不足，返贫风险依旧存在。

最后，网络新技术应用不足。当今世界，网络经济成了新兴的经济模式，"互联网＋"技术已深入各行各业，带动了许多产业的发展，并催生了许多新的增长空间。在巩固拓展脱贫攻坚成果同乡村振兴有效衔接的大背景下，很多地区都紧紧跟随着网络的潮流，利用网络新技术，将农村的发展和农村的发展有机地结合起来，以"直播带货"的方式，为农村的发展作出了巨大的贡献。同时，通过这种方式，对地方进行对外的宣传，也可以有效防止返贫，促进农民脱贫致富。但是，从实际操作情况看，很多地方并没有将其落实到位，因此并没有获得显著的收益，特别是在脱贫后还会出现返贫的现象。

2. 脱贫后生计变迁的适应与调适

大莫村的农民从偏远、封闭、贫穷的山区走出，来到了城市里工作，哪怕只是在龙邦镇、靖西市、百色市等地工作，也代表着他们原本的生产方式和生活会有很大的改变。人们在不同区域之间进行的空间移动，使人们的生活方式发生变化。农民工在进城务工的同时，也在潜移默化地受着都市主流文化的熏陶。在与市民的交往中，他们在接受新观念的同时，也在逐渐地对自身进行改造，使之与现代化的生活方式相匹配，在不知不觉中，他们的生活方式、人际关系等都在发生着变化。农户们有了更高的收入，因而也更加注重家庭的生活质量，从他们的衣食住行与休闲娱乐都可以看出，农户们不再延续传统的乡村习俗，逐渐向都市化靠拢。

但因为其文化自身的永恒性，农户对其生活模式的转变并不能立即实现，因此，农村原有的生活模式和很多农村生活习俗仍在继续。村里的大多数人都觉得，进城打工的农民"学识渊博，素质提高"，这是一种新的生活方式，也是变得更像"城里人"。这就可以看出大莫村的村民们，在都市中接受了主流文化的熏陶。在外打工的农户，将他们所了解到的都市文化传递给村里的农户们，使得都市文化得到了更好的传播，对村民的生产、生活方式有正面或负面的影响。具体可以体现在以下几个方面。

首先，在家庭生活方面。大莫村农村生活的现代化是指农村居民生活水平的现代化，即生活环境的现代化，生活用品的现代化。以大莫村的壮族民宅为例，其传统房屋大多为三栏式的平房，采光、透气性较差，且极易出现回潮现象。随着农村劳动力的增多，一些农村劳动力开始回到农村建设，这种新型住宅与城镇的现代化建筑形式及格局相融合，主要是以房屋为主体的住宅。壮族传统建筑与近代建筑相比，具有明显的反差。他们盖新房的时候，并没有按照以前的乡村模式，而是采用"现代方式"，阳台很大，窗户很大，有不锈钢栅栏，还有淋浴房、洗手间等卫生设备，一应俱全。此外，客房还配备了沙发、茶几、电视柜等现代化风格的家具，使客房的生活环境得到极大的改善。

其次，在休闲生活方面。休闲方式是由劳动与生活的方式所决定的，从农户的劳动与生活的规律来看，休闲的时间呈现出很强的季节性，并以"农忙"与"农闲"分类进行着农业生产与休闲的安排。大莫村的村民们平日里大多都是在种地，特别是农忙的时候，更是没有太多的空闲时间。村子里的人一大早就开始在田里劳动，有时候要工作到晚上，中午的时候，他们就在田里吃午饭。所以，他们的休闲时间非常有限，很难抽出时间来放松和休闲。为了消遣，他们都会在农闲的时候休息。在以农业为生的时期，人们休闲活动主要是聚在一起喝酒聊天，唱歌跳舞。整体而言，在未改变生活方式以前，大莫村的农户休闲时间很少，休闲活动也很简单。

最后，在人际交往方面。农民在人际交往方面往往维持着"熟人社会"的生存模式，"通俗讲就是村民们长久地生活在同一个社区，在生产生活中互相帮助、互相关心、相互交流与合作，相互之间大家都比较熟悉，关系比较密切，因此可以使得农村成为一个比较和谐的社会关系和网络"。传统村落不仅是人们居住的地方，而且是人们生产劳动的地方。村民之间"朝夕相处"的生活习惯，导致了他们之间的交流非常频繁。随着近几年来生活方式的改变，农民打破了传统的保守与封闭的心态，与更多的社会团体进行交往，获取了更多的社会资讯。在他们的社会生活中，除了传统的人际交往，业缘关系（双方是同学、同事、朋友或由他们介绍）也越来越多地成为他们社会生活的一部分。他们的社交活动已不再局限于亲属、同乡等与自己亲近之人，地域联系也在逐步减弱。在这一过程中，农民工的交际能力、交际客体、交际技能等都有了较大的提升。在一般的条件下，外出打工的农民主要是乡村的青壮年，这部分群体具有较好的经济实力，也有更高的学历，这也是他们能更适应工作的原因，在长期的打工生活中，他们能够更快与新社会相融合，这进一步提高了他们的自身实力与素质能力，提高了他们的社交能力。外出务工农民在人际关系上，业缘关系已经变成了一个新的切入点，他们的社会交往范围也在持续地扩大，与不同圈子和阶级的人接触交流。

四、巩固拓展脱贫攻坚成果进程中农户可持续生计作用机制的定性检验

从大莫村巩固拓展脱贫攻坚成果的现状分析可以看出，大莫村巩固拓展脱贫攻坚成果的行动落实到了一系列的乡村振兴项目上，大莫村通过产业扶持、教育帮扶、金融帮扶、兜底保障等方面的政策实施，充分提升政策实施的长效水平和减贫效应，从而有效促进了农户各项生计资本的积累。从大莫村农户可持续生计的现状分析可以看出，大莫村农户的家庭经济已经基本完成了"道义"小农向"理性"小农的转化，农户摆脱依赖传统生计方式的主观能动性在逐渐提升，越来越多青壮年劳动力选择半工半耕的生计方式，这一生计方式拓展了收入来源，实现了大莫村农户生计的可持续发展，半工半耕的生计方式承载了大莫村农户可持续生计能力的提升过程。同时，实践中难以将巩固拓展脱贫攻坚成果对生计资

本的影响、生计资本对农户可持续生计能力的影响，以及生计资本的中介效应三个环节独立开来，原因有两方面。一方面，实践中农户的生计资本积累时刻伴随着政策的落实以及农户生计策略的选择，难以从农户的生产生活过程中剥离出来独立讨论；另一方面，各个变量的构成维度是各变量实践情况的主要体现，也难以将其从变量中剥离出来独立讨论。综上，本书基于大莫村各项乡村振兴项目和半工半耕这一维持农户可持续生计主要方式的实践情况，通过巩固拓展脱贫攻坚成果对农户可持续生计能力的影响（研究假设 H1）、巩固拓展脱贫攻坚成果通过生计资本对农户可持续生计能力的影响（研究假设 H2、H3、H4）两个方面，从实践出发定性检验前文提出的各项研究假设。

（一）巩固拓展脱贫攻坚成果对农户可持续生计能力的影响

从产业奖补政策促进农户选择半工半耕生计策略的角度来看。首先，根据前文分析可知，农户选择半工半耕的生计策略是"理性经济"的结果，政府的奖补政策为农户提供了一定程度的经济保障，这使得农户能够在自家农业产业中获得一定的收入，农户从家庭利益最大化的角度考虑，提升了参与当地特色产业发展的积极性，使农户更偏向就近务工。例如村民 TMC（男，47 岁，壮族，养猪的同时在靖西市打零工）说："政府的产业奖补政策对我帮助真的很大，以前家里养猪赚不到什么钱，扩大养殖规模成本又负担不起，还不如出去打工，现在有这个政策，政府直接奖励现金养猪，这样我就近打工，有活干就去帮人补个腻子、贴个瓷砖之类的，外面没活干的时候还可以照顾家里的猪，因为养猪还可以申请到政府的补助，这样一边打工一边养猪的收入比以前稳定多了。"[1] 其次，政策的落实反映出了较高的长效水平，农业产业以奖代补政策自脱贫以来从未间断，并且政策关注监测户和脱贫不稳定户，确保了脱贫攻坚成果得到延续，这为大莫村农户提供了一个长期稳定的生活环境，使他们能够在本地就业，从而选择半工半耕的生计方式。例如村民 CCM（男，56 岁，壮族，养猪的同时在龙邦镇打零工）说："我们家 2017 年的时候就已经不是贫困户了，本来我也想去广东打工，但是奖补政策鼓励我们养猪，让我选择了可以兼顾家里养猪的就近务工方式，我们只要扩大了养猪的规模就能向政府申请奖励，你看我那么早就不是贫困户了，但是到现在还能申请到政府的养猪补助，我今年不仅多养了 3 头猪，申请了政府的补贴，还通过就近务工赚到了钱，如果这些政策都是为了巩固拓展脱贫攻坚成果，那我希望这些政策能持续下去，这样我们的收入肯定会越来越稳定。"[2] 再次，奖补政策鼓励农户参与特色产业发展，使他们不仅能够从农业产业中获得收

---

① 资料来源于笔者对 TMC 的访谈资料，时间：2022 年 9 月 1 日，地点：TMC 家中。
② 资料来源于笔者对 CCM 的访谈资料，时间：2022 年 9 月 22 日，地点：CCM 家中。

入，还能够从其他产业中获取收益。这样的多元化收入来源有助于农户稳定其经济状况，提高他们的生活水平，进而促使他们选择半工半耕的生计方式。例如村民 HZM（男，51 岁，壮族，养猪的同时在龙邦镇打零工）说：“以前没有这个政策，我们养猪就只能挣这一份钱，现在不仅养猪本身可以赚钱，政府还有奖励，收入来源比以前多了，就算出去打工，我也不愿意去很远的地方了。”[①] 最后，政策的实施使得更多农户愿意参与本地产业发展，培养了新的劳动力，进一步推动了当地经济发展，而这种经济发展也为农户提供了更多的就业机会，使他们更倾向于选择半工半耕的生计方式。例如村民 LDH（女，45 岁，壮族，养猪的同时在龙邦镇打零工）说：“以前像我这个年纪的人是肯定要出去打工的，在家赚不到钱，就近务工的工资比去广东要低很多，也没人愿意就近务工，但是后来以奖代补政策落实，我们就近务工还可以兼顾家里的农业生产，越来越多的人回到龙邦。”[②] 综上，从产业奖补政策的实践过程来看，巩固拓展脱贫攻坚成果及其长效水平和减贫效应均能有效促进农户可持续生计能力的提升。

从弄关屯养牛场项目促进农户选择半工半耕生计策略的角度来看。首先，项目采用党支部＋股份经济合作联合社＋养殖户的模式进行，引进企业时必须优先安排贫困户就业，这为农户提供了稳定的就业机会。这样一来，农户可以在养牛场就业，同时也能继续从事农业生产，实现半工半耕的生计方式。例如村民 TWQ（女，45 岁，壮族）说：“我们家是 2020 年脱贫的，这个养牛场建成对我们的帮助很大，村委会向我们宣传了这个项目的建设方案，我们这样的困难家庭会有更多的就业机会，我自己本身就养猪，还可以去养牛场工作，这个项目真的很好。”[③] 其次，项目规定如不引进企业的，项目原则上免费提供给脱贫户使用，直接增加经济收入，非脱贫户租用养殖场时，按规定收取租金，作为村集体经济收入，直接带动当地脱贫对象（含监测对象）增收，巩固脱贫成效，反映了政策的长效水平，这有助于农户在养殖业和种植业之间实现平衡，促使他们选择半工半耕的生计方式。最后，项目采用固定资产投入、建立品牌效应，带动脱贫户发展产业，农户在自主经营中，可以将农业生产与养牛产业相结合，实现收入的多元化，从而更加倾向于选择半工半耕的生计方式。例如村民 WRT（男，61 岁，壮族，种植优质稻，养猪、牛，其子在靖西打零工）说：“我们家属于脱贫户，使用养牛场是免费的，这在很大程度上降低了我们的成本，我还向农商行申请了小额贷款用来养牛，家里种的稻子向政府申请了以奖代补，收入比以前稳定多了，所以我让儿子不要出去打工了，就在靖西找工作，这样能随时回来帮我照顾

---

① 资料来源于笔者对 HZM 的访谈资料，时间：2022 年 9 月 13 日，地点：HZM 家中。
② 资料来源于笔者对 LDH 的访谈资料，时间：2022 年 9 月 7 日，地点：LDH 家中。
③ 资料来源于笔者对 TWQ 的访谈资料，时间：2022 年 9 月 28 日，地点：TWQ 家中。

家里的农田和猪、牛。"① 综上，从弄关屯养牛场项目的实践过程来看，巩固拓展脱贫攻坚成果及其长效水平和减贫效应均能有效促进农户可持续生计能力的提升。

从"雨露计划"促进农户选择半工半耕生计策略的角度来看。首先，"雨露计划"通过提供教育补助，鼓励农户家庭的新成长劳动力接受职业教育和技能培训。这样一来，这些劳动力便能更好地掌握现代农业技术、非农产业技能以及现代服务业技能，从而有能力在农业与非农产业之间灵活转换，实现半工半耕的生计方式。例如村民 TCN（男，30 岁，壮族，在百色市的工厂务工）说："我是大专毕业，所以能够在百色的工厂里干一些专业性工作，家里还有一个妹妹在读书，'雨露计划'减轻了很多读书的压力，她准备上职高学点技术，这样家里两个孩子都能在百色找个比打零工稳定些的工作，父母在家的压力也能减轻很多。"② 其次，"雨露计划"旨在促进这些毕业生实现就业，特别是在建筑、物流、电力等劳动密集型行业就业。这为农户提供了更多的就业机会和选择，使他们能在农忙时参与农业生产，而在农闲时则可从事其他行业的工作，从而平衡家庭收入来源，实现半工半耕。例如村民 HSZ（男，46 岁，壮族，孩子就读于广西南宁技师学院机电一体化专业）说："我儿子在广西南宁技师学院读的是机电一体化专业，一个学期可以领到 1500 元的补助，我想让他学到技术就不要离家太远工作了，现在家里政策挺好的，就近工作还能回家多看看我，帮我照顾一下家里的活，以后我干不动了，他也能多个吃饭的路子。"③ 再次，"雨露计划"的实施不仅提高了农户的人力资本，还增强了他们的社会资本。通过参与职业教育和技能培训，农户可以拓宽人际交往圈，结识来自不同行业和领域的人，从而获取更多的信息和资源，为转型半工半耕的生计方式创造有利条件。例如村民 NJJ（男，22 岁，壮族，就读于广西自然资源职业技术学院机电一体化专业）说："我现在在广西自然资源职业技术学院读书，学的是机电一体化技术专业，在外面读书我认识了很多朋友，其中很多是像我一样从农村出去的，大多同学的想法都是回到自己家所在的城市或者乡镇找工作，我们在外增长了见识，有信心找到合适的工作，不用一直务农，同时父母辛苦了一辈子，离家近一点可以常回家看看父母，帮父母减轻一些务农的压力。"④ 最后，"雨露计划"通过补助和帮扶，降低了农户接受职业教育和技能培训的经济压力，从而使他们更愿意投身于非农产业，尝试半工半耕的生计方式。例如村民 TCH（女，21 岁，壮族，就读于广西幼儿师范高等专科学校附属中等师范学校学前教育专业）说："我们家经济上一直是很困难的，2019 年才刚刚脱离贫困，在我入学的 2018 年，我家还是贫困

---

① 资料来源于笔者对 WRT 的访谈资料，时间：2022 年 10 月 3 日，地点：WRT 家中。
② 资料来源于笔者对 TCN 的访谈资料，时间：2022 年 10 月 23 日，地点：TCN 家中。
③ 资料来源于笔者对 HSZ 的访谈资料，时间：2022 年 10 月 2 日，地点：HSZ 家中。
④ 资料来源于笔者对 NJJ 的访谈资料，时间：2022 年 10 月 11 日，地点：NJJ 家中。

户，再加上我是个女孩子，读书其实是一件比较困难的事情，'雨露计划'的补助切实缓解了我们家的经济压力，让我有书可读。"① 综上，从"雨露计划"的实践过程来看，巩固拓展脱贫攻坚成果及其长效水平和减贫效应均能有效促进农户可持续生计能力的提升。

从小额信贷服务促进农户选择半工半耕生计策略的角度来看。首先，靖西农商行加大沟通宣传力度，确保金融政策家喻户晓。通过驻村工作队队员、村"两委"干部、帮扶干部进村入户广泛开展宣传动员，让农户深入了解脱贫人口小额信贷的放贷要求、扶持方式、贷款用途及办理流程等。这有助于农户更好地了解金融资源，为选择半工半耕的生计方式提供资金支持。例如村民 LZL（男，40岁，壮族，2022 年申请到贷款 50000 元用于养牛）说："原本我以为我们贷款是很难的，从来没有想过还可以贷款来进行生产，靖西农商行真的给我带来了很大的惊喜，他们的工作人员联同村委会干部挨家挨户对我们宣传小额贷款服务，让我知道了原来我也可以向银行申请贷款，而且政府还有贴息，既然能贷为什么不贷呢？有了贷款我们家再养牛就容易多了。"② 其次，靖西农商行为符合条件的农户提供便捷的贷款服务，开辟贷款绿色通道，简化贷款流程，及时满足贷款需求。这样的金融支持能够降低农户从事半工半耕生计方式的资金门槛，使他们能够更容易地投资养殖业、小超市等产业。例如村民 LTF（男，30 岁，壮族，2020年申请到贷款 50000 元用于开小超市）说："如果不是这样的贷款政策，我是肯定开不起现在这个小超市的，可以说我现在可以一边开超市，一边帮家里照顾农田，都是得益于靖西农商行的小额信贷服务。"③ 最后，靖西农商行采用科技手段，实现纯线上、无纸化操作，信贷员通过"智慧贷款"系统现场评级授信，农户足不出户就能获得贷款。这种便捷的金融服务使农户更愿意尝试半工半耕的生计方式。例如村民 MCF（男，31 岁，壮族，2022 年申请到贷款 50000 元用于养牛）说："我们这个年纪接受科技手段还是比较容易的，这么好的贷款政策，操作起来又这么方便，吸引了大量在其他省份打工的、我这个年纪的人回到村子，通过贷款养牛、养鸡、养鸭，反正就近打工也是打工，家里政策这么好，回来一边打工一边务农收入更稳定。"④ 综上，从小额信贷服务的实践过程来看，巩固拓展脱贫攻坚成果及其长效水平和减贫效应均能有效促进农户可持续生计能力的提升。

从兜底保障政策促进农户选择半工半耕生计策略的角度来看。一方面，乡村公益性岗位政策为农户提供了就地就近、稳定长期的就业岗位，尤其对弱劳力、

---

① 资料来源于笔者对 TCH 的访谈资料，时间：2022 年 10 月 5 日，地点：TCH 家中。
② 资料来源于笔者对 LZL 的访谈资料，时间：2022 年 11 月 8 日，地点：LZL 家中。
③ 资料来源于笔者对 LTF 的访谈资料，时间：2022 年 10 月 2 日，地点：LTF 开的小超市。
④ 资料来源于笔者对 MCF 的访谈资料，时间：2022 年 9 月 28 日，地点：MCF 家中。

半劳力等困难群体，有效解决了就业难问题，增加了家庭收入。这样一来，农户可以在从事农业生产的同时，参与公益性岗位工作，实现收入的多元化，提高家庭经济状况。例如村民 FJG（男，63 岁，壮族，就业岗位为大莫村乡村保洁员）说："我这个年纪想出去打工已经很难了，体力又跟不上，只靠家里那几头猪，那几块地很难维持生活，我又无儿无女，政府提供了这个岗位给我，让我能有个稳定的收入来源，对我的帮助真的很大。"① 另一方面，通过乡村公益性岗位政策，农户可以获得意外伤害商业保险和合法的劳动合同或劳务协议，提高他们的社会保障水平。此外，公益性岗位涉及的工作如环境卫生、社会治安、孤寡老人和留守儿童看护等，都有助于改善农村的生活环境，提高农户的生活质量。这些因素都有助于鼓励农户选择半工半耕的生计方式。例如村民 NWZ（男，41 岁，壮族，监测户，就业岗位为大莫村乡村保洁员）说："我没什么文化，以前很难找到工作，家里老人又常年患病在家，看病也花了很多钱，政府提供了公益性岗位让我可以在村子里就业，解决了我的贫困问题，让我可以照顾家里生病的老人，还能照顾家里的田地，有了稳定的收入，感谢政府。"② 综上，从兜底保障政策的实践过程来看，巩固拓展脱贫攻坚成果及其长效水平和减贫效应均能有效促进农户可持续生计能力的提升。

综上所述，从大莫村巩固拓展脱贫攻坚成果与农户可持续生计的实践过程可以看出，研究假设 H1、H1a、H1b 可以从实践过程的角度得到验证，即巩固拓展脱贫攻坚成果政策的落实对农户可持续生计具有显著的正向作用，巩固拓展脱贫攻坚成果产生的减贫效应对农户可持续生计具有显著的正向作用，巩固拓展脱贫攻坚成果产生的长效机制对农户可持续生计有着明显的正向作用。

（二）巩固拓展脱贫攻坚成果通过生计资本对农户可持续生计能力的影响

从产业以奖代补政策促进农户生计资本积累，进而促进农户可持续生计能力提升的角度来看。大莫村的产业以奖代补政策主要影响到自然资本、物质资本、人力资本、心理资本。在自然资本方面，奖补政策鼓励农户发展特色产业，促使他们更加重视自然资源的合理利用和保护，从而提高自然资本的价值，使更多人愿意就近务工，享受政策红利，选择半工半耕的生计方式提升可持续生计能力。例如村民 ZMZ（男，31 岁，壮族）说："以前我是不太重视自然资本的积累，尤其我们这个年纪的人对养牛、羊、猪这些事情都不像老人一样上心，但是现在不会了，因为以奖代补政策要对我养的牛进行检查，不只是养活，还要养好，真的

---

① 资料来源于笔者对 FJG 的访谈资料，时间：2022 年 11 月 3 日，地点：大莫村广场。
② 资料来源于笔者对 NWZ 的访谈资料，时间：2022 年 11 月 5 日，地点：大莫村广场。

扩大养殖规模才能有奖励。"① 在物质资本方面，政策的奖补资金可以用于购买生产设备、改善基础设施等，有助于提高农户的物质资本水平，使更多人愿意就近务工，享受政策红利，选择半工半耕的生计方式提升可持续生计能力。例如村民 LZQ（男，55 岁，壮族）说："2022 年我有四头猪被认定成了扩大规模数量，拿到了政府的产业奖励，拿到这笔钱我又购买了很多新的农具，有这么好的政策，越来越多的人选择就近务工，养猪、养牛养得好还能有奖励，用来买生产设备。"② 在人力资本方面，特色产业的发展需要农户具备一定的技能和知识，政策的实施可以间接推动农户提高自身的专业技能、知识储备和体能素质，从而提升人力资本，使更多依靠传统生计的农户能够走出去，拓宽收入来源，提升可持续生计能力。例如村民 TCG（男，32 岁，壮族）说："我们这个年纪养猪、养牛的水平比我爸他们差远了，现在有以奖代补政策，就逼着我们学习养猪、养牛的知识，现在我们大部分人都能把猪养得很好了。"③ 在心理资本方面，政策的实施让农户看到了政府对农村发展的关注和支持，有助于提高农户的信心、自尊和积极性，从而积累心理资本，很多访谈对象表示对未来良好的预期是他们解决生活困难的重要动力，提升了农户风险应对能力，促进了农户可持续生计能力的提升。例如村民 YSA（男，56 岁，壮族）说："以前种地、养猪这些都挣不到什么钱，现在好了，只要你干得好，国家就有奖励，以前是为生存担心，现在完全不用担心了。"④ 在金融资本方面，奖补资金的发放为农户提供了一定程度的金融支持，降低了他们发展特色产业的金融负担，有助于金融资本的积累，拓宽了农户的收入来源，促进了农户可持续生计能力的提升。例如村民 MCF（男，31 岁，壮族）说："我养牛的成本是通过靖西农商行的小额信贷得来的，现在养牛养得好政府还有奖励，这为我还贷减轻了压力。"⑤ 综上，从产业以奖代补政策的实践过程来看，巩固拓展脱贫攻坚成果能够通过自然资本、物质资本、人力资本、心理资本促进农户可持续生计能力的提升。

从弄关屯养牛场项目促进农户生计资本积累，进而促进农户可持续生计能力提升的角度来看。大莫村弄关屯养牛场项目主要影响到物质资本、人力资本、社会资本、心理资本、金融资本等方面。在物质资本方面，项目的实施为农户提供了养殖设施和基础设施，如牛棚、场地硬化等。此外，对于有意向发展养牛产业的脱贫对象，项目方案规定免费提供养殖场，这些措施都有助于增加农户的物质资本积累，促进农户可持续生计能力提升。例如村干部 WXA（男，42 岁，壮

---

① 资料来源于笔者对 ZMZ 的访谈资料，时间：2022 年 11 月 23 日，地点：ZMZ 家中。
② 资料来源于笔者对 LZQ 的访谈资料，时间：2022 年 11 月 15 日，地点：LZQ 家中。
③ 资料来源于笔者对 TCG 的访谈资料，时间：2022 年 9 月 15 日，地点：TCG 家中。
④ 资料来源于笔者对 YSA 的访谈资料，时间：2022 年 10 月 17 日，地点：YSA 家中。
⑤ 资料来源于笔者对 MCF 的访谈资料，时间：2022 年 9 月 15 日，地点：MCF 家中。

族）说："我们制定方案的时候就考虑了我们村的客观需求，通过养牛场的建设，能够为生计困难的村民提供免费的养殖设施，养牛场建设的同时村子的其他基础设施也能得到完善，这些都对村民的生产有益。"① 在人力资本方面，项目实施过程中，经营主体要为有意向自主发展养牛产业的脱贫对象（含监测对象）无偿提供技术培训帮扶，这有助于提高农户的技能水平和知识储备，从而促进人力资本的积累，拓宽就业渠道促进农户可持续生计能力提升。例如村民 WJG（男，47 岁，壮族）说："养牛场建成以后，村里组织了养牛场里面的设备使用、场地使用等方面的培训，还请专家教了我们很多现代化的养牛方法，通过学习，我 2022 年申请到了以奖代补资金。"② 在社会资本方面，项目采用党支部 + 股份经济合作联合社 + 养殖户的模式进行，这有助于建立农户之间的合作关系，提高农户在产业链中的地位。项目的实施还帮助脱贫农户与其他相关产业进行对接，拓宽了农户的社会联系，增强了社会资本积累，促进农户可持续生计能力提升。例如村民 TMY（男，45 岁，壮族）说："村里弄了一个企业和农户联动的政策，政策具体细节是什么虽然我不是很懂，但是通过企业帮扶、合作生产的方式，比以前自己只顾自己，遇到苦难时只能自己解决要好多了。"③ 在心理资本方面，项目帮助脱贫农户实现稳定就业和增收，有助于提高农户的自信心和心理承受能力，促进农户可持续生计能力提升。例如村民 TMX（男，65 岁，壮族）说："我是 TMY 的大哥，对养牛场这个事情感受比他深，以前我们养牛的环境很脏很差的，现在村子里建起来的养牛场真的好，就像电视里看到的一样，很干净，也很工整，一看就很现代化，现在的生活真的很幸福了。"④ 在金融资本方面，农户可以选择以资产、资本等入股发展产业实现分红。经营主体会结合实际给予入股分红，促进了脱贫农户的金融资本积累，拓宽了收入来源，促进了农户可持续生计能力提升。例如村民 YSZ（男，42 岁，壮族）说："我通过户贷企用的贷款，入股了进驻养牛场的靖西市新发展进出口贸易有限公司，从 2017 年开始至今都有分红。"⑤ 综上，从弄关屯养牛场项目的实践过程来看，巩固拓展脱贫攻坚成果能够通过物质资本、人力资本、社会资本、心理资本、金融资本促进农户可持续生计能力的提升。

从"雨露计划"促进农户生计资本积累，进而促进农户可持续生计能力提升的角度来看。大莫村"雨露计划"主要影响到人力资本、社会资本、心理资本、民族文化资本、金融资本等方面。在人力资本方面，通过"雨露计划"，脱贫家

① 资料来源于笔者对 WXA 的访谈资料，时间：2022 年 12 月 1 日，地点：WXA 家中。
② 资料来源于笔者对 WJG 的访谈资料，时间：2022 年 11 月 2 日，地点：WJG 家中。
③ 资料来源于笔者对 TMY 的访谈资料，时间：2022 年 10 月 1 日，地点：TMY 家中。
④ 资料来源于笔者对 TMX 的访谈资料，时间：2022 年 10 月 1 日，地点：TMY 家中。
⑤ 资料来源于笔者对 YSZ 的访谈资料，时间：2022 年 12 月 25 日，地点：YSZ 家中。

庭和防止返贫家庭的新成长劳动力有机会接受中、高等职业院校和技术院校教育。这种教育和技能培训提高了他们的专业知识和技能，使他们更具竞争力，从而增强了他们的人力资本，提升了农户家庭劳动力水平，促进农户可持续生计能力提升。例如村民 YSG（男，54 岁，壮族，家中一儿一女，分别就读于广西农业职业技术大学和广西科技职业技术学院）说："我的两个孩子都通过资助上了高职院校，我的希望就是他们能学到技能，以后找工作就不愁了。我们家以前很穷，就是因为我没什么文化，没有什么技能，他们学到了本事，以后我们家就不会那么难了。"① 在社会资本方面，"雨露计划"培养的毕业生多在劳动密集型行业如建筑、物流和电力等领域，通过这些就业机会，农户能够建立起人际关系和社会网络，提高他们的社会资本，促进农户可持续生计能力提升。例如村民 YSG 的两个孩子，他们说："我们在外面增长了见识，也认识了很多村子外面的人，通过实习机会也接触了各个行业的人，通过向他们学习，以及他们的帮助，未来我们就业的时候会有更多合理的判断。"② 在心理资本方面，"雨露计划"为农户提供了接受高等教育和技能培训的机会，使他们能够增强自信和自尊，从而提高心理资本。此外，实现就业也有助于提高他们的心理幸福感和满足感，增强农户风险应对能力，促进农户可持续生计能力提升。例如村民 LCS（男，52 岁，壮族，家中两个女儿，分别就读于广西职业技术学院和百色市民族卫生学校）说："我的两个女儿，一个上了高职，一个上了中职，让我非常自豪，我们村 2014 年才出了第一个大专生，'雨露计划'的资助减轻了我很大的压力。"③ 在民族文化资本方面，"雨露计划"的实施涉及广西右江民族商业学校文秀巾帼励志班，这有助于弘扬当地民族文化，增强民族认同感，提高民族文化资本，促进农户可持续生计能力提升。例如村民 TMC（男，43 岁，壮族，其女儿 TXL 就读于广西右江民族商业学校文秀巾帼励志班）说："国家对我们少数民族的帮助真的很大，我的女儿考上了广西右江民族商业学校文秀巾帼励志班，学的是电子商务，每学期收到的资助金额要比其他学生多 500 元，对我们这样的家庭，500 元是能解决大问题的，所以我要感谢政府对少数民族的帮助。"④ 在金融资本方面，通过"雨露计划"提供的补助，农户能够支付教育费用。此外，"雨露计划"毕业生在找到工作后能够获得稳定收入，从而积累金融资本，促进农户可持续生计能力提升。当地很多村民表示："孩子的上学问题解决了，解决了我们的一大块心病，村干部向我们宣传，再穷不能穷教育，可是如果没有政府的帮助，减轻我们的压力，我们哪里能有闲钱积累下来呢？"综上，从弄关屯"雨露计划"的实践过程来看，巩固拓展脱贫攻坚成果能够通过人力资本、社会资本、心理资本、民族文

---

①② 资料来源于笔者对 YSG 的访谈资料，时间：2022 年 12 月 3 日，地点：YSG 家中。

③ 资料来源于笔者对 LCS 的访谈资料，时间：2022 年 9 月 22 日，地点：LCS 家中。

④ 资料来源于笔者对 TMC 的访谈资料，时间：2022 年 10 月 12 日，地点：TMC 家中。

化资本、金融资本促进农户可持续生计能力的提升。

从小额信贷服务促进农户生计资本积累，进而促进农户可持续生计能力提升的角度来看。大莫村小额信贷服务主要影响到自然资本、物质资本、人力资本、社会资本、金融资本等方面。在自然资本方面，农户通过获得的小额信贷投资于农业生产，如养牛、养猪、养羊等，提高了农业产量和质量，从而使得土地、水资源等自然资本的价值得到提升，有助于农户进行农业生产，促进农户可持续生计能力的提升。例如村民 FZH（男，27 岁，壮族，2022 年申请贷款 50000 元用于养羊）说："我们家只有我和两个弟弟，我拉扯两个弟弟长大就已经很难了，出去打工的话两个弟弟将很难生活，但是回来的话又赚不到什么钱。直到村里政策下来，我们的生活才开始变好，我没有存款，通过靖西农商行的小额贷款服务，我贷款到了 50000 元用于养羊，政府还有贴息，不仅积累了自然资本，收入也比以前稳定了，生活真的在慢慢变好，这些全都多亏了政府的好政策。"① 在物质资本方面，政策鼓励农户投资于生产经营和创业，如开设小超市等。这些投资有助于提高农户的物质资本，比如购置新的农业设备、提升农业基础设施等，促进农户可持续生计能力的提升。例如村民 FZJ（男，35 岁，壮族，2022 年申请贷款 50000 元用于家禽饲养）说："在拿到贷款以后，我翻新了家禽饲养的场所，购买了新的运输工具，这都对我出售鸡鸭提供了很大的便利，比如以前我都是用人力三轮车运货，现在用上了电动三轮车。"② 在人力资本方面，金融政策的实施鼓励农户自主创业和发展生产，有利于培养农户的创新精神、管理能力和技能水平，促进农户可持续生计能力的提升。对于这一点，开小超市的村民 LTF（男，30 岁，壮族，2020 年申请到贷款 50000 元用于开小超市）最具代表性，他说："如果没有政府对贷款政策的大力宣传，我是绝对不敢想象自己能够自主创业的，现在我也算得上是个小老板了，这都是因为我们的贷款政策好。"③ 在社会资本方面，在政策的实施过程中，通过加强与党委、政府的沟通，以及驻村工作队、村"两委"干部、帮扶干部进村入户广泛开展宣传动员等方式，增强了农户与政府部门、金融机构和其他农户之间的联系，提高了社会资本，促进了农户可持续生计能力的提升。例如村干部 ZFF（男，40 岁，壮族）说："这么多村民能贷到款，知道能够贷款，要感谢靖西农商行作出的努力，通过我们村委会协调，靖西农商行的工作队向村民不遗余力地宣传贷款服务的好处，在农户和银行之间建立起了信任关系，不像刚开始宣传的时候，很多村民都在担心这会不会是个坑。"④ 在金融资本方面，金融资本是信贷服务这一金融服务的最直接体现，

① 资料来源于笔者对 FZH 的访谈资料，时间：2022 年 10 月 12 日，地点：FZH 家中。
② 资料来源于笔者对 LTF 的访谈资料，时间：2022 年 12 月 21 日，地点：LTF 家中。
③ 资料来源于笔者对 LTF 的访谈资料，时间：2022 年 12 月 2 日，地点：LTF 开的小超市。
④ 资料来源于笔者对 ZFF 的访谈资料，时间：2022 年 11 月 11 日，地点：ZFF 开的小超市。

政策的实施使得脱贫人口和易致贫家庭获得了金融支持，这些金融资源客观上可以直接帮助农户扩大生产经营规模、增加收入，促进农户可持续生计能力的提升。综上，从小额信贷服务的实践过程来看，巩固拓展脱贫攻坚成果能够通过自然资本、物质资本、人力资本、社会资本、金融资本促进农户可持续生计能力的提升。

从兜底保障政策促进农户生计资本积累，进而促进农户可持续生计能力提升的角度来看。大莫村兜底保障政策主要影响到物质资本、人力资本、社会资本、心理资本、民族文化资本、金融资本等方面。在物质资本方面，通过提供公益性岗位，农户可以获得稳定的收入来源。这种政策有助于增加家庭收入，使农户有能力改善生活条件和购买生产资料，从而促进农户可持续生计能力的提升。例如村民FJF（男，39岁，壮族，就业岗位为大莫村乡村保洁员）说：“村子有这种岗位提供给我们之前，我的收入是很不稳定的，因为我本身身体条件的限制，打零工也赚不到什么钱，现在能够聘上这个岗位，我的收入稳定下来，生活条件得到了很大的改善。”[①] 在人力资本方面，政策为农户提供了就地就近、稳定长期的就业岗位，有助于提高农户的技能和知识水平，促进农户可持续生计能力的提升。例如村民LMQ（女，22岁，壮族，就业岗位为防止返贫监测员）说：“我所在的这个岗位需要我学习一定的电脑知识，比如Excel等各种办公软件的使用，通过这些训练，我提高了相应的职业技能，也有信心找到工作。”[②] 在社会资本方面，乡村公益性岗位的设置有助于改善农村环境卫生、社会治安、孤寡老人和留守儿童看护等方面的问题。这些公共服务和社会支持网络可以增强农户之间的联系，促进农户可持续生计能力的提升。例如村民TCS（男，36岁，壮族，就业岗位为农村道路管理员）说：“这些年村里的日子在变好，路上各种交通工具来来往往得也多了，外来的人也多了，我们的工作就是管理好村子道路交通的安全，维护好我们村子的治安，为村民提供好公共服务的保障。”[③] 在心理资本方面，可以通过购买意外伤害保险、签署合法劳动合同或劳务协议，保障农户的基本权益，增强农户的安全感和信心，促进农户可持续生计能力的提升。例如村民LMQ（女，22岁，壮族，就业岗位为防止返贫监测员）说：“我在这个岗位工作是签了劳动合同的，五险一金方面都能得到保证，我比较看重这个，而且这也是吸引我留在村子很重要的一点，去外面打工很多时候这方面很难得到保证的，很多其他岗位上的叔叔阿姨对这方面不太有概念，但我知道这个事情对我们来说是非常重要的。”[④] 在民族文化资本方面，大莫村作为一个典型的民族村，乡村公益性岗位政策有助于推动民族文化传承和创新，将更多村民留下来，增强民族自信

---

① 资料来源于笔者对FJF的访谈资料，时间：2023年1月2日，地点：FJF家中。
②④ 资料来源于笔者对LMQ的访谈资料，时间：2022年9月1日，地点：村委会。
③ 资料来源于笔者对TCS的访谈资料，时间：2022年9月17日，地点：大莫村路边。

心和凝聚力，促进农户可持续生计能力的提升。在这一点上，村民 LMQ（女，22 岁，壮族，就业岗位为防止返贫监测员）代表了年青一代留在村子人的想法："其实不仅是我所在的这个岗位，这些年政府在我们村子落实了很多政策，都在一定程度上改变了我们年轻人对回村发展的看法，以前大家都想尽量远离家乡，到大城市打工，现在因为各种政策的落实，我们看到了回乡的好处，越来越多年轻人像我一样愿意回来了。"[1] 在金融资本方面，农户通过公益性岗位获得的稳定收入可以用于储蓄和投资，增加家庭金融资本，促进农户可持续生计能力的提升。本书访谈到的从事大莫村公益性岗位的村民一致认为："国家提供给我们这样的岗位，比我们出去打工稳定多了，能稳定地攒下钱来了。"综上，从兜底保障政策的实践过程来看，巩固拓展脱贫攻坚成果能够通过物质资本、人力资本、社会资本、心理资本、民族文化资本、金融资本促进农户可持续生计能力的提升。

综上所述，从大莫村巩固拓展脱贫攻坚成果与农户可持续生计的实践过程可以看出，研究假设 H2、假设 H3、假设 H4（包括每个假设下的细分假设）可以从实践过程的角度得到验证，即巩固拓展脱贫攻坚成果及其构成维度对生计资本具有显著的正向作用，生计资本及其构成维度对农户可持续生计能力具有显著的正向作用，生计资本具备中介效应。值得注意的是，民族文化资本仅仅在"雨露计划"和兜底保障政策中有所体现，说明巩固拓展脱贫攻坚成果对民族资本的影响可能较小，可能没有中介效应，这一点还需要进一步通过问卷调查的量化分析进行验证。

总之，通过大莫村巩固拓展脱贫攻坚成果与农户可持续生计的实践过程的分析，本书所提出的研究假设基本能够得到验证，从定性分析的角度初步验证了巩固拓展脱贫攻坚成果、生计资本、农户可持续生计能力之间的关系。但是，上述各变量之间作用强度的大小、不同生计资本影响作用的大小、不同生计策略类型农户所受影响的差异程度等关于巩固拓展脱贫攻坚成果与农户可持续生计能力之间具体作用机制的问题难以定性衡量。为此本书需要进一步通过问卷调查，运用结构方程模型和多元线性回归模型，从量化分析的角度检验巩固拓展脱贫攻坚成果与农户可持续生计能力之间的具体作用机制。

第三节　巩固拓展脱贫攻坚成果对农户
可持续生计作用的问卷调查

前文运用资本建设理论、可持续生计理论，从理论角度分析巩固脱贫成果、

---

[1]　资料来源于笔者对 LMQ 的访谈资料，时间：2022 年 9 月 1 日，地点：村委会。

各项生计资本以及农户可持续生计能力三者之间的关系，并在此基础上提出了巩固脱贫攻坚成果对农户可持续生计能力的影响、生计资本对农户可持续生计能力的影响、巩固拓展脱贫攻坚成果对生计资本的影响以及生计资本中介作用四个方面的研究假设，以此构建起巩固拓展脱贫攻坚成果进程中农户可持续生计能力提升的理论模型。然后以大莫村的实地调研结果为依据，详细分析了大莫村巩固拓展脱贫攻坚成果与农户可持续生计的现状，从现状分析可以看出，巩固拓展脱贫攻坚成果、生计资本、农户可持续生计能力之间存在紧密的联系，符合巩固拓展脱贫攻坚成果进程中农户可持续生计能力提升的理论模型的逻辑。因此，本节基于对大莫村 187 户农户的调研数据，构建结构方程模型，实证检验巩固拓展脱贫攻坚成果、生计资本对农户可持续生计能力的影响机理，以此验证本书提出的研究假设是否成立，然后运用多元线性回归模型对不同生计策略类型的农户进行异质性检验，分析不同类型农户受到的影响因素。

一、样本数据分析

为了得到稳定、准确的参数估计，样本量最少应当是模型中待估计路径数目的 5 倍以上，同时，学界普遍认为样本量的最低要求为 150。因此，本书结合广西靖西市龙邦镇大莫村共 271 户 1234 人的实际情况，于 2022 年 12 月至 2023 年 1 月，运用随机抽样的方法，在大莫村发放问卷调查问卷 200 份，回收 197 份，问卷回收率为 98.5%，进一步筛选出其中的无效问卷，最终得到有效问卷 187份，问卷有效率为 93.5%。

为了能够更直观地对样本特征的基本情况有一个清晰的认识，首先，对 187份有效问卷的受访者展开了统计分析，在这些受访者的基本情况中，具体包括以下内容：年龄、性别、家庭规模、家里受过大专教育及以上的人口数、家庭主要收入来源。如表 4 – 11 所示。

表 4 – 11　　　　　　　　　　　　　样本基本情况统计

统计指标	类别	频数	占比（%）
年龄（岁）	18 ~ 24	5	2.7
	25 ~ 34	13	7.0
	35 ~ 44	57	30.5
	45 ~ 54	67	35.8
	55 ~ 64	25	13.4
	65 及以上	20	10.7

续表

统计指标	类别		频数	占比（%）
性别	男		131	70.1
	女		56	29.9
民族	汉族		10	5.3
	少数民族		177	94.7
家庭规模（人）	1~2		21	11.2
	3~4		124	66.3
	5~6		31	16.6
	7~8		8	4.3
	9及以上		3	1.6
家里受过大专教育及以上的人口数（人）	0		172	92.0
	1		15	8.0
	2		0	0.0
	3及以上		0	0.0
家庭主要收入来源	务农	种植	29	15.51
		养殖	34	18.18
	务工		35	18.72
	经商		2	1.07
	多种收入渠道		87	46.52
样本总量			187	

资料来源：对有效问卷的统计结果。

从表4-11可以看出，受访者的年龄以45~54岁为主，约占被试总人数的35.8%。调查对象中，男性有131人，占70.1%；女性有56人，占29.9%。其中，男性占比较大的原因是，本次调查是以户为单位进行发放的，而被调查者中大部分是户主。住户以3~6人为多，3~4人的住户有124户，占66.3%；有31户家庭人口在5~6人之间，占16.6%。通过调查发现，大部分的农村家庭都有两个或两个以上的小孩，一些小孩是和爷爷奶奶生活在一起，所以，受访者的家庭人数主要集中在3~6人之间，这与农村的实际情况相吻合。家庭中受过大学及以上教育的人数以0~1人为主，总体文化水平不高，大部分家庭没有人受过大专及以上教育，根据调查，2014年大莫村才出现第一个考上大学（大专）的年轻人，受教育情况反映出了大莫村曾经作为贫困村在研究民族村农户可持续生计时的典型性。以农业种植作为家庭主要收入来源的有29户，占15.51%；家庭主要收入来源为养殖的有34户，占18.18%；收入来源主要靠外出务工的有35

户，占 18.72%；家里主要以经商为主的有 2 户，占 1.07%；家里有多种收入渠道的有 87 户，占 46.52%，这类型农户较多的原因可能是大莫村村民本地务工人员居多，在家庭劳动力情况允许的情况下通常会务工和务农同时进行。综上可以看出，除经商外，各种收入来源的占比相差不大，整体来看，多样化型以及务工型农户的占比相对较高。

　　问卷调查分析的一项重要内容是原始数据量表的可靠性，因此，需要引入信度检验的方法对原始数据量表的可信度进行检验。只有通过了这一检验，才说明可以运用调研得到的数据对各个变量进行量化分析。本书主要通过 SPSS 软件对数据进行分析研究，对其作出信度、效度检验的统计分析，各项指标的问卷数据描述性统计结果如表 4 - 12 所示。

表 4 - 12　　　　　　　　　　　问卷数据的描述性统计结果

变量	指标	题设	均值	标准差	变量	指标	题设	均值	标准差
巩固拓展脱贫攻坚成果（CEAP）	减贫效应（CEAP1）	CEAP11	3.679	0.704	生计资本（LCFE）	自然资本（LCFE1）	LCFE11	3.588	0.743
		CEAP12	3.679	0.734			LCFE12	3.636	0.817
		CEAP13	3.668	0.765			LCFE13	3.599	0.756
	长效机制（CEAP2）	CEAP21	3.578	0.826			LCFE14	3.166	0.731
		CEAP22	3.679	0.704		物质资本（LCFE2）	LCFE21	3.166	0.731
		CEAP23	3.594	0.778			LCFE22	3.294	0.763
农户可持续生计能力（SLAF）	风险应对能力（SLAF1）	SLAF11	3.364	0.818			LCFE23	3.160	0.706
		SLAF12	3.358	0.850		人力资本（LCFE3）	LCFE31	3.305	0.692
		SLAF13	3.385	0.802			LCFE32	3.241	0.768
		SLAF14	3.326	0.791			LCFE33	3.193	0.805
	发展能力（SLAF2）	SLAF21	3.620	0.739		社会资本（LCFE4）	LCFE41	3.160	0.785
		SLAF22	3.594	0.767			LCFE42	3.096	0.725
		SLAF23	3.594	0.771			LCFE43	3.401	0.811
		SLAF24	3.599	0.749		金融资本（LCFE5）	LCFE51	3.198	0.708
生计资本（LCFE）	心理资本（LCFE6）	LCFE61	3.588	0.743			LCFE52	3.235	0.759
		LCFE62	3.599	0.756			LCFE53	3.251	0.743
		LCFE63	3.636	0.818			LCFE54	3.209	0.658
		LCFE64	3.166	0.731					
	民族文化资本（LCFE7）	LCFE71	3.182	0.731					
		LCFE72	3.005	0.666					
		LCFE73	3.123	0.725					

资料来源：对有效问卷的统计结果。

（一）信度分析

信度是衡量测量结果的指标，表明的是测验结果的稳定性或可靠性，也就是某一测验在多次试测后所得到的分数的稳定、一致程度。其内容包括：时间上的连贯性，内容与各评分机构的连贯性。目前，信度分析方法已在国内学术界得到广泛应用，其中，Cronbach's α 系数法较常用于检验量表内部一致性的方法。但是这一方法也存在一定局限性，Cronbach's α 系数可以检验量表数据的一维一致性，但是对于多于一个变量总和做成的新变量则不能很好地应对。而组合信度（CR）则是指一个组合变量（由多于一个变量的总和做成的新变量）的信度。综上可知，本书基于 Cronbach's α 系数存在的缺陷，将其与结构方程模型进行统一处理，根据实际情况，运用 SPSS 软件，计算量表的 Cronbach's α 系数来检验三个主要变量下面各个维度变量的信度，计算组合信度（CR）来检验三个主要变量的信度，分析结果如表 4 - 13 所示。

表 4 - 13　　　　　　　　　　　　信度分析结果

变量	组合信度（CR）	维度	提项数	Cronbach's α
巩固拓展脱贫攻坚成果（CEAP）	0.968	减贫效应（CEAP1）	3	0.949
		长效机制（CEAP2）	3	0.907
生计资本（LCFE）	0.960	自然资本（LCFE1）	4	0.893
		物质资本（LCFE2）	3	0.775
		人力资本（LCFE3）	3	0.780
		社会资本（LCFE4）	3	0.694
		金融资本（LCFE5）	4	0.753
		心理资本（LCFE6）	4	0.877
		民族文化资本（LCFE7）	3	0.696
农户可持续生计能力（SLAF）	0.877	风险应对能力（SLAF1）	4	0.898
		发展能力（SLAF2）	4	0.899

如表 4 - 13 所示，巩固拓展脱贫攻坚成果、生计资本以及农户可持续生计能力三个主要变量的组合信度（CR）值均大于 0.8，分别为 0.968、0.960、0.877，学术界通常认为组合信度（CR）值大于 0.8 表示潜在变量的组合信度系数接受程度很好，因此可以判断出，巩固拓展脱贫攻坚成果（CEAP）、生计资本（LCFE）以及农户可持续生计（SLAF）三个变量整体可以通过组合信度的内部一致性检验。此外，从 Cronbach's α 系数的计算结果可以看出，各类量表的各个

维度的 Cronbach's α 系数值均大于 0.6，其中，巩固拓展脱贫攻坚成果的两个维度包括减贫效应和长效水平，Cronbach's α 系数分别为 0.949 和 0.907；生计资本需要从以下七个维度进行分析讨论，分别是自然资本、物质资本、人力资本、社会资本、金融资本、心理资本、民族文化资本，Cronbach's α 系数分别为 0.893、0.775、0.780、0.694、0.753、0.877、0.696；可持续生计能力包括农户的风险应对能力以及发展能力两部分，Cronbach's α 系数分别为 0.898、0.899。学术界通常认为 Cronbach's α 系数值大于 0.6 为可接受范围，越接近 1 信度越高，说明以上维度均通过了 Cronbach's α 系数的检验。综上，巩固拓展脱贫攻坚成果、生计资本以及农户可持续生计能力三个变量的量表具有较高的一致性和稳定性，信度较好。

（二）效度分析

效度是指被测对象的正确与否，也就是测试被测对象所测量的程度。本书分别通过聚合效度和区分效度对量表数据展开检验。其中，聚合效度是指运用不同测量方法对比测量结果的相似情况。聚合效度的检验一般需要通过计算量表的 AVE 值和 CR 组合信度值来完成，通常认为 AVE 值大于 0.5 且 CR 组合信度值大于 0.7 时，量表的聚合效度较高；区分效度是指应用不同方法进行测量，其具体的数值能够产生明显的区分，可以通过计算量表的 MSV 值与 ASV 值进行检验，通常认为量表的 MSV 值与 ASV 值均小于量表的 AVE 值时，量表具有区分效度。目前，最常用的效度分析方法为验证性因子分析法，因此，本书运用验证性因子分析法对巩固拓展脱贫攻坚成果、生计资本以及农户可持续生计能力的各个维度的 AVE 值、CR 组合信度值、MSV 值与 ASV 值进行检验。

需要注意的是，在进行验证性因子分析之前，还需要对量表数据进行 KMO 与 Baetlett 球形检验，验证变量之间的独立性，判断其是否适合进行因子分析。当 KMO 数值约为 1 时，此时的分析符合因子分析条件；当 KMO 数值接近 0 时，变量间的相关性较小，认为原始变量不满足因子分析。为此，本书以特征值大于 1 作为进行因子提取时的提取标准，对量表数据进行 KMO 与 Baetlett 球形检验，检验结果如表 4-14 所示。

表 4-14　　　　　　　　　　　　KMO 与 Baetlett 球形检验结果

变量	KMO 值	Bartlett 卡方值	因子载荷共同度				累计方差解释率（%）	显著性水平
巩固拓展脱贫攻坚成果（CEAP）	0.913	1548.943	CEAP11	0.971	CEAP21	0.889	91.314%	0.000
			CEAP12	0.898	CEAP22	0.972		
			CEAP13	0.870	CEAP23	0.878		

续表

变量	KMO 值	Bartlett 卡方值	因子载荷共同度				累计方差解释率（%）	显著性水平
生计资本（LCFE）	0.926	4633.477	LCFE11	0.898	LCFE43	0.833	78.704%	0.000
			LCFE12	0.875	LCFE51	0.773		
			LCFE13	0.906	LCFE52	0.732		
			LCFE14	0.968	LCFE53	0.777		
			LCFE21	0.962	LCFE54	0.746		
			LCFE22	0.620	LCFE61	0.890		
			LCFE23	0.698	LCFE62	0.844		
			LCFE31	0.681	LCFE63	0.821		
			LCFE32	0.730	LCFE64	0.963		
			LCFE33	0.622	LCFE71	0.613		
			LCFE41	0.652	LCFE72	0.745		
			LCFE42	0.728	LCFE73	0.811		
农户可持续生计能力（SLAF）	0.869	949.262	SLAF11	0.742	SLAF21	0.793	76.791%	0.000
			SLAF12	0.797	SLAF22	0.788		
			SLAF13	0.737	SLAF23	0.703		
			SLAF14	0.790	SLAF24	0.793		

由表 4 - 14 的结果可知，研究结果的共同值均在 0.6 以上，由此可见，各项研究信息都得到了有效提取。另外，巩固拓展脱贫攻坚成果、生计资本以及农户可持续生计能力的 KMO 值为分别为 0.913、0.926 和 0.869，均大于 0.6，说明三个变量的数据均可以被有效提取信息。同时，巩固拓展脱贫攻坚成果、生计资本以及农户可持续生计能力的旋转后累积方差解释率分别为 91.314%、78.704% 和 76.791%，均大于 50%，说明可以对研究的信息量进行有效提取。由此可知，量表数据可以用于验证性因子分析。因此，本书运用 SPSS 软件对巩固拓展脱贫攻坚成果、生计资本以及农户可持续生计能力的各项考察维度进行分析，并进行验证性因子分析，结果如表 4 - 15 所示。

表4-15 验证性因子分析结果

变量	维度	AVE 值	CR 组合信度值	MSV 值	ASV 值
巩固拓展脱贫攻坚成果（CEAP）	减贫效应（CEAP1）	0.857	0.947	0.717	0.693
	长效机制（CEAP2）	0.795	0.921	0.679	0.712
生计资本（LCFE）	自然资本（LCFE1）	0.721	0.904	0.617	0.663
	物质资本（LCFE2）	0.617	0.763	0.597	0.611
	人力资本（LCFE3）	0.567	0.796	0.533	0.587
	社会资本（LCFE4）	0.849	0.707	0.763	0.631
	金融资本（LCFE5）	0.739	0.758	0.712	0.731
	心理资本（LCFE6）	0.649	0.878	0.625	0.576
	民族文化资本（LCFE7）	0.731	0.794	0.713	0.720
农户可持续生计能力（SLAF）	风险应对能力（SLAF1）	0.689	0.898	0.250	0.500
	发展能力（SLAF2）	0.693	0.900	0.250	0.500

根据表4-15可以看出，巩固拓展脱贫攻坚成果、生计资本以及农户可持续生计能力的各个维度的 AVE 值均大于0.5，并且 CR 组合信度值均大于0.6，因此可以看出各个维度的聚合效度较好。同时，比较各个维度 AVE 值、MSV、ASV 值的大小，可以看出巩固拓展脱贫攻坚成果、生计资本以及农户可持续生计能力的各个维度均具备区分效度。综上，巩固拓展脱贫攻坚成果对农户可持续生计能力影响的测量模型可以通过效度检验。

二、变量的量化评估

（一）大莫村巩固拓展脱贫攻坚成果水平的量化评估

根据对大莫村巩固拓展脱贫攻坚成果的政策内容与效果的分析，可以看出目前大莫村巩固拓展脱贫攻坚成果政策已经取得了显著成效，对乡村振兴时期农户的生计资本积累有着重要意义，下面本书基于前文构建的指标体系，运用前文提出的指标及权重确定方法，对大莫村巩固拓展脱贫攻坚成果水平各项指标的综合得分进行测算，从量化分析角度评价大莫村巩固拓展脱贫攻坚成果水平的现状，测算结果如表4-16所示。

根据表4-16可以看出，大莫村巩固拓展脱贫攻坚成果的减贫效应和长效水平的得分分别为 0.669 和 0.654，减贫效应评分比长效机制的长效水平评分低，说明大莫村巩固拓展脱贫攻坚成果各项政策推进的长效水平较好，减贫效果相对需要提高。巩固拓展脱贫攻坚的综合得分为 0.661，说明大莫村巩固拓展脱贫攻坚成果的整体水平处于中上游，虽然通过乡村振兴项目的持续推进，农户有了短期的发展，但是未来仍需关注农户的长期发展需求。

表 4 - 16   大莫村巩固拓展脱贫攻坚成果水平的综合得分

巩固拓展脱贫攻坚成果维度及权重	测量指标及权重	指标得分	综合得分
减贫效应 (0.466)	巩固拓展脱贫攻坚成果政策减贫效应的知晓程度 (0.302)	0.669	0.661
	巩固拓展脱贫攻坚成果政策减贫效应的符合可持续生计需求的程度 (0.335)		
	巩固拓展脱贫攻坚成果政策消除相对贫困的满意程度 (0.363)		
长效水平 (0.534)	巩固拓展脱贫攻坚成果政策长效机制的知晓程度 (0.385)	0.654	
	巩固拓展脱贫攻坚成果政策长效机制符合可持续生计需求的程度 (0.279)		
	巩固拓展脱贫攻坚成果政策长效机制的满意程度 (0.337)		

(二) 大莫村农户生计资本的量化评估

根据前文对大莫村巩固拓展脱贫攻坚成果以及农户可持续生计现状的调研分析可知，大莫村农户主要的生计方式为半工半耕，同时，问卷结果显示，收入来源占比最多的是多样化农户，约占 46.52%；排名第二的是务农的农户，占比为 33.69%；其次是务工的村民，约为 18.72%；占比最少的则是经商的农户，仅有 1.07%。因此，本书将农户生计策略类型主要分为务农型 (主要指种植和养殖)、务工型 (主要指外出务工) 和多样化型 (主要指半工半耕) 三种类型进行测算，经商型样本太少，不对其进行专门的讨论。本书基于上述类型划分，运用综合指数法测算大莫村生计资本各项指标的综合得分，以及各种类型生计策略农户的分数，并将其汇总列于表 4 - 17 中。

从表 4 - 17 可以看出，心理资本综合得分为 0.620，是七个生计资本中得分最高的，说明大莫村农户对目前巩固拓展脱贫攻坚成果同乡村振兴的政策措施有较好的预期，对未来充满信心。自然资本的得分为 0.619，远高于其他资本，说明大莫村农户对于土地的依赖程度仍旧较高，这可能与当地村民多为半工半耕的生计方式有关，大部分大莫村村民能够兼顾家中的农业生产；同时，根据前文中巩固拓展脱贫攻坚成果政策的分析可知，产业扶贫或者养牛场建设等项目的推进都是对大莫村农业生产的政策扶持，这也可能是上述结果形成的原因。七个生计资本中得分最低的为民族文化资本，这可能是由于大莫村少数民族占比高达90%以上，且主要为壮族，平时与本民族的联系较多，比较少有机会与其他民族产生联系。从不同生计策略类型农户角度来看，生计资本综合得分最高的为多样化型农户，为0.585分，务农型农户次之，得分为0.568分，务工型农户得分最低，得分为0.563分，说明整体来看，多样化型生计策略的农户生计资本积累情况最佳，与前文分析的半工半耕生计方式的实际情况相吻合。从七种生计资本的角度具体分析如下。

在自然资本方面。务农型的自然资本值最高，占比约为0.625，而务工类型所具有的自然资本值为0.582，多样化类型的则为0.618。务农型农户的主要经营方式是种植、养殖，因而对土地的依赖性较强，耕地是他们的重要自然资产。经调查发现，务农型农户具有较为充足的土地资源，基本能够保证农业生产。除此之外，通过调查还可以看出，虽然不同类型的农户都拥有很大的林地面积，但是因为交通及灌溉等基础设施的不健全，可以使用的林地资源较少。同时，通过产业以奖代补和养牛场建设等项目的实施，大莫村农户的自然资本得到了稳定积累。

在物质资本方面。多样化型农户的物质资本值最高，相应的数值为0.578，其次是务工型农户，相应的数值为0.538，务农型农户占比最低，相应的数值为0.528。物质资本是一个人生存所必需的条件，也是农户家庭生活最基本的保障，例如"有房住"是一个农村家庭赖以生存的基本保障，但也有一些农村居民的住房状况不佳，很难满足他们的日常生产、生活需求。一般而言，住房条件和其他家庭资产的高低，在很大程度上都会与农户的金融资本或人力资本存在直接的关系。这也就是为什么多样化型农户的物质资本比其他两种类型农户要高。

在人力资本方面。多样化型的农户人力资本值最高，约为0.583，而后是务工型农户，为0.565，务农型最低，为0.522。很显然，这是因为多样化型的农户拥有多种收入来源，拥有更多的就业机会，拥有更高的劳动力比例，以及更高的受教育程度，同时，外出务工的农户通常被要求具有更高的受教育水平，才能在大城市有竞争力。因此，多样化型和务工型类型的农户人力资本值更高。

在社会资本方面。最有优势的是务工型农户，得分约为0.579，其次则为多样化型的农户，得分为0.563，最后才是务农型的农户，得分最少，仅有0.554。外出务工的农户常年在外，更需要在家乡的亲戚朋友在自己不在家的时候多加关照家中的老人，因此，无论是就近务工的半工半耕农户还是常年外出务工的农户，都想和亲戚朋友、政府等建立友好的关系；而只进行务农、单一生计方式的农户通常比较不善于交际，对政策也不如另外两种类型农户敏感，所以表现出了最低的社会资本。

在金融资本方面。得分最多的是多样化型农户，得分约为 0.573，其次则为务工型农户，得分为 0.552，金融资本最低的是务农型，对应为 0.535。多样化型农户对政策的敏感性更强，对于大莫村的小额贷款政策作出的反应最迅速，很多半工半耕的农户通过小额贷款展开养牛养羊等养殖业。而单纯务农的务农型农户因家庭收入低、获得信贷机会少、收入来源渠道少，其金融资本普遍较低。

在心理资本方面。大莫村村民心理资本得分整体较高，说明村民整体对未来的预期较好。其中，多样化型农户的心理资本最高，为 0.631，务农型农户的心理资本次之，为 0.610，务工型农户的心理资本最低，为 0.604。从对脱贫农户的访谈中可以看出，我国脱贫攻坚现已取得显著成效，并推动乡村振兴发展战略落实，使得农户的生活得到了改善，提高了生活质量，同时，随着国家政策的落实与推进，农户们也对未来的生活变得更有信心，也更有动力。

在民族文化资本方面。大莫村民族文化资本得分整体偏低，其中，务农型农户的民族文化资本最高，为 0.569，其次为多样化型农户，为 0.519，最低的为务工型农户，为 0.491。这一结果可能是因为务农型农户常年在家务农，与本民族的村民往来密切所致。同时，更容易参与本民族传统文化节日，而务工型农户和多样化型农户均需要离开村子谋求生计，与本民族文化活动或者本民族村民的联系自然相对较弱。不过整体来看，随着大莫村生计方式的变化和经济社会发展，大莫村应加强少数民族文化的传承工作，增强大莫村通过民族文化、民族传统节日与风俗习惯等连接起来的民族与民族之间的、民族内部之间的联系交流。民族资本的积累不仅有助于保障农户生计，还关系到巩固拓展脱贫攻坚成果同乡村振兴有效衔接过程中铸牢中华民族共同体意识。

表 4 - 17　　　　　　　　不同生计策略类型农户的生计资本得分

资本类型及权重	测量指标及权重	得分	务农型	务工型	多样化型
自然资本 (0.152)	耕地面积 (0.221)	0.619	0.625	0.582	0.618
	耕地质量 (0.267)				
	耕地灌溉条件 (0.228)				
	林地面积 (0.293)				
物质资本 (0.128)	人均住房面积 (0.348)	0.552	0.528	0.538	0.578
	家用电器及科技产品 (0.317)				
	农业机械和汽车等 (0.335)				

续表

资本类型及权重	测量指标及权重	得分	务农型	务工型	多样化型
人力资本 （0.134）	户主教育程度（0.269） 家里劳动力人数（0.348） 家人健康状况（0.383）	0.560	0.522	0.565	0.583
社会资本 （0.143）	与亲戚朋友的关系（0.366） 获得政府扶持和救助次数（0.329） 参加社区组织活动（0.306）	0.554	0.527	0.579	0.563
金融资本 （0.158）	家庭年收入（0.243） 人均年收入（0.289） 家里贷款是否容易（0.260） 购买人身保险种类（0.208）	0.556	0.535	0.552	0.573
心理资本 （0.160）	生活幸福感（0.210） 对未来生活改善期望（0.223） 自信心（0.277） 遇到困难时的心理韧性（0.290）	0.620	0.610	0.604	0.631
民族文化资本 （0.127）	与本民族联系的频率（0.330） 参与本民族传统文化节日的频率（0.317） 参与其他少数民族传统文化节庆的频率（0.354）	0.527	0.569	0.491	0.519
生计资本综合得分		0.573	0.568	0.563	0.585

（三）大莫村农户可持续生计能力的量化评估

运用综合指数法测算大莫村可持续生计能力各项指标的综合得分，以及各种类型生计策略农户的得分，计算结果如表 4-18 所示。

表 4-18 **不同生计策略类型农户的可持续生计能力得分**

生计能力维度及权重	测量指标及权重	各类型资本得分	务农型	务工型	多样化型
风险应对能力 （0.575）	家庭收入稳定性（0.254） 家人就业能力（0.271） 提高收入的难易度（0.238） 对农村医疗保险满意度（0.238）	0.590	0.565	0.568	0.620

生计能力维度及权重	测量指标及权重	各类型资本得分	务农型	务工型	多样化型
发展能力 （0.425）	有效利用资源能力（0.236）	0.652	0.660	0.589	0.669
	生计创新能力（0.258）				
	适应市场变化能力（0.262）				
	接受新事物能力（0.244）				
可持续生计能力综合得分		0.616	0.606	0.577	0.640

从上表可以看出，总体上，大莫村农户发展能力综合得分为0.652，比风险应对能力的综合得分高。说明大莫村农户在巩固拓展脱贫攻坚成果的各项政策实施过程中，自身发展能力得到了比较好的发展，而风险应对能力相对较弱，这体现出脱贫农户生计的不稳定性。目前大莫村返贫风险依旧严重，需要提高对监测户的专注度，稳定实施巩固拓展脱贫攻坚成果的相关政策，保障农户生计的可持续性。同时，从不同生计类型的农户来看，多样化型农户的可持续生计能力综合得分最高，为0.640，其次为务农型农户，为0.606，最低得分为务工型农户，为0.577。多样化型农户可持续生计能力的综合得分最高验证了前文对农户生计选择的分析，半工半耕的生计方式使这部分农户的就业选择更加丰富，同时，这部分农户大多希望能够依托大莫村地处边境的区位优势，在龙邦边民互市贸易区进行贸易，总体比其他生计类型的农户收入来源更加丰富，因此，可持续生计能力足以得到保障。而务工型农户可持续生计能力略低于依赖自然资本生计的务农型农户的原因可能是大莫村平均受教育程度较低，虽然外出务工短期可能能够增加收入，但是随着外出务工要求的提高，在外打工的不稳定性也在增加。进一步从可持续生计能力的两个构成维度出发展开具体分析如下：

在风险应对能力方面。多样化型的农户具有最高水平的风险应对能力，占比约为0.620；紧接着是务工型农户，占比约为0.568；再次是务农型，占比约为0.565。可以看出，多样化型农户的风险抵抗能力远高于务工型和务农型农户，并且务工型和务农型农户的风险抵抗能力相差甚小。风险应对能力与家庭收入、就业能力等之间存在着密切的联系。由于多样化型农户的收入来源相对较多，因此，该类人群具有更稳定的风险承受能力，能够有效应对各项风险损失情况。对于务农和务工型农户来说，这两类群体由于收入方式单一，难以应对各种风险问题，因此家庭压力较大。

在发展能力方面。多样化型农户具有更好的发展潜力，占比为0.669，紧接着是务农型农户，该类占比为0.660，最后则是务工型的农户，其对应比例为

0.589。务农型农户的发展能力虽然排名第二，但是已经接近最高的多样化型农户了，这可能是受到当地农业生产的相关政策影响，根据前文对巩固拓展脱贫攻坚成果政策实施内容的分析可以看出，无论是产业以奖代补还是养牛场建设工程，都对当地养殖业农户有着积极促进作用。同时，从小额信贷的统计情况也可以看到，大部分农户的信贷都是用于养殖业，所以，务农型的农户在政策的帮助下，发展的状况是好的。务工型农户的发展能力比较差，造成这种情况很大程度上是因为他们的文化程度比较低，他们的思维方式比较简单，尽管他们有工作的能力，但是他们不愿意提高自己的发展水平。他们的思维也越来越落后，越来越脱离社会，这对他们的发展造成了很大的负面影响。

三、结构方程分析

（一）巩固拓展脱贫攻坚成果对农户可持续生计能力的影响

1. 巩固拓展脱贫攻坚成果整体对农户可持续生计能力的影响

根据变量性质的确定标准，可以将巩固拓展脱贫攻坚成果整体对农户可持续生计作用中的各项变量进行归类，构建出巩固拓展脱贫攻坚成果整体对农户可持续生计能力影响的原始结构方程模型，如图4-1所示。其中，巩固拓展脱贫攻坚成果（CEAP）是外生变量，农户可持续生计能力（SLAF）是内生变量。

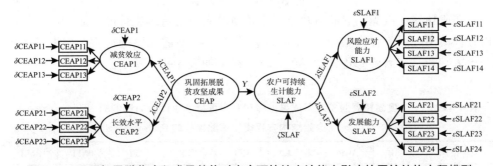

图4-1 巩固拓展脱贫攻坚成果整体对农户可持续生计能力影响的原始结构方程模型

根据图4-1显示，巩固拓展脱贫攻坚成果整体对农户可持续生计能力影响的原始结构方程模型中，外生潜变量有3项，内生潜变量有3项，外生显变量有6项，内生显变量有8项。

为了进一步对本书巩固拓展脱贫攻坚成果整体对农户可持续生计能力影响进行研究，基于此进行结构方程模型的研究，设立测量方程与结构方程。

在测量模型构建中，巩固拓展脱贫攻坚成果（CEAP）、减贫效应（CEAP1）和长效水平（CEAP2）是外生潜变量，分别用 ξ_{CEAP}、ξ_{CEAP1}、ξ_{CEAP2} 来表示，对应 6 项观测变量，分别为 CEAP11、CEAP12、CEAP13、CEAP21、CEAP22、CEAP23；农户可持续生计能力（SLAF）、风险应对能力（SLAF1）和发展能力（SLAF2）则是内生潜变量，分别用 η_{SLAF}、η_{SLAF1}、η_{SLAF2} 来表示，对应 8 项观测变量，分别为 SLAF11、SLAF12、SLAF13、SLAF14、SLAF21、SLAF22、SLAF23、SLAF24。根据以上变量设定，根据公式（3-7），构建观测模型的方程式表达如下：

$$
\begin{cases}
X_{CEAP1} = \lambda_{CEAP1}\xi_{CEAP} + \delta_{CEAP1}, \quad X_{CEAP2} = \lambda_{CEAP2}\xi_{CEAP} + \delta_{CEAP2}, \\
X_{CEAP11} = \lambda_{CEAP11}\xi_{CEAP1} + \delta_{CEAP11}, \quad X_{CEAP12} = \lambda_{CEAP12}\xi_{CEAP1} + \delta_{CEAP12}, \\
X_{CEAP13} = \lambda_{CEAP13}\xi_{CEAP1} + \delta_{CEAP13}, \quad X_{CEAP21} = \lambda_{CEAP21}\xi_{CEAP2} + \delta_{CEAP21}, \\
X_{CEAP22} = \lambda_{CEAP22}\xi_{CEAP2} + \delta_{CEAP22}, \quad X_{CEAP23} = \lambda_{CEAP23}\xi_{CEAP2} + \delta_{CEAP23}, \\
Y_{SLAF1} = \lambda_{SLAF1}\eta_{SLAF} + \varepsilon_{SLAF1}, \quad Y_{SLAF2} = \lambda_{SLAF2}\eta_{SLAF} + \varepsilon_{SLAF2}, \\
Y_{SLAF11} = \lambda_{SLAF11}\eta_{SLAF1} + \varepsilon_{SLAF11}, \quad Y_{SLAF12} = \lambda_{SLAF12}\eta_{SLAF1} + \varepsilon_{SLAF12}, \\
Y_{SLAF13} = \lambda_{SLAF13}\eta_{SLAF1} + \varepsilon_{SLAF13}, \quad Y_{SLAF14} = \lambda_{SLAF14}\eta_{SLAF1} + \varepsilon_{SLAF14}, \\
Y_{SLAF21} = \lambda_{SLAF21}\eta_{SLAF2} + \varepsilon_{SLAF21}, \quad Y_{SLAF22} = \lambda_{SLAF22}\eta_{SLAF2} + \varepsilon_{SLAF22}, \\
Y_{SLAF23} = \lambda_{SLAF23}\eta_{SLAF2} + \varepsilon_{SLAF23}, \quad Y_{SLAF24} = \lambda_{SLAF24}\eta_{SLAF2} + \varepsilon_{SLAF24}
\end{cases}
\tag{4-1}
$$

在构建测量模型之后，用 γ 表示巩固拓展脱贫攻坚成果整体对农户可持续生计的影响作用，根据公式（3-8），建立结构模型方程如下：

$$
\eta_{SLAF} = \gamma\xi_{CEAP} + \zeta_{SLAF}
\tag{4-2}
$$

在成功建立巩固拓展脱贫攻坚成果整体对农户可持续生计能力影响的原始结构方程模型之后，将模型导入 Amos 软件中进行模型适配度的检验，根据各项拟合指数判断是否需要修正原始模型，计算结果如表 4-19 所示。

表 4-19　　巩固拓展脱贫攻坚成果整体对农户可持续生计能力影响的原始结构方程模型适配度检验

拟合指标	χ^2/df	AGFI	RMSEA	CFI	TLI	IFI	PNFI	RMR
观测值	2.820	0.771	0.099	0.952	0.929	0.953	0.735	0.020
拟合标准	<3.00	>0.80	<0.10	>0.90	>0.90	>0.90	>0.50	<0.05

从表 4-19 可以看出，巩固拓展脱贫攻坚成果整体对农户可持续生计能力影响的原始结构方程模型的拟合指标结果大部分满足拟合标准，其中，只有 AGFI 一项指标的观测值为 0.771，小于 0.8，不符合拟合标准，说明该模型整体的模型适配度良好。但是为了使模型精度更高，使分析结果更准确，本书对巩固拓展

脱贫攻坚成果整体对农户可持续生计能力影响的原始结构方程模型进行修正调整。为此，对模型整体进行验证性因子分析，测算观测变量之间协方差关系的修正指数（MI 指标），MI 指标的值越大说明观测变量之间存在协方差关系的可能性越大。如果 MI 值大于 20，就说明两项变量之间有着较强关系，进而考虑对它们建立协方差关系后重新构建结构方程模型。经过计算，巩固拓展脱贫攻坚成果整体对农户可持续生计能力影响的协方差关系 MI 指标大于 20 的结果如表 4 - 20 所示。

表 4 - 20　　　巩固拓展脱贫攻坚成果整体对农户可持续生计能力影响的
协方差关系——MI 指标

变量	关系	变量	MI 值	Par Change
CEAP11	↔	CEAP22	146.815	0.066

根据表 4 - 20 所示，CEAP11 与 CEAP22 之间具有较强关联，因此，对它们建立协方差关系后，重新构建修正后的巩固拓展脱贫攻坚成果整体对农户可持续生计能力影响结构方程模型，如图 4 - 2 所示。

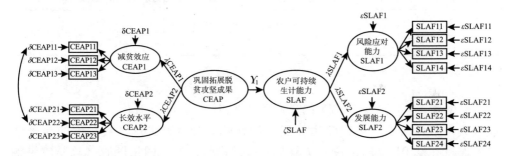

图 4 - 2　修正后的巩固拓展脱贫攻坚成果整体对农户可持续生计能力影响结构方程模型

对上述修正后的巩固拓展脱贫攻坚成果整体对农户可持续生计能力影响结构方程模型再次进行适配度检验，结果如表 4 - 21 所示。

表 4 - 21　　　修正后的巩固拓展脱贫攻坚成果整体对农户可持续生计能力
影响结构方程模型适配度检验

拟合指标	χ^2/df	AGFI	RMSEA	CFI	TLI	IFI	PNFI	RMR
观测值	1.473	0.895	0.050	0.988	0.984	0.988	0.752	0.019
拟合标准	<3.00	>0.80	<0.10	>0.90	>0.90	>0.90	>0.50	<0.05

从表 4 - 21 可以看出，修正后的巩固拓展脱贫攻坚成果整体对农户可持续生计能力影响结构方程模型各项拟合指标均符合拟合标准，说明修正后的巩固拓展脱贫攻坚成果整体对农户可持续生计能力影响结构方程模型适配度良好，可以进行下一步分析。对修正后的巩固拓展脱贫攻坚成果整体对农户可持续生计能力影响结构方程模型进行路径参数估计，得到最终的巩固拓展脱贫攻坚成果整体对农户可持续生计能力影响结构方程模型，如图 4 - 3 和表 4 - 22 所示。

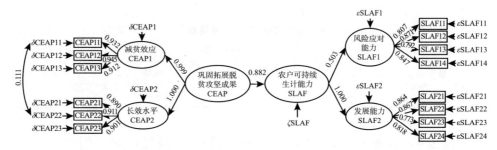

图 4 - 3 最终的巩固拓展脱贫攻坚成果整体对农户可持续生计能力影响结构方程模型

表 4 - 22   巩固拓展脱贫攻坚成果整体对农户可持续生计能力影响的路径估计

路径	结构方程模型路径	标准化路径系数	C. R.	显著性水平	对应假设	检验结果
γ_1	CEAP→SLAF	0.882	5.844	***	假设 H1	支持

注：*** 表示 $P < 0.01$。

根据图 4 - 3 和表 4 - 22 的路径系数估计结果可以看出，巩固拓展脱贫攻坚成果整体对农户可持续生计能力的作用系数为 0.882，其对应的显著性水平保持在 0.01 以内，说明实验结果通过检验，即巩固拓展脱贫攻坚成果整体对农户可持续生计能力有显著促进作用，因此前文提出的研究假设"H1：巩固拓展脱贫攻坚成果政策的落实对农户可持续生计具有显著的正向作用"成立。

2. 巩固拓展脱贫攻坚成果不同维度对农户可持续生计的影响分析

根据变量性质的确定标准，可以将巩固拓展脱贫攻坚成果不同维度对农户可持续生计作用中的各项变量进行归类，构建出巩固拓展脱贫攻坚成果不同维度对农户可持续生计能力影响的原始结构方程模型，如图 4 - 4 所示。其中，减贫效应（CEAP1）和长效水平（CEAP2）是外生变量，农户可持续生计能力（SLAF）是内生变量。

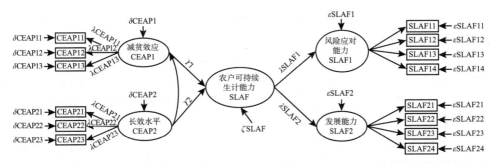

图4－4　巩固拓展脱贫攻坚成果不同维度对农户可持续生计能力影响的原始结构方程模型

根据图4－4显示，在巩固拓展脱贫攻坚成果不同维度对农户可持续生计能力影响的原始结构方程模型中，外生潜变量有2项，内生潜变量有3项，外生显变量有6项，内生显变量有8项。

为了进一步研究巩固拓展脱贫攻坚成果不同维度对农户可持续生计能力的影响，逐一建立结构方程模型的测量方程和结构方程。

在测量模型构建中，减贫效应（CEAP1）和长效水平（CEAP2）是外生潜变量，分别用ξ_{CEAP1}、ξ_{CEAP2}来表示，对应6项观测变量，分别为CEAP11、CEAP12、CEAP13、CEAP21、CEAP22、CEAP23；农户可持续生计能力（SLAF）、风险应对能力（SLAF1）和发展能力（SLAF2）则是内生潜变量，分别用η_{SLAF}、η_{SLAF1}、η_{SLAF2}来表示，对应8项观测变量，分别为SLAF11、SLAF12、SLAF13、SLAF14、SLAF21、SLAF22、SLAF23、SLAF24。根据以上变量设定，并由上述公式可知，构建测量模型使用的方程表达与公式（4－1）是同一公式。

在构建测量模型之后，用$\gamma1$和$\gamma2$分别表示巩固拓展脱贫攻坚成果的减贫效应和长效水平对农户可持续生计的影响作用，并根据公式（3－8），建立结构模型，方程如下：

$$\begin{cases} \eta_{SLAF} = \gamma1\xi_{CEAP1} + \zeta_{SLAF} \\ \eta_{SLAF} = \gamma2\xi_{CEAP2} + \zeta_{SLAF} \end{cases} \quad (4-3)$$

在成功建立巩固拓展脱贫攻坚成果各个维度对农户可持续生计能力影响的原始结构方程模型之后，将模型导入Amos软件中进行模型适配度的检验，根据各项拟合指数判断是否需要修正构建的原始模型，计算结果如表4－23所示。

表4－23　巩固拓展脱贫攻坚成果各维度对农户可持续生计能力影响的原始结构方程模型适配度检验

拟合指标	χ^2/df	AGFI	RMSEA	CFI	TLI	IFI	PNFI	RMR
观测值	2.609	0.799	0.093	0.862	0.947	0.958	0.739	0.020
拟合标准	<3.00	>0.80	<0.10	>0.90	>0.90	>0.90	>0.50	<0.05

从表 4 - 23 可以看出，巩固拓展脱贫攻坚成果各维度对农户可持续生计能力影响的原始结构方程模型的拟合指标结果大部分满足拟合标准，其中，AGFI 的观测值为 0.799，小于 0.80，不符合拟合标准；CFI 的观测值为 0.862，小于 0.90，不符合拟合标准，说明该模型整体的模型适配度不足。为了使模型精度更高，使分析结果更准确，本书对巩固拓展脱贫攻坚成果各维度对农户可持续生计能力影响的原始结构方程模型进行修正调整。为此，对模型整体进行验证性因子分析，测算观测变量之间协方差关系的修正指数（MI 指标），MI 指标的值越大说明观测变量之间存在协方差关系的可能性越大。如果 MI 值大于 20，就说明两项变量之间有着较强关系，进而考虑对它们建立协方差关系后重新构建结构方程模型。经过计算，巩固拓展脱贫攻坚成果各维度对农户可持续生计能力影响的协方差关系 MI 指标大于 20 的结果如表 4 - 24 所示。

表 4 - 24　　　巩固拓展脱贫攻坚成果各维度对农户可持续生计能力
影响的协方差关系——MI 指标

变量	关系	变量	MI 值	Par Change
CEAP11	↔	CEAP22	98.347	0.058
CEAP11	↔	CEAP23	22.897	-0.035

根据表 4 - 24 所示，CEAP11 与 CEAP22、CEAP23 之间具有较强关联，因此，对它们建立协方差关系后，重新构建修正后的巩固拓展脱贫攻坚成果各维度对农户可持续生计能力影响结构方程模型，如图 4 - 5 所示。

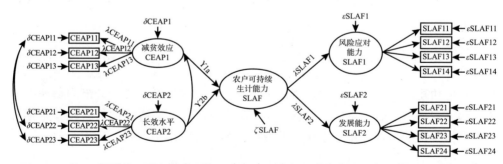

图 4 - 5　修正后的巩固拓展脱贫攻坚成果各维度对农户可持续生计能力影响结构方程模型

对上述修正后的巩固拓展脱贫攻坚成果各维度对农户可持续生计能力影响结构方程模型再次进行适配度检验，结果如表 4 - 25 所示。

表 4 – 25　　　　修正后的巩固拓展脱贫攻坚成果各维度对农户可持续生计
能力影响结构方程模型适配度检验

拟合指标	χ^2/df	AGFI	RMSEA	CFI	TLI	IFI	PNFI	RMR
观测值	1.464	0.895	0.050	0.988	0.985	0.988	0.741	0.019
拟合标准	<3.00	>0.80	<0.10	>0.90	>0.90	>0.90	>0.50	<0.05

从表 4 – 25 可以看出，修正后的巩固拓展脱贫攻坚成果各维度对农户可持续
生计能力影响结构方程模型各项拟合指标均符合拟合标准，说明修正后的巩固拓
展脱贫攻坚成果各维度对农户可持续生计能力影响结构方程模型适配度良好，因
此可以进行下一步分析，对修正后的巩固拓展脱贫攻坚成果各维度对农户可持续
生计能力影响结构方程模型进行路径参数估计，得到最终的巩固拓展脱贫攻坚成
果各维度对农户可持续生计能力影响结构方程模型，如图 4 – 6 和表 4 – 26 所示。

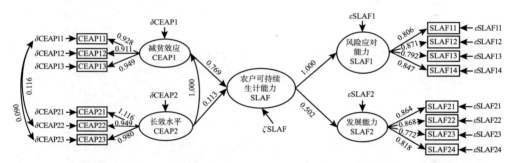

图 4 – 6　最终的巩固拓展脱贫攻坚成果各维度对农户可持续生计能力影响结构方程模型

表 4 – 26　　　　巩固拓展脱贫攻坚成果各维度对农户可持续生计能力影响的路径估计

路径	结构方程模型路径	标准化路径系数	C. R.	显著性水平	对应假设	检验结果
$\gamma 1_a$	CEAP1→SLAF	0.769	5.874	0.096	假设 H1a	支持
$\gamma 1_b$	CEAP2→SLAF	0.113	6.794	0.099	假设 H1b	支持

根据图 4 – 6 和表 4 – 26 的路径系数估计结果可以看出，巩固拓展脱贫攻坚
成果的减贫效应对农户可持续生计能力的作用系数为 0.769，巩固拓展脱贫攻坚
成果的长效水平对农户可持续生计能力的作用系数为 0.113，同时，两个路径系
数的显著性水平 P 均小于 0.1，表明均通过了显著性检验，即巩固拓展脱贫攻坚
成果的减贫效应与长效水平对农户可持续生计能力有显著促进作用。从系数大小
来看，减贫效应的影响强于长效水平的影响，因此，前文提出的研究假设
"H1a：巩固拓展脱贫攻坚成果产生的减贫效应对农户可持续生计具有显著的正

向作用"以及假设"H1b：巩固拓展脱贫攻坚成果产生的长效机制对农户可持续生计具有显著的正向作用"成立。

（二）巩固拓展脱贫攻坚成果对生计资本的影响分析

1. 巩固拓展脱贫攻坚成果整体对生计资本的影响分析

根据变量性质的确定标准，可以将巩固拓展脱贫攻坚成果整体对农户可持续生计作用中的各项变量进行归类，构建出巩固拓展脱贫攻坚成果整体对生计资本影响的原始结构方程模型，如图 4 - 7 所示。其中，巩固拓展脱贫攻坚成果（CEAP）是外生变量，生计资本（LCFE）是内生变量。

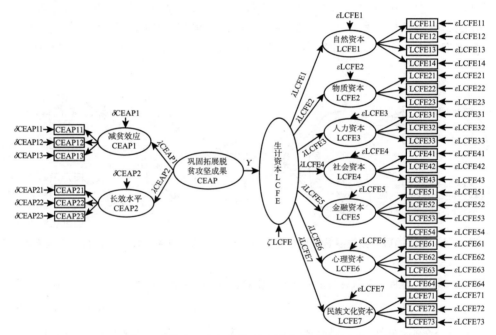

图 4 - 7　巩固拓展脱贫攻坚成果整体对生计资本影响的原始结构方程模型

根据图 4 - 7 显示，在巩固拓展脱贫攻坚成果整体对生计资本影响的原始结构方程模型中，共有 3 项外生潜变量，8 项内生潜变量，其中，外生显变量共有 6 项，而内生显变量最多，为 24 项。

为了进一步研究本书巩固拓展脱贫攻坚成果整体对生计资本的影响，逐一建立结构方程模型的测量方程和结构方程。

在分析构建测量模型构建中，巩固拓展脱贫攻坚成果（CEAP）、减贫效应（CEAP1）和长效水平（CEAP2）是外生潜变量，分别用 ξ_{CEAP}、ξ_{CEAP1}、ξ_{CEAP2} 来表示，对应 6 项观测变量，分别为 CEAP11、CEAP12、CEAP13、CEAP21、CEAP22、CEAP23；生计资本（LCFE）、自然资本（LCFE1）、物质资本（LCFE2）、人力资本（LCFE3）、社会资本（LCFE4）、金融资本（LCFE5）、心理资本（LCFE6）、民族文化资本（LCFE7）则是内生潜变量，分别用 η_{LCFE}、η_{LCFE1}、η_{LCFE2}、η_{LCFE3}、η_{LCFE4}、η_{LCFE5}、η_{LCFE6}、η_{LCFE7} 来表示，对应24项观测变量，分别为 LCFE11、LCFE12、LCFE13、LCFE14、LCFE21、LCFE22、LCFE23、LCFE31、LCFE32、LCFE33、LCFE41、LCFE42、LCFE43、LCFE51、LCFE52、LCFE53、LCFE54、LCFE61、LCFE62、LCFE63、LCFE64、LCFE71、LCFE72、LCFE73。根据以上变量设定，根据公式（3 – 7），得出以下观测模型的方程式：

$$
\begin{cases}
X_{\text{CEAP1}} = \lambda_{\text{CEAP1}}\xi_{\text{CEAP}} + \delta_{\text{CEAP1}}, \quad X_{\text{CEAP2}} = \lambda_{\text{CEAP2}}\xi_{\text{CEAP}} + \delta_{\text{CEAP2}}, \\
X_{\text{CEAP11}} = \lambda_{\text{CEAP11}}\xi_{\text{CEAP1}} + \delta_{\text{CEAP11}}, \quad X_{\text{CEAP12}} = \lambda_{\text{CEAP12}}\xi_{\text{CEAP1}} + \delta_{\text{CEAP12}}, \\
X_{\text{CEAP13}} = \lambda_{\text{CEAP13}}\xi_{\text{CEAP1}} + \delta_{\text{CEAP13}}, \quad X_{\text{CEAP21}} = \lambda_{\text{CEAP21}}\xi_{\text{CEAP2}} + \delta_{\text{CEAP21}}, \\
X_{\text{CEAP22}} = \lambda_{\text{CEAP22}}\xi_{\text{CEAP2}} + \delta_{\text{CEAP22}}, \quad X_{\text{CEAP23}} = \lambda_{\text{CEAP23}}\xi_{\text{CEAP2}} + \delta_{\text{CEAP23}}, \\
Y_{\text{LCFE1}} = \lambda_{\text{LCFE1}}\eta_{\text{LCFE}} + \varepsilon_{\text{LCFE1}}, \quad Y_{\text{LCFE2}} = \lambda_{\text{LCFE2}}\eta_{\text{LCFE}} + \varepsilon_{\text{LCFE2}}, \\
Y_{\text{LCFE3}} = \lambda_{\text{LCFE3}}\eta_{\text{LCFE}} + \varepsilon_{\text{LCFE3}}, \quad Y_{\text{LCFE4}} = \lambda_{\text{LCFE4}}\eta_{\text{LCFE}} + \varepsilon_{\text{LCFE4}}, \\
Y_{\text{LCFE5}} = \lambda_{\text{LCFE5}}\eta_{\text{LCFE}} + \varepsilon_{\text{LCFE5}}, \quad Y_{\text{LCFE6}} = \lambda_{\text{LCFE6}}\eta_{\text{LCFE}} + \varepsilon_{\text{LCFE6}}, \\
Y_{\text{LCFE7}} = \lambda_{\text{LCFE7}}\eta_{\text{LCFE}} + \varepsilon_{\text{LCFE7}}, \quad Y_{\text{LCFE11}} = \lambda_{\text{SLAF11}}\eta_{\text{SLAF1}} + \varepsilon_{\text{SLAF11}}, \\
Y_{\text{LCFE12}} = \lambda_{\text{LCFE12}}\eta_{\text{LCFE1}} + \varepsilon_{\text{LCFE12}}, \quad Y_{\text{LCFE13}} = \lambda_{\text{LCFE13}}\eta_{\text{LCFE1}} + \varepsilon_{\text{LCFE13}}, \\
Y_{\text{LCFE14}} = \lambda_{\text{LCFE14}}\eta_{\text{LCFE1}} + \varepsilon_{\text{LCFE14}}, \quad Y_{\text{LCFE21}} = \lambda_{\text{LCFE21}}\eta_{\text{LCFE2}} + \varepsilon_{\text{LCFE21}}, \\
Y_{\text{LCFE22}} = \lambda_{\text{LCFE22}}\eta_{\text{LCFE2}} + \varepsilon_{\text{LCFE22}}, \quad Y_{\text{LCFE23}} = \lambda_{\text{LCFE23}}\eta_{\text{LCFE2}} + \varepsilon_{\text{LCFE23}}, \\
Y_{\text{LCFE31}} = \lambda_{\text{LCFE31}}\eta_{\text{LCFE3}} + \varepsilon_{\text{LCFE31}}, \quad Y_{\text{LCFE32}} = \lambda_{\text{LCFE32}}\eta_{\text{LCFE3}} + \varepsilon_{\text{LCFE32}}, \\
Y_{\text{LCFE33}} = \lambda_{\text{LCFE33}}\eta_{\text{LCFE3}} + \varepsilon_{\text{LCFE33}}, \quad Y_{\text{LCFE41}} = \lambda_{\text{LCFE41}}\eta_{\text{LCFE4}} + \varepsilon_{\text{LCFE41}}, \\
Y_{\text{LCFE42}} = \lambda_{\text{LCFE42}}\eta_{\text{LCFE4}} + \varepsilon_{\text{LCFE42}}, \quad Y_{\text{LCFE43}} = \lambda_{\text{LCFE43}}\eta_{\text{LCFE4}} + \varepsilon_{\text{LCFE43}}, \\
Y_{\text{LCFE51}} = \lambda_{\text{LCFE51}}\eta_{\text{LCFE5}} + \varepsilon_{\text{LCFE51}}, \quad Y_{\text{LCFE52}} = \lambda_{\text{LCFE52}}\eta_{\text{LCFE5}} + \varepsilon_{\text{LCFE52}}, \\
Y_{\text{LCFE53}} = \lambda_{\text{LCFE53}}\eta_{\text{LCFE5}} + \varepsilon_{\text{LCFE53}}, \quad Y_{\text{LCFE54}} = \lambda_{\text{LCFE54}}\eta_{\text{LCFE5}} + \varepsilon_{\text{LCFE54}}, \\
Y_{\text{LCFE61}} = \lambda_{\text{LCFE61}}\eta_{\text{LCFE6}} + \varepsilon_{\text{LCFE61}}, \quad Y_{\text{LCFE62}} = \lambda_{\text{LCFE62}}\eta_{\text{LCFE6}} + \varepsilon_{\text{LCFE62}}, \\
Y_{\text{LCFE63}} = \lambda_{\text{LCFE63}}\eta_{\text{LCFE6}} + \varepsilon_{\text{LCFE63}}, \quad Y_{\text{LCFE64}} = \lambda_{\text{LCFE64}}\eta_{\text{LCFE6}} + \varepsilon_{\text{LCFE64}}, \\
Y_{\text{LCFE71}} = \lambda_{\text{LCFE71}}\eta_{\text{LCFE6}} + \varepsilon_{\text{LCFE71}}, \quad Y_{\text{LCFE72}} = \lambda_{\text{LCFE72}}\eta_{\text{LCFE6}} + \varepsilon_{\text{LCFE72}}, \\
\qquad\qquad Y_{\text{LCFE73}} = \lambda_{\text{LCFE73}}\eta_{\text{LCFE6}} + \varepsilon_{\text{LCFE73}}
\end{cases} \tag{4 – 4}
$$

在构建测量模型之后，用 γ 表示巩固拓展脱贫攻坚成果整体对农户可持续生计的影响作用，根据公式（3 – 8），建立结构模型，方程如下：

$$
\eta_{\text{LCFE}} = \gamma\xi_{\text{CEAP}} + \zeta_{\text{LCFE}} \tag{4 – 5}
$$

在成功建立巩固拓展脱贫攻坚成果整体对生计资本影响的原始结构方程模型

之后，将模型导入 Amos 软件中进行模型适配度的检验，根据各项拟合指数判断是否需要修正原始模型，计算结果如表 4 - 27 所示。

表 4 - 27　巩固拓展脱贫攻坚成果整体对生计资本影响的原始结构方程模型适配度检验

拟合指标	χ^2/df	AGFI	RMSEA	CFI	TLI	IFI	PNFI	RMR
观测值	5.928	0.519	0.163	0.707	0.678	0.670	0.678	0.043
拟合标准	<3.00	>0.80	<0.10	>0.90	>0.90	>0.90	>0.50	<0.05

从表 4 - 27 可以看出，巩固拓展脱贫攻坚成果整体对生计资本影响的原始结构方程模型的拟合指标结果大部分不满足拟合标准，其中，只有 RMR 和 PNFI 两项指标符合拟合标准，由此可以说明，整个模型不具备良好的适配度。为了使模型精度更高，使分析结果更准确，本书对巩固拓展脱贫攻坚成果整体对生计资本影响的原始结构方程模型进行修正调整。为此，对模型整体进行验证性因子分析，测算观测变量之间协方差关系的修正指数（MI 指标），MI 指标的值越大说明观测变量之间存在协方差关系的可能性越大。如果 MI 值大于 20，就说明两项变量之间有着较强关系，进而考虑对它们建立协方差关系后重新构建结构方程模型。经过计算，巩固拓展脱贫攻坚成果整体对生计资本影响的协方差关系 MI 指标大于 20 的结果如表 4 - 28 所示。

表 4 - 28　巩固拓展脱贫攻坚成果整体对生计资本影响的协方差关系——MI 指标

变量	关系	变量	MI 值	Par Change
LCFE61	↔	LCFE64	20.950	-0.062
LCFE21	↔	LCFE64	148.942	0.302
LCFE14	↔	LCFE64	168.722	0.322
LCFE14	↔	LCFE61	27.195	-0.068
LCFE14	↔	LCFE21	146.700	0.295
LCFE13	↔	LCFE62	163.566	0.132
LCFE12	↔	LCFE63	139.748	0.147
LCFE11	↔	LCFE64	20.116	-0.054
LCFE11	↔	LCFE61	226.190	0.102
LCFE11	↔	LCFE14	23.005	-0.058
CEAP11	↔	CEAP22	144.634	0.068

根据表 4－28 所示，LCFE61 与 LCFE64、LCFE21 与 LCFE64、LCFE14 与 LCFE64、LCFE14 与 LCFE61、LCFE14 与 LCFE21、LCFE13 与 LCFE62、LCFE12 与 LCFE63、LCFE11 与 LCFE64、LCFE11 与 LCFE61、LCFE11 与 LCFE14、CEAP22 与 LCFE12、CEAP11 与 CEAP22 之间具有较强关联，因此，对它们建立协方差关系后，重新构建修正后的巩固拓展脱贫攻坚成果整体对生计资本影响结构方程模型，如图 4－8 所示。

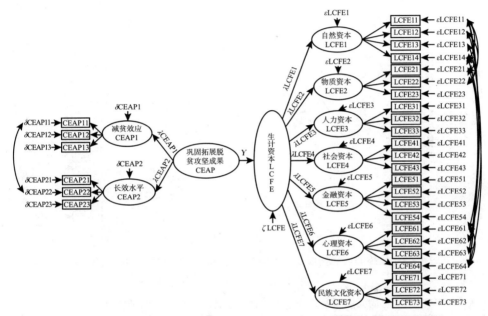

图 4－8　修正后的巩固拓展脱贫攻坚成果整体对生计资本影响结构方程模型

对上述修正后的巩固拓展脱贫攻坚成果整体对生计资本影响结构方程模型再次进行适配度检验，结果如表 4－29 所示。

表 4－29　修正后的巩固拓展脱贫攻坚成果整体对生计资本影响结构方程模型适配度检验

拟合指标	χ^2/df	AGFI	RMSEA	CFI	TLI	IFI	PNFI	RMR
观测值	2.797	0.887	0.098	0.947	0.984	0.947	0.793	0.030
拟合标准	<3.00	>0.80	<0.10	>0.90	>0.90	>0.90	>0.50	<0.05

从表 4－29 可以看出，修正后的巩固拓展脱贫攻坚成果整体对生计资本影响结构方程模型各项拟合指标均符合拟合标准，说明修正后的巩固拓展脱贫攻坚成果整体对生计资本影响结构方程模型适配度良好，可以进行下一步分析。对修正

后的巩固拓展脱贫攻坚成果整体对生计资本影响结构方程模型进行路径参数估计，得到最终的巩固拓展脱贫攻坚成果整体对生计资本影响结构方程模型，如图4-9和表4-30所示。

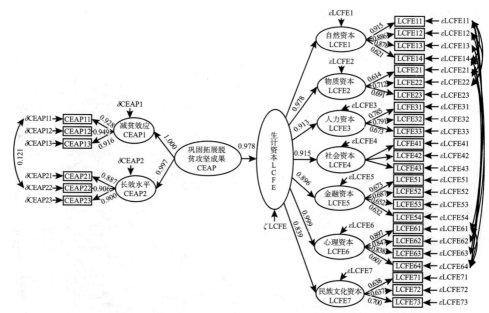

图4-9　最终的巩固拓展脱贫攻坚成果整体对生计资本影响结构方程模型

表4-30　　　　巩固拓展脱贫攻坚成果整体对生计资本影响的路径估计

路径	结构方程模型路径	标准化路径系数	C. R.	显著性水平	对应假设	检验结果
$\gamma2$	CEAP→LCFE	0.978	20.984	***	假设 H2	支持

注：*** 表示 $P < 0.01$。

根据图4-9和表4-30的路径系数估计结果可以看出，巩固拓展脱贫攻坚成果整体对生计资本的作用系数为0.978，且显著性水平 $P < 0.01$，表明其通过了显著性检验，即巩固拓展脱贫攻坚成果整体对生计资本有显著促进作用，因此，前文提出的研究假设"H2：巩固拓展脱贫攻坚成果对生计资本具有显著的正向作用"成立。

2. 巩固拓展脱贫攻坚成果不同维度对生计资本的影响分析

根据变量性质的确定标准，可以将巩固拓展脱贫攻坚成果不同维度对生计资本作用中的各项变量进行归类，构建出巩固拓展脱贫攻坚成果不同维度对生计资本影响的原始结构方程模型，如图4-10所示。其中，减贫效应（CEAP1）和长效水平（CEAP2）是外生变量，生计资本（LCFE）是内生变量。

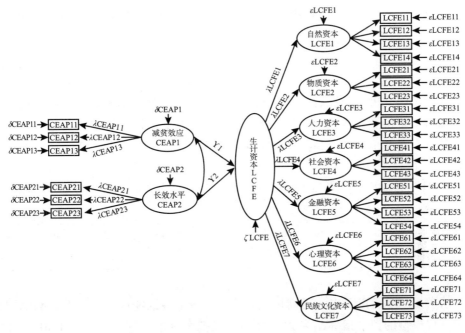

图 4 – 10　巩固拓展脱贫攻坚成果不同维度对生计资本影响的原始结构方程模型

根据图 4 – 10 显示，在巩固拓展脱贫攻坚成果不同维度对生计资本影响的原始结构方程模型中，共包含 2 项外生潜变量，8 项内生潜变量，还有 6 项外生显变量，24 项内生显变量。

为了进一步研究巩固拓展脱贫攻坚成果不同维度对生计资本的影响，逐一建立结构方程模型的测量方程和结构方程。

在构建分析测量模型构建中，减贫效应（CEAP1）和长效水平（CEAP2）是外生潜变量，分别用 ξ_{CEAP1}、ξ_{CEAP2} 来表示，对应 6 项观测变量，分别为 CEAP11、CEAP12、CEAP13、CEAP21、CEAP22、CEAP23；生计资本（LCFE）、自然资本（LCFE1）、物质资本（LCFE2）、人力资本（LCFE3）、社会资本（LCFE4）、金融资本（LCFE5）、心理资本（LCFE6）、民族文化资本（LCFE7）则是内生潜变量，分别用 η_{LCFE}、η_{LCFE1}、η_{LCFE2}、η_{LCFE3}、η_{LCFE4}、η_{LCFE5}、η_{LCFE6}、η_{LCFE7} 来表示，对应 24 项观测变量，分别为 LCFE11、LCFE12、LCFE13、LCFE14、LCFE21、LCFE22、LCFE23、LCFE31、LCFE32、LCFE33、LCFE41、LCFE42、LCFE43、LCFE51、LCFE52、LCFE53、LCFE54、LCFE61、LCFE62、LCFE63、LCFE64、LCFE71、LCFE72、LCFE73。根据以上变量设定，根据公式（4 – 1）可知，现

有的观测模型的方程式表达与公式（4-4）相同。

在构建测量模型之后，用 $\gamma1$ 和 $\gamma2$ 分别表示巩固拓展脱贫攻坚成果的减贫效应和长效水平对生计资本的影响作用，并根据公式（3-8），建立结构模型，方程如下：

$$\begin{cases} \eta_{LCFE} = \gamma1\xi_{CEAP1} + \zeta_{LCFE} \\ \eta_{LCFE} = \gamma2\xi_{CEAP2} + \zeta_{LCFE} \end{cases} \quad (4-6)$$

在成功建立巩固拓展脱贫攻坚成果各个维度对生计资本影响的原始结构方程模型之后，将模型导入 Amos 软件中进行模型适配度的检验，根据各项拟合指数判断是否需要修正原始模型，计算结果如表4-31所示。

表4-31　巩固拓展脱贫攻坚成果各维度对生计资本影响的原始结构方程模型适配度检验

拟合指标	χ^2/df	AGFI	RMSEA	CFI	TLI	IFI	PNFI	RMR
观测值	5.882	0.519	0.162	0.710	0.947	0.712	0.610	0.044
拟合标准	<3.00	>0.80	<0.10	>0.90	>0.90	>0.90	>0.50	<0.05

从表4-31可以看出，巩固拓展脱贫攻坚成果各维度对生计资本影响的原始结构方程模型的拟合指标结果大部分不满足拟合标准，其中，只有 RMR 和 PNFI、TLI 三项指标符合拟合标准，其他均不满足要求，说明该模型整体的模型适配度较差。为了使模型精度更高，使分析结果更准确，本书对巩固拓展脱贫攻坚成果各维度对生计资本影响的原始结构方程模型进行修正调整。为此，对模型整体进行验证性因子分析，测算观测变量之间协方差关系的修正指数（MI 指标），MI 指标的值越大说明观测变量之间存在协方差关系的可能性越大。如果 MI 值大于 20，就说明两项变量之间有着较强关系，进而考虑对它们建立协方差关系后重新构建结构方程模型。经过计算，巩固拓展脱贫攻坚成果各维度对生计资本影响的协方差关系 MI 指标大于 20 的结果如表4-32所示。

表4-32　巩固拓展脱贫攻坚成果各维度对生计资本影响的协方差关系——MI 指标

变量	关系	变量	MI 值	Par Change
LCFE61	↔	LCFE64	20.374	-0.061
LCFE21	↔	LCFE64	148.640	0.304
LCFE14	↔	LCFE64	168.712	0.324
LCFE14	↔	LCFE21	146.388	0.296
LCFE13	↔	LCFE62	163.587	0.132

续表

变量	关系	变量	MI 值	Par Change
LCFE12	↔	LCFE63	139.599	0.147
LCFE11	↔	LCFE61	227.874	0.101
LCFE11	↔	LCFE14	22.365	−0.056
CEAP11	↔	CEAP22	130.315	0.064

根据表 4-32 所示，LCFE61 与 LCFE64、LCFE21 与 LCFE64、LCFE14 与 LCFE64、LCFE14 与 LCFE21、LCFE13 与 LCFE62、LCFE12 与 LCFE63、LCFE11 与 LCFE61、LCFE11 与 LCFE14、CEAP11 与 CEAP22 之间具有较强关联，因此，对它们建立协方差关系后，重新构建修正后的巩固拓展脱贫攻坚成果各维度对生计资本影响结构方程模型，如图 4-11 所示。

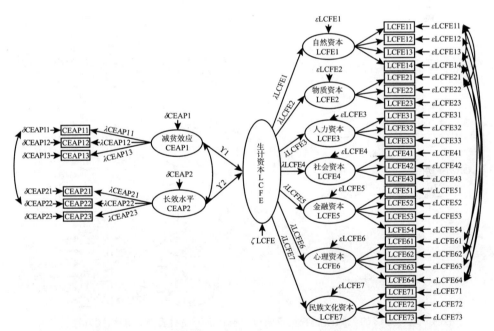

图 4-11　修正后的巩固拓展脱贫攻坚成果各维度对生计资本影响结构方程模型

对上述修正后的巩固拓展脱贫攻坚成果各维度对生计资本影响结构方程模型再次进行适配度检验，结果如表 4-33 所示。

表 4 - 33　　　　　修正后的巩固拓展脱贫攻坚成果各维度对生计资本
影响结构方程模型适配度检验

拟合指标	χ^2/df	AGFI	RMSEA	CFI	TLI	IFI	PNFI	RMR
观测值	1.690	0.863	0.061	0.961	0.955	0.961	0.787	0.027
拟合标准	<3.00	>0.80	<0.10	>0.90	>0.90	>0.90	>0.50	<0.05

从表 4 - 33 可以看出，修正后的巩固拓展脱贫攻坚成果各维度对生计资本影响结构方程模型各项拟合指标均符合拟合标准，说明修正后的巩固拓展脱贫攻坚成果各维度对生计资本影响结构方程模型适配度良好，可以进行下一步分析。对修正后的巩固拓展脱贫攻坚成果各维度对生计资本影响结构方程模型进行路径参数估计，得到最终的巩固拓展脱贫攻坚成果各维度对生计资本影响结构方程模型，如图 4 - 12 和表 4 - 34 所示。

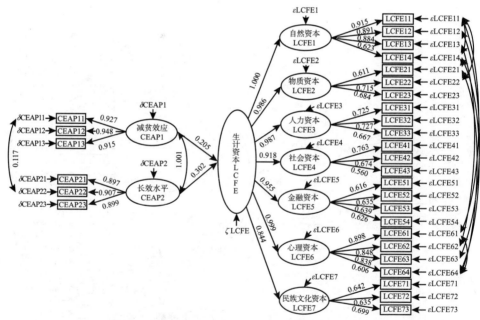

图 4 - 12　最终的巩固拓展脱贫攻坚成果各维度对生计资本影响结构方程模型

表 4 - 34　　　　巩固拓展脱贫攻坚成果各维度对生计资本影响的路径估计

路径	结构方程模型路径	标准化路径系数	C. R.	显著性水平	对应假设	检验结果
$\gamma 1$	CEAP1→LCFE	0.205	9.631	***	假设 H2a	支持
$\gamma 2$	CEAP2→LCFE	0.302	12.575	***	假设 H2b	支持

注：*** 表示 $P < 0.01$。

根据图 4 - 12 和表 4 - 34 的路径系数估计结果可以看出，巩固拓展脱贫攻坚成果的减贫效应对生计资本的作用系数为 0.205，巩固拓展脱贫攻坚成果的长效水平对生计资本的作用系数为 0.302，同时，两个路径系数的显著性水平 P 均小于 0.01，表明均通过了显著性检验，即巩固拓展脱贫攻坚成果的减贫效应与长效水平对生计资本有显著促进作用。从系数大小来看，长效水平的影响强于减贫效应的影响，因此，前文提出的研究假设"H2a：巩固拓展脱贫攻坚成果产生的减贫效应对生计资本具有显著的正向作用"以及假设"H2b：巩固拓展脱贫攻坚成果产生的长效机制对生计资本具有显著的正向作用"成立。

（三）生计资本对农户可持续生计能力的影响分析

1. 生计资本整体对农户可持续生计能力的影响分析

根据变量性质的确定标准，可以将生计资本整体对农户可持续生计作用中的各项变量进行归类，构建出生计资本整体对农户可持续生计能力影响的原始结构方程模型，如图 4 - 13 所示。其中，生计资本（LCFE）是外生变量，农户可持续生计（SLAF）是内生变量。

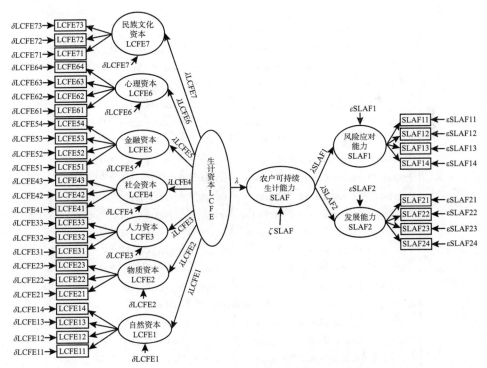

图 4 - 13　生计资本整体对农户可持续生计能力影响的原始结构方程模型

根据图 4 - 13 显示，在生计资本整体对农户可持续生计能力影响的原始结构方程模型中，共具备 8 项外生潜变量，只包含 3 项内生潜变量，占比更多的是外生显变量，共有 24 项，内生显变量有 8 项。

为了进一步研究生计资本整体对农户可持续生计能力的影响，逐一建立结构方程模型的测量方程和结构方程。

在分析构建测量模型构建中，生计资本（LCFE）、自然资本（LCFE1）、物质资本（LCFE2）、人力资本（LCFE3）、社会资本（LCFE4）、金融资本（LCFE5）、心理资本（LCFE6）、民族文化资本（LCFE7）是外生潜变量，分别用 ξ_{LCFE}、ξ_{LCFE1}、ξ_{LCFE2}、ξ_{LCFE3}、ξ_{LCFE4}、ξ_{LCFE5}、ξ_{LCFE6}、ξ_{LCFE7} 来表示，对应 24 项观测变量，分别为 LCFE11、LCFE12、LCFE13、LCFE14、LCFE21、LCFE22、LCFE23、LCFE31、LCFE32、LCFE33、LCFE41、LCFE42、LCFE43、LCFE51、LCFE52、LCFE53、LCFE54、LCFE61、LCFE62、LCFE63、LCFE64、LCFE71、LCFE72、LCFE73；农户可持续生计能力（SLAF）、风险应对能力（SLAF1）和发展能力（SLAF2）则是内生潜变量，分别用 η_{SLAF}、η_{SLAF1}、η_{SLAF2} 来表示，对应 8 项观测变量，分别为 SLAF11、SLAF12、SLAF13、SLAF14、SLAF21、SLAF22、SLAF23、SLAF24。根据以上变量设定，根据公式（3 - 7），构建观测模型的方程式表达如下：

$$
\begin{cases}
X_{\text{LCFE1}} = \lambda_{\text{LCFE1}}\xi_{\text{LCFE}} + \delta_{\text{LCFE1}}, \quad X_{\text{LCFE2}} = \lambda_{\text{LCFE2}}\xi_{\text{LCFE}} + \delta_{\text{LCFE2}}, \\
X_{\text{LCFE3}} = \lambda_{\text{LCFE3}}\xi_{\text{LCFE}} + \delta_{\text{LCFE3}}, \quad X_{\text{LCFE4}} = \lambda_{\text{LCFE4}}\xi_{\text{LCFE}} + \delta_{\text{LCFE4}}, \\
X_{\text{LCFE5}} = \lambda_{\text{LCFE5}}\xi_{\text{LCFE}} + \delta_{\text{LCFE5}}, \quad X_{\text{LCFE6}} = \lambda_{\text{LCFE6}}\xi_{\text{LCFE}} + \delta_{\text{LCFE6}}, \\
X_{\text{LCFE7}} = \lambda_{\text{LCFE7}}\xi_{\text{LCFE}} + \delta_{\text{LCFE7}}, \quad X_{\text{LCFE11}} = \lambda_{\text{SLAF11}}\xi_{\text{SLAF1}} + \delta_{\text{SLAF11}}, \\
X_{\text{LCFE12}} = \lambda_{\text{LCFE12}}\xi_{\text{LCFE1}} + \delta_{\text{LCFE12}}, \quad X_{\text{LCFE13}} = \lambda_{\text{LCFE13}}\xi_{\text{LCFE1}} + \delta_{\text{LCFE13}}, \\
X_{\text{LCFE14}} = \lambda_{\text{LCFE14}}\xi_{\text{LCFE1}} + \delta_{\text{LCFE14}}, \quad X_{\text{LCFE21}} = \lambda_{\text{LCFE21}}\xi_{\text{LCFE2}} + \delta_{\text{LCFE21}}, \\
X_{\text{LCFE22}} = \lambda_{\text{LCFE22}}\xi_{\text{LCFE2}} + \delta_{\text{LCFE22}}, \quad X_{\text{LCFE23}} = \lambda_{\text{LCFE23}}\xi_{\text{LCFE2}} + \delta_{\text{LCFE23}}, \\
X_{\text{LCFE31}} = \lambda_{\text{LCFE31}}\xi_{\text{LCFE3}} + \delta_{\text{LCFE31}}, \quad X_{\text{LCFE32}} = \lambda_{\text{LCFE32}}\xi_{\text{LCFE3}} + \delta_{\text{LCFE32}}, \\
X_{\text{LCFE33}} = \lambda_{\text{LCFE33}}\xi_{\text{LCFE3}} + \delta_{\text{LCFE33}}, \quad X_{\text{LCFE41}} = \lambda_{\text{LCFE41}}\xi_{\text{LCFE4}} + \delta_{\text{LCFE41}}, \\
X_{\text{LCFE42}} = \lambda_{\text{LCFE42}}\xi_{\text{LCFE4}} + \delta_{\text{LCFE42}}, \quad X_{\text{LCFE43}} = \lambda_{\text{LCFE43}}\xi_{\text{LCFE4}} + \delta_{\text{LCFE43}}, \\
X_{\text{LCFE51}} = \lambda_{\text{LCFE51}}\xi_{\text{LCFE5}} + \delta_{\text{LCFE51}}, \quad X_{\text{LCFE52}} = \lambda_{\text{LCFE52}}\xi_{\text{LCFE5}} + \delta_{\text{LCFE52}}, \\
X_{\text{LCFE53}} = \lambda_{\text{LCFE53}}\xi_{\text{LCFE5}} + \delta_{\text{LCFE53}}, \quad X_{\text{LCFE54}} = \lambda_{\text{LCFE54}}\xi_{\text{LCFE5}} + \delta_{\text{LCFE54}}, \\
X_{\text{LCFE61}} = \lambda_{\text{LCFE61}}\xi_{\text{LCFE6}} + \delta_{\text{LCFE61}}, \quad X_{\text{LCFE62}} = \lambda_{\text{LCFE62}}\xi_{\text{LCFE6}} + \delta_{\text{LCFE62}}, \\
X_{\text{LCFE63}} = \lambda_{\text{LCFE63}}\xi_{\text{LCFE6}} + \delta_{\text{LCFE63}}, \quad X_{\text{LCFE64}} = \lambda_{\text{LCFE64}}\xi_{\text{LCFE6}} + \delta_{\text{LCFE64}}, \\
X_{\text{LCFE71}} = \lambda_{\text{LCFE71}}\xi_{\text{LCFE6}} + \delta_{\text{LCFE71}}, \quad X_{\text{LCFE72}} = \lambda_{\text{LCFE72}}\xi_{\text{LCFE6}} + \delta_{\text{LCFE72}}, \\
\qquad\qquad X_{\text{LCFE73}} = \lambda_{\text{LCFE73}}\xi_{\text{LCFE6}} + \delta_{\text{LCFE73}} \\
Y_{\text{SLAF1}} = \lambda_{\text{SLAF1}}\eta_{\text{SLAF}} + \varepsilon_{\text{SLAF1}}, \quad Y_{\text{SLAF2}} = \lambda_{\text{SLAF2}}\eta_{\text{SLAF}} + \varepsilon_{\text{SLAF2}}, \\
Y_{\text{SLAF11}} = \lambda_{\text{SLAF11}}\eta_{\text{SLAF1}} + \varepsilon_{\text{SLAF11}}, \quad Y_{\text{SLAF12}} = \lambda_{\text{SLAF12}}\eta_{\text{SLAF1}} + \varepsilon_{\text{SLAF12}}, \\
Y_{\text{SLAF13}} = \lambda_{\text{SLAF13}}\eta_{\text{SLAF1}} + \varepsilon_{\text{SLAF13}}, \quad Y_{\text{SLAF14}} = \lambda_{\text{SLAF14}}\eta_{\text{SLAF1}} + \varepsilon_{\text{SLAF14}}, \\
Y_{\text{SLAF21}} = \lambda_{\text{SLAF21}}\eta_{\text{SLAF2}} + \varepsilon_{\text{SLAF21}}, \quad Y_{\text{SLAF22}} = \lambda_{\text{SLAF22}}\eta_{\text{SLAF2}} + \varepsilon_{\text{SLAF22}}, \\
Y_{\text{SLAF23}} = \lambda_{\text{SLAF23}}\eta_{\text{SLAF2}} + \varepsilon_{\text{SLAF23}}, \quad Y_{\text{SLAF24}} = \lambda_{\text{SLAF24}}\eta_{\text{SLAF2}} + \varepsilon_{\text{SLAF24}}
\end{cases} \tag{4-7}
$$

在构建测量模型之后，用 γ_3 表示生计资本整体对农户可持续生计的影响作用，根据公式（3-8），建立结构模型方程如下：

$$\eta_{SLAF} = \gamma\xi_{LCFE} + \zeta_{SLAF} \qquad (4-8)$$

在成功建立生计资本整体对农户可持续生计能力影响的原始结构方程模型之后，将模型导入 Amos 软件中进行模型适配度的检验，根据各项拟合指数判断是否需要修正原始模型，计算结果如表 4-35 所示。

表 4-35　生计资本整体对农户可持续生计能力影响的原始结构方程模型适配度检验

拟合指标	χ^2/df	AGFI	RMSEA	CFI	TLI	IFI	PNFI	RMR
观测值	5.091	0.557	0.148	0.683	0.653	0.685	0.582	0.043
拟合标准	<3.00	>0.80	<0.10	>0.90	>0.90	>0.90	>0.50	<0.05

从表 4-35 可以看出，生计资本整体对农户可持续生计能力影响的原始结构方程模型的拟合指标结果大部分不满足拟合标准，其中，只有 RMR 和 PNFI 两项指标符合拟合标准，其他都不符合拟合标准，由此可见，模型的整体适配度并不符合标准。为了使模型精度更高，使分析结果更准确，本书对生计资本整体对农户可持续生计能力影响的原始结构方程模型进行修正调整。为此，对模型整体进行验证性因子分析，测算观测变量之间协方差关系的修正指数（MI 指标），MI 指标的值越大说明观测变量之间存在协方差关系的可能性越大。如果 MI 值大于20，就说明两项变量之间有着较强关系，进而考虑对它们建立协方差关系后重新构建结构方程模型。经过计算，生计资本整体对农户可持续生计能力影响的协方差关系 MI 指标大于 20 的结果如表 4-36 所示。

表 4-36　生计资本整体对农户可持续生计能力影响的协方差关系——MI 指标

变量	关系	变量	MI 值	Par Change
LCFE21	↔	LCFE64	150.127	0.300
LCFE14	↔	LCFE64	169.768	0.319
LCFE14	↔	LCFE61	24.097	-0.069
LCFE14	↔	LCFE21	147.734	0.292
LCFE13	↔	LCFE62	174.005	0.137
LCFE12	↔	LCFE63	147.327	0.150
LCFE11	↔	LCFE61	238.455	0.124
LCFE13	↔	LCFE23	20.937	-0.032

根据表 4 - 36 所示，LCFE21 与 LCFE64、LCFE14 与 LCFE64、LCFE14 与 LCFE61、LCFE14 与 LCFE21、LCFE13 与 LCFE62、LCFE12 与 LCFE63、LCFE11 与 LCFE61、LCFE13 与 LCFE23 之间具有较强关联，因此，对它们建立协方差关系后，重新构建修正后的生计资本整体对农户可持续生计能力影响结构方程模型，如图 4 - 14 所示。

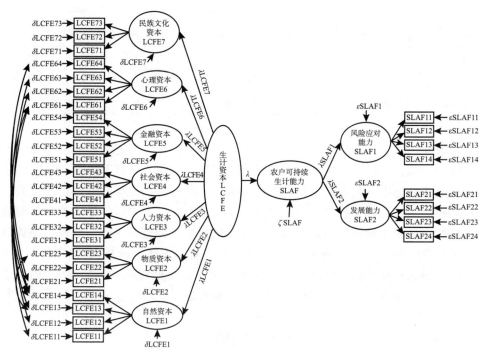

图 4 - 14　修正后的生计资本整体对农户可持续生计能力影响结构方程模型

对上述修正后的生计资本整体对农户可持续生计能力影响结构方程模型再次进行适配度检验，结果如表 4 - 37 所示。

表 4 - 37　修正后的生计资本整体对农户可持续生计能力影响结构方程模型适配度检验

拟合指标	χ^2/df	AGFI	RMSEA	CFI	TLI	IFI	PNFI	RMR
观测值	1.745	0.745	0.063	0.943	0.937	0.944	0.789	0.030
拟合标准	<3.00	>0.80	<0.10	>0.90	>0.90	>0.90	>0.50	<0.05

从表 4 - 37 可以看出，修正后的生计资本整体对农户可持续生计能力影响结构方程模型各项拟合指标基本都符合拟合标准，只有 AGFI 一项指标没有符合拟

合标准，说明修正后的生计资本整体对农户可持续生计能力影响结构方程模型适配度良好，可以进行下一步分析。对修正后的生计资本整体对农户可持续生计能力影响结构方程模型进行路径参数估计，得到最终的生计资本整体对农户可持续生计能力影响结构方程模型，如图 4－15 和表 4－38 所示。

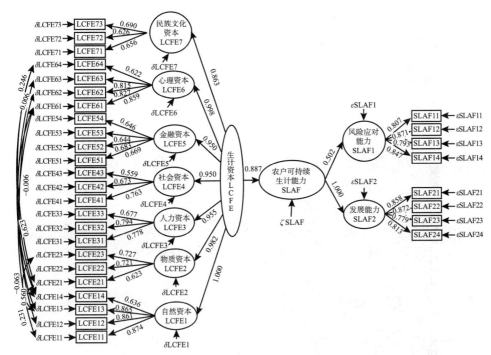

图 4－15　最终的生计资本整体对农户可持续生计能力影响结构方程模型

表 4－38　　　　生计资本整体对农户可持续生计能力影响的路径估计

路径	结构方程模型路径	标准化路径系数	C. R.	显著性水平	对应假设	检验结果
γ3	LCFE→SLAF	0.887	5.753	***	假设 H3	支持

注：*** 表示 $P < 0.01$。

根据图 4－15 和表 4－38 的路径系数估计结果可以看出，生计资本整体对农户可持续生计能力的作用系数为 0.887，且显著性水平 $P < 0.01$，表明其通过了显著性检验，即生计资本整体对农户可持续生计能力有显著促进作用，因此，前文提出的研究假设"H3：生计资本对农户可持续生计能力具有显著的正向作用"成立。

2. 生计资本不同维度对农户可持续生计能力的影响分析

根据变量性质的确定标准，可以将生计资本各维度对农户可持续生计作用中的各项变量进行归类，构建出巩固拓展脱贫攻坚成果各维度对生计资本影响的原始结构方程模型，如图 4 – 16 所示。其中，自然资本（LCFE1）、物质资本（LCFE2）、人力资本（LCFE3）、社会资本（LCFE4）、金融资本（LCFE5）、心理资本（LCFE6）、民族文化资本（LCFE7）是外生变量，农户可持续生计（SLAF）是内生变量。

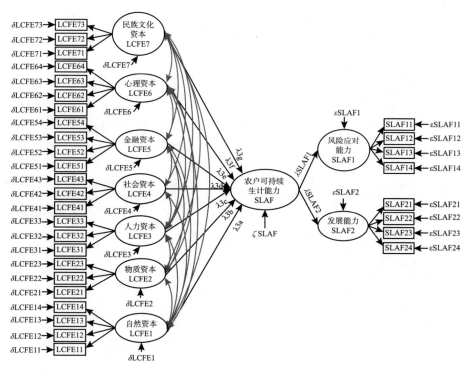

图 4 – 16　生计资本各维度对农户可持续生计能力影响的原始结构方程模型

根据图 4 – 16 显示，在生计资本各维度对农户可持续生计能力影响的原始结构方程模型中，共包含 7 项外生潜变量，3 项内生潜变量，最多的是外生显变量，共有 24 项，内生显变量有 8 项。为了进一步对生计资本不同维度对农户可持续生计能力影响进行分析对比，建立相关的结构方程模型的测量方程和结构方程。

在对比研究构建测量模型中，自然资本（LCFE1）、物质资本（LCFE2）、人力资本（LCFE3）、社会资本（LCFE4）、金融资本（LCFE5）、心理资本（LCFE6）、民族文化资本（LCFE7）是外生潜变量，分别用 ξ_{LCFE1}、ξ_{LCFE2}、ξ_{LCFE3}、ξ_{LCFE4}、ξ_{LCFE5}、ξ_{LCFE6}、ξ_{LCFE7} 来表示，对应 24 项观测变量，分别为 LCFE11、LCFE12、LCFE13、LCFE14、LCFE21、LCFE22、LCFE23、LCFE31、LCFE32、

LCFE33、LCFE41、LCFE42、LCFE43、LCFE51、LCFE52、LCFE53、LCFE54、LCFE61、LCFE62、LCFE63、LCFE64、LCFE71、LCFE72、LCFE73；农户可持续生计能力（SLAF）、风险应对能力（SLAF1）和发展能力（SLAF2）则是内生潜变量，分别用 η_{SLAF}、η_{SLAF1}、η_{SLAF2} 来表示，对应 8 项观测变量，分别为 SLAF11、SLAF12、SLAF13、SLAF14、SLAF21、SLAF22、SLAF23、SLAF24。根据以上变量设定，根据公式（3 – 7），构建观测模型的方程式表达与公式（4 – 7）相同。

在构建测量模型之后，用 γ_1、γ_2、γ_3、γ_4、γ_5、γ_6、γ_7 分别表示生计资本各维度对农户可持续生计的影响作用，根据公式（3 – 8），建立结构模型，方程如下：

$$\begin{cases} \eta_{SLAF} = \gamma_1\xi_{LCFE1} + \zeta_{SLAF} \\ \eta_{SLAF} = \gamma_2\xi_{LCFE2} + \zeta_{SLAF} \\ \eta_{SLAF} = \gamma_3\xi_{LCFE3} + \zeta_{SLAF} \\ \eta_{SLAF} = \gamma_4\xi_{LCFE4} + \zeta_{SLAF} \\ \eta_{SLAF} = \gamma_5\xi_{LCFE5} + \zeta_{SLAF} \\ \eta_{SLAF} = \gamma_6\xi_{LCFE6} + \zeta_{SLAF} \\ \eta_{SLAF} = \gamma_7\xi_{LCFE7} + \zeta_{SLAF} \end{cases} \qquad (4-9)$$

在成功建立生计资本各维度对农户可持续生计能力影响的原始结构方程模型之后，将模型导入 Amos 软件中进行模型适配度的检验，根据各项拟合指数判断是否需要修正构建的原始模型，并将结果汇总如表 4 – 39 所示。

表 4 – 39　生计资本各维度对农户可持续生计能力影响的原始结构方程模型适配度检验

拟合指标	χ^2/df	AGFI	RMSEA	CFI	TLI	IFI	PNFI	RMR
观测值	5.091	0.557	0.148	0.683	0.653	0.685	0.582	0.043
拟合标准	<3.00	>0.80	<0.10	>0.90	>0.90	>0.90	>0.50	<0.05

从表 4 – 39 可以看出，生计资本各维度对农户可持续生计能力影响的原始结构方程模型的拟合指标结果大部分不满足拟合标准，其中，只有 RMR 和 PNFI 两项指标符合拟合标准，其他模型的数据均不符合拟合标准，因此，可以看出模型的适配度不满足要求。为了使模型精度更高，使分析结果更准确，本书对生计资本各维度对农户可持续生计能力影响的原始结构方程模型进行修正调整。为此，对模型整体进行验证性因子分析，测算观测变量之间协方差关系的修正指数（MI 指标），MI 指标的值越大说明观测变量之间存在协方差关系的可能性越大。如果 MI 值大于 20，就说明两项变量之间有着较强关系，进而考虑对它们建立协方差关系后重新构建结构方程模型。

经过分析对比，可以看出生计资本不同维度对农户的可持续生计能力影响的协方差关系 MI 指标大于 20 的结果如表 4 – 40 所示。

表 4 – 40　　　生计资本各维度对农户可持续生计能力影响的协方差关系——MI 指标

变量	关系	变量	MI 值	Par Change
LCFE21	↔	LCFE64	116. 846	0. 256
LCFE14	↔	LCFE64	147. 979	0. 296
LCFE14	↔	LCFE21	119. 828	0. 254
LCFE13	↔	LCFE62	95. 408	0. 103
LCFE12	↔	LCFE63	48. 830	0. 096
LCFE11	↔	LCFE63	25. 147	− 0. 054
LCFE11	↔	LCFE62	21. 716	− 0. 044
LCFE11	↔	LCFE61	113. 890	0. 090

据表 4 – 40 所示，LCFE21 与 LCFE64、LCFE14 与 LCFE64、LCFE14 与 LCFE21、LCFE13 与 LCFE62、LCFE12 与 LCFE63、LCFE11 与 LCFE63、LCFE11 与 LCFE62、LCFE11 与 LCFE61 之间具有较强关联，因此对它们建立协方差关系后，重新构建修正后的生计资本各维度对农户可持续生计能力影响结构方程模型，如图 4 – 17 所示。

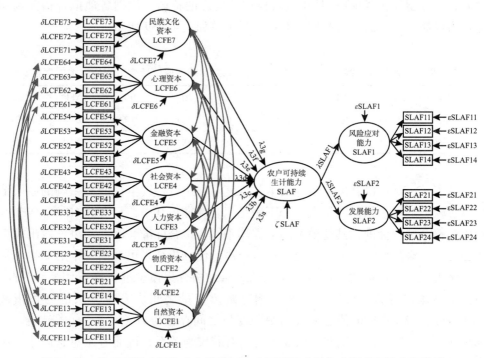

图 4 – 17　修正后的生计资本各维度对农户可持续生计能力影响结构方程模型

对上述修正后的生计资本各维度对农户可持续生计能力影响结构方程模型再次进行适配度检验，结果如表4-41所示。

表4-41 修正后的生计资本各维度对农户可持续生计能力影响结构方程模型适配度检验

拟合指标	χ^2/df	AGFI	RMSEA	CFI	TLI	IFI	PNFI	RMR
观测值	1.881	0.751	0.069	0.936	0.925	0.936	0.752	0.090
拟合标准	<3.00	>0.80	<0.10	>0.90	>0.90	>0.90	>0.50	<0.05

从表4-41可以看出，修正后的生计资本各维度对农户可持续生计能力影响结构方程模型各项拟合指标基本都符合拟合标准，只有AGFI一项指标没有符合拟合标准，说明修正后的生计资本各维度对农户可持续生计能力影响结构方程模型适配度良好，可以进行下一步分析。对修正后的生计资本各维度对农户可持续生计能力影响结构方程模型进行路径参数估计，以此得到最终的数据，并将其进行汇总，得到最终的生计资本各维度对农户可持续生计能力影响结构方程模型，如图4-18和表4-42所示。

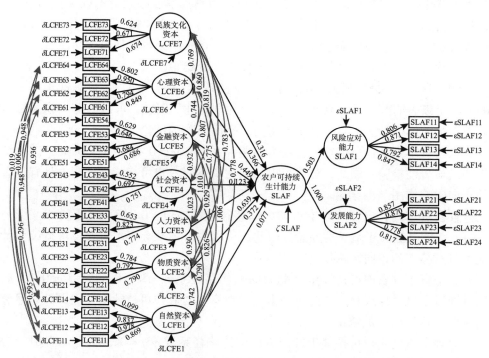

图4-18 最终的生计资本各维度对农户可持续生计能力影响结构方程模型

表 4 - 42　　　　　　生计资本各维度对农户可持续生计能力影响的路径估计

路径	结构方程模型路径	标准化路径系数	C. R.	显著性水平	对应假设	检验结果
$\gamma 3a$	LCFE1→SLAF	0.077	5.887	***	假设 H3a	支持
$\gamma 3b$	LCFE2→SLAF	0.372	9.340	***	假设 H3b	支持
$\gamma 3c$	LCFE3→SLAF	0.639	2.796	0.02	假设 H3c	支持
$\gamma 3d$	LCFE4→SLAF	0.123	7.631	***	假设 H3d	支持
$\gamma 3e$	LCFE5→SLAF	0.449	8.179	0.05	假设 H3e	支持
$\gamma 3f$	LCFE6→SLAF	0.366	7.310	***	假设 H3f	支持
$\gamma 3g$	LCFE7→SLAF	0.316	1.415	0.157	假设 H3g	不支持

注： *** 表示 $P < 0.01$。

根据图 4 - 18 和表 4 - 42 中的数据结果看，分析得出的生计资本不同维度对农户可持续生计能力存在不同程度的影响，分别体现在以下几方面：影响最大的是人力资本，其次是金融资本，随后分别是物质资本、心理资本以及社会资本，最后是自然资本。在自然资本对农户可持续生计能力影响的路径系数中，$\gamma 3a = 0.077$，$P < 0.01$，说明显著性效果明显。基于这一结果可以得出"自然资本对农户可持续生计能力具有显著的正向影响作用"的结论。

物质资本到农户可持续生计能力的路径系数 $\gamma 3b = 0.372$，显著性水平 $P < 0.01$，足以表明数据的可靠性，以及实验的准确性。因此，可以得出"物质资本对农户可持续生计能力具有显著的正向影响作用"的结论。

人力资本到农户可持续生计能力的路径系数 $\gamma 3c = 0.639$，$P < 0.05$，表明结果通过显著性检验。因此，可以得出"人力资本对农户可持续生计能力具有显著的正向影响作用"的结论。

社会资本到农户可持续生计能力的路径系数 $\gamma 3d = 0.123$，显著性水平 $P < 0.01$，表明其通过了显著性检验。因此，可以得出"社会资本对农户可持续生计能力具有显著的正向影响作用"的结论。

金融资本到农户可持续生计能力影响的路径系数 $\gamma 3e = 0.449$，$P < 0.1$，表明其通过了显著性检验。由此可得出"金融资本对农户可持续生计能力具有显著的正向影响作用"的结论。

心理资本到农户可持续生计能力影响的路径系数 $\gamma 3f = 0.366$，$P < 0.01$，表明其通过了显著性检验。因此，可以得出"心理资本对农户可持续生计能力具有显著的正向影响作用"的结论。

民族文化资本对农户可持续生计能力影响的作用路径不能通过显著性检验，因此无法得出"民族文化资本对农户可持续生计能力具有显著的正向影响作用"的结论。这可能是由于提高农户可持续生计能力的关键是要有较强的生计创新能力，它能够对农户的收入造成直接的影响；包括自然资本在内的其他 6 种生计资本，对农户的收入有更为明显的影响。而民族文化资本的积累需要更加漫长的过程，农户本民族或与其他民族之间的相互帮助更多体现在日常生活和民族文化的传承与延续方面，短期内很难转化为经济效益，不利于生计能力的提升，随着各民族交往交流交融，少数民族农户越来越少依赖民族文化生计方式。由此可见，人们容易忽视农户生计活动中最重要的民族文化这部分内容，因此，这一影响因素起到的作用微乎其微。

通过以上结论，可以分别验证假设 H3a、H3b、H3c、H3d、H3e 和 H3f 的合理性以及假设 H3g 的不合理性。

（四）生计资本的中介效应分析

前文主要对巩固拓展脱贫攻坚成果、生计资本、农户可持续生计能力三种变量中两两变量之间的关系进行了分析，并对其假设进行了验证。然而，巩固拓展脱贫攻坚成果同农户可持续生计能力这两个因素之间究竟有没有中介效应，还有待于进一步的检验。本书接下来将对这两个因素展开中介效应分析，以生计资本为中介变量，巩固拓展脱贫攻坚成果为自变量，以农户可持续生计能力为因变量，对生计资本在巩固拓展脱贫攻坚成果与农户可持续生计能力之间的中介效应进行验证。

1. 生计资本的整体中介效应分析

根据变量性质的确定标准，可以将生计资本整体作用于农户可持续生计能力的各项变量进行归类，构建出生计资本整体中介效应的原始结构方程模型，如图 4 - 19 所示。其中，巩固拓展脱贫攻坚成果（CEAP）是自变量，生计资本（LCFE）是中介变量，农户可持续生计能力（SLAF）是因变量。

根据图 4 - 19 显示，在生计资本整体中介效应的原始结构方程模型中，外生潜变量共有 3 项，内生潜变量共有 11 项，而外生显变量与内生显变量的数量分别为 6 项和 32 项。

在此基础上，分别构建计量公式与结构公式，并通过实证分析，探讨农户生计资本对其可持续生计能力的影响。

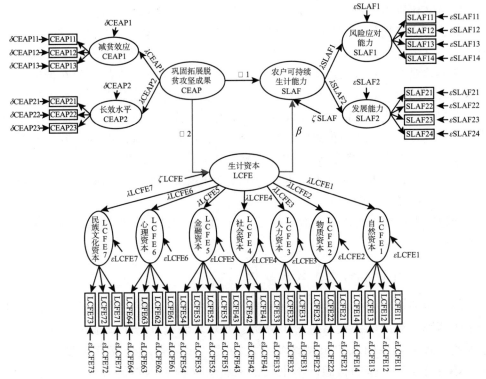

图 4 – 19　生计资本整体中介效应的原始结构方程模型

在实际的测量模型构建中，巩固拓展脱贫攻坚成果（CEAP）、减贫效应（CEAP1）和长效水平（CEAP2）是外生潜变量，分别用 ξ_{CEAP}、ξ_{CEAP1}、ξ_{CEAP2}来表示，对应 6 项观测变量，分别为 CEAP11、CEAP12、CEAP13、CEAP21、CEAP22、CEAP23；生计资本（LCFE）、自然资本（LCFE1）、物质资本（LCFE2）、人力资本（LCFE3）、社会资本（LCFE4）、金融资本（LCFE5）、心理资本（LCFE6）、民族文化资本（LCFE7）是内生潜变量，分别用 η_{LCFE}、η_{LCFE1}、η_{LCFE2}、η_{LCFE3}、η_{LCFE4}、η_{LCFE5}、η_{LCFE6}、η_{LCFE7}来表示，对应 24 项观测变量，分别为 LCFE11、LCFE12、LCFE13、LCFE14、LCFE21、LCFE22、LCFE23、LCFE31、LCFE32、LCFE33、LCFE41、LCFE42、LCFE43、LCFE51、LCFE52、LCFE53、LCFE54、LCFE61、LCFE62、LCFE63、LCFE64、LCFE71、LCFE72、LCFE73；农户可持续生计能力（SLAF）、风险应对能力（SLAF1）和发展能力（SLAF2）则是内生潜变量，分别用 η_{SLAF}、η_{SLAF1}、η_{SLAF2}来表示，对应 8 项观测变量，分别为 SLAF11、SLAF12、SLAF13、SLAF14、SLAF21、SLAF22、SLAF23、SLAF24。根据以上变量设定，根据公式（3 – 7），构建观测模型的方程式表达如下：

$$
\left\{
\begin{aligned}
&X_{\mathrm{CEAP1}} = \lambda_{\mathrm{CEAP1}}\xi_{\mathrm{CEAP}} + \delta_{\mathrm{CEAP1}}, \quad X_{\mathrm{CEAP2}} = \lambda_{\mathrm{CEAP2}}\xi_{\mathrm{CEAP}} + \delta_{\mathrm{CEAP2}}, \\
&X_{\mathrm{CEAP11}} = \lambda_{\mathrm{CEAP11}}\xi_{\mathrm{CEAP1}} + \delta_{\mathrm{CEAP11}}, \quad X_{\mathrm{CEAP12}} = \lambda_{\mathrm{CEAP12}}\xi_{\mathrm{CEAP1}} + \delta_{\mathrm{CEAP12}}, \\
&X_{\mathrm{CEAP13}} = \lambda_{\mathrm{CEAP13}}\xi_{\mathrm{CEAP1}} + \delta_{\mathrm{CEAP13}}, \quad X_{\mathrm{CEAP21}} = \lambda_{\mathrm{CEAP21}}\xi_{\mathrm{CEAP2}} + \delta_{\mathrm{CEAP21}}, \\
&X_{\mathrm{CEAP22}} = \lambda_{\mathrm{CEAP22}}\xi_{\mathrm{CEAP2}} + \delta_{\mathrm{CEAP22}}, \quad X_{\mathrm{CEAP23}} = \lambda_{\mathrm{CEAP23}}\xi_{\mathrm{CEAP2}} + \delta_{\mathrm{CEAP23}}, \\
&Y_{\mathrm{LCFE1}} = \lambda_{\mathrm{LCFE1}}\eta_{\mathrm{LCFE}} + \varepsilon_{\mathrm{LCFE1}}, \quad Y_{\mathrm{LCFE2}} = \lambda_{\mathrm{LCFE2}}\eta_{\mathrm{LCFE}} + \varepsilon_{\mathrm{LCFE2}}, \\
&Y_{\mathrm{LCFE3}} = \lambda_{\mathrm{LCFE3}}\eta_{\mathrm{LCFE}} + \varepsilon_{\mathrm{LCFE3}}, \quad Y_{\mathrm{LCFE4}} = \lambda_{\mathrm{LCFE4}}\eta_{\mathrm{LCFE}} + \varepsilon_{\mathrm{LCFE4}}, \\
&Y_{\mathrm{LCFE5}} = \lambda_{\mathrm{LCFE5}}\eta_{\mathrm{LCFE}} + \varepsilon_{\mathrm{LCFE5}}, \quad Y_{\mathrm{LCFE6}} = \lambda_{\mathrm{LCFE6}}\eta_{\mathrm{LCFE}} + \varepsilon_{\mathrm{LCFE6}}, \\
&Y_{\mathrm{LCFE7}} = \lambda_{\mathrm{LCFE7}}\eta_{\mathrm{LCFE}} + \varepsilon_{\mathrm{LCFE7}}, \quad Y_{\mathrm{LCFE11}} = \lambda_{\mathrm{SLAF11}}\eta_{\mathrm{SLAF1}} + \varepsilon_{\mathrm{SLAF11}}, \\
&Y_{\mathrm{LCFE12}} = \lambda_{\mathrm{LCFE12}}\eta_{\mathrm{LCFE1}} + \varepsilon_{\mathrm{LCFE12}}, \quad Y_{\mathrm{LCFE13}} = \lambda_{\mathrm{LCFE13}}\eta_{\mathrm{LCFE1}} + \varepsilon_{\mathrm{LCFE13}}, \\
&Y_{\mathrm{LCFE14}} = \lambda_{\mathrm{LCFE14}}\eta_{\mathrm{LCFE1}} + \varepsilon_{\mathrm{LCFE14}}, \quad Y_{\mathrm{LCFE21}} = \lambda_{\mathrm{LCFE21}}\eta_{\mathrm{LCFE2}} + \varepsilon_{\mathrm{LCFE21}}, \\
&Y_{\mathrm{LCFE22}} = \lambda_{\mathrm{LCFE22}}\eta_{\mathrm{LCFE2}} + \varepsilon_{\mathrm{LCFE22}}, \quad Y_{\mathrm{LCFE23}} = \lambda_{\mathrm{LCFE23}}\eta_{\mathrm{LCFE2}} + \varepsilon_{\mathrm{LCFE23}}, \\
&Y_{\mathrm{LCFE31}} = \lambda_{\mathrm{LCFE31}}\eta_{\mathrm{LCFE3}} + \varepsilon_{\mathrm{LCFE31}}, \quad Y_{\mathrm{LCFE32}} = \lambda_{\mathrm{LCFE32}}\eta_{\mathrm{LCFE3}} + \varepsilon_{\mathrm{LCFE32}}, \\
&Y_{\mathrm{LCFE33}} = \lambda_{\mathrm{LCFE33}}\eta_{\mathrm{LCFE3}} + \varepsilon_{\mathrm{LCFE33}}, \quad Y_{\mathrm{LCFE41}} = \lambda_{\mathrm{LCFE41}}\eta_{\mathrm{LCFE4}} + \varepsilon_{\mathrm{LCFE41}}, \\
&Y_{\mathrm{LCFE42}} = \lambda_{\mathrm{LCFE42}}\eta_{\mathrm{LCFE4}} + \varepsilon_{\mathrm{LCFE42}}, \quad Y_{\mathrm{LCFE43}} = \lambda_{\mathrm{LCFE43}}\eta_{\mathrm{LCFE4}} + \varepsilon_{\mathrm{LCFE43}}, \\
&Y_{\mathrm{LCFE51}} = \lambda_{\mathrm{LCFE51}}\eta_{\mathrm{LCFE5}} + \varepsilon_{\mathrm{LCFE51}}, \quad Y_{\mathrm{LCFE52}} = \lambda_{\mathrm{LCFE52}}\eta_{\mathrm{LCFE5}} + \varepsilon_{\mathrm{LCFE52}}, \\
&Y_{\mathrm{LCFE53}} = \lambda_{\mathrm{LCFE53}}\eta_{\mathrm{LCFE5}} + \varepsilon_{\mathrm{LCFE53}}, \quad Y_{\mathrm{LCFE54}} = \lambda_{\mathrm{LCFE54}}\eta_{\mathrm{LCFE5}} + \varepsilon_{\mathrm{LCFE54}}, \\
&Y_{\mathrm{LCFE61}} = \lambda_{\mathrm{LCFE61}}\eta_{\mathrm{LCFE6}} + \varepsilon_{\mathrm{LCFE61}}, \quad Y_{\mathrm{LCFE62}} = \lambda_{\mathrm{LCFE62}}\eta_{\mathrm{LCFE6}} + \varepsilon_{\mathrm{LCFE62}}, \\
&Y_{\mathrm{LCFE63}} = \lambda_{\mathrm{LCFE63}}\eta_{\mathrm{LCFE6}} + \varepsilon_{\mathrm{LCFE63}}, \quad Y_{\mathrm{LCFE64}} = \lambda_{\mathrm{LCFE64}}\eta_{\mathrm{LCFE6}} + \varepsilon_{\mathrm{LCFE64}}, \\
&Y_{\mathrm{LCFE71}} = \lambda_{\mathrm{LCFE71}}\eta_{\mathrm{LCFE6}} + \varepsilon_{\mathrm{LCFE71}}, \quad Y_{\mathrm{LCFE72}} = \lambda_{\mathrm{LCFE72}}\eta_{\mathrm{LCFE6}} + \varepsilon_{\mathrm{LCFE72}}, \\
&\qquad\qquad Y_{\mathrm{LCFE73}} = \lambda_{\mathrm{LCFE73}}\eta_{\mathrm{LCFE6}} + \varepsilon_{\mathrm{LCFE73}} \\
&Y_{\mathrm{SLAF1}} = \lambda_{\mathrm{SLAF1}}\eta_{\mathrm{SLAF}} + \varepsilon_{\mathrm{SLAF1}}, \quad Y_{\mathrm{SLAF2}} = \lambda_{\mathrm{SLAF2}}\eta_{\mathrm{SLAF}} + \varepsilon_{\mathrm{SLAF2}}, \\
&Y_{\mathrm{SLAF11}} = \lambda_{\mathrm{SLAF11}}\eta_{\mathrm{SLAF1}} + \varepsilon_{\mathrm{SLAF11}}, \quad Y_{\mathrm{SLAF12}} = \lambda_{\mathrm{SLAF12}}\eta_{\mathrm{SLAF1}} + \varepsilon_{\mathrm{SLAF12}}, \\
&Y_{\mathrm{SLAF13}} = \lambda_{\mathrm{SLAF13}}\eta_{\mathrm{SLAF1}} + \varepsilon_{\mathrm{SLAF13}}, \quad Y_{\mathrm{SLAF14}} = \lambda_{\mathrm{SLAF14}}\eta_{\mathrm{SLAF1}} + \varepsilon_{\mathrm{SLAF14}}, \\
&Y_{\mathrm{SLAF21}} = \lambda_{\mathrm{SLAF21}}\eta_{\mathrm{SLAF2}} + \varepsilon_{\mathrm{SLAF21}}, \quad Y_{\mathrm{SLAF22}} = \lambda_{\mathrm{SLAF22}}\eta_{\mathrm{SLAF2}} + \varepsilon_{\mathrm{SLAF22}}, \\
&Y_{\mathrm{SLAF23}} = \lambda_{\mathrm{SLAF23}}\eta_{\mathrm{SLAF2}} + \varepsilon_{\mathrm{SLAF23}}, \quad Y_{\mathrm{SLAF24}} = \lambda_{\mathrm{SLAF24}}\eta_{\mathrm{SLAF2}} + \varepsilon_{\mathrm{SLAF24}}
\end{aligned}
\right. \tag{4-10}
$$

$$
\left\{
\begin{aligned}
&\eta_{\mathrm{LCFE}} = \gamma_2\xi_{\mathrm{CEAP}} + \zeta_{\mathrm{LCFE}} \\
&\eta_{\mathrm{SLAF}} = \gamma_1\xi_{\mathrm{CEAP}} + \beta\xi_{\mathrm{LCFE}} + \zeta_{\mathrm{SLAF}}
\end{aligned}
\right. \tag{4-11}
$$

在成功建立生计资本整体中介效应的原始结构方程模型之后,将模型导入 Amos 软件中进行模型适配度的检验,根据各项拟合指数判断是否需要修正原始模型,计算果均如表 4-43 所示。

表 4 - 43 生计资本整体中介效应的原始结构方程模型适配度检验

拟合指标	χ^2/df	AGFI	RMSEA	CFI	TLI	IFI	PNFI	RMR
观测值	3.937	0.566	0.126	0.757	0.738	0.759	0.649	0.044
拟合标准	<3.00	>0.80	<0.10	>0.90	>0.90	>0.90	>0.50	<0.05

从表 4 - 43 可以看出，生计资本整体中介效应的原始结构方程模型的拟合指标结果大部分不满足拟合标准，其中，只有 RMR 和 PNFI 的观测值符合拟合标准，其他都不符合拟合标准，由此可见选择的模型并不是最适配的模型。为了使模型精度更高，使分析结果更准确，本书对生计资本整体中介效应的原始结构方程模型进行修正调整。为此，对模型整体进行验证性因子分析，测算观测变量之间协方差关系的修正指数（MI 指标），MI 指标的值越大说明观测变量之间存在协方差关系的可能性越大。如果 MI 值大于 20，就说明两项变量之间有着较强关系，进而考虑对它们建立协方差关系后重新构建结构方程模型。经过计算，生计资本整体中介效应的协方差关系 MI 指标大于 20 的结果如表 4 - 44 所示。

表 4 - 44 生计资本整体中介效应的协方差关系——MI 指标

变量	关系	变量	MI 值	Par Change
LCFE4	↔	LCFE5	24.690	0.044
LCFE3	↔	LCFE5	56.379	0.071
LCFE3	↔	LCFE4	52.137	0.074
LCFE2	↔	LCFE3	147.734	0.292
LCFE2	↔	LCFE4	174.005	0.137
LCFE2	↔	LCFE5	147.327	0.150
LCFE21	↔	LCFE64	123.527	0.262
LCFE14	↔	LCFE64	129.879	0.241
LCFE14	↔	LCFE21	139.123	0.259
CEAP11	↔	CEAP22	59.040	0.029

根据表 4 - 44 所示，LCFE4 与 LCFE5、LCFE3 与 LCFE5、LCFE3 与 LCFE4、LCFE2 与 LCFE3、LCFE2 与 LCFE4、LCFE2 与 LCFE5、LCFE21 与 LCFE64、LCFE14 与 LCFE64、LCFE14 与 LCFE21、CEAP11 与 CEAP22 之间具有较强关联，因此，对它们建立协方差关系后，重新构建修正后的生计资本整体中介效应的结构方程模型，如图 4 - 20 所示。

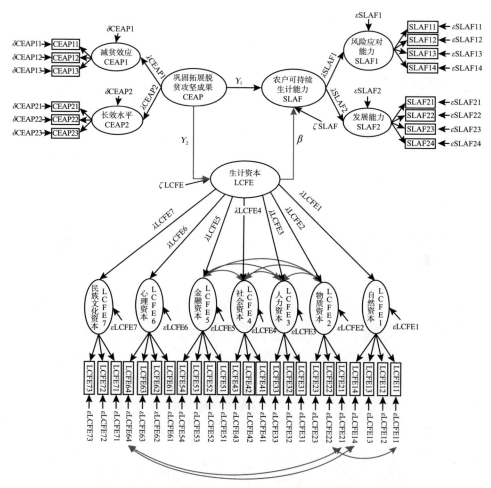

图 4 - 20　修正后的生计资本整体中介效应结构方程模型

对上述修正后的生计资本整体中介效应结构方程模型再次进行适配度检验，结果如表 4 - 45 所示。

表 4 - 45　　修正后的生计资本整体中介效应结构方程模型适配度检验

拟合指标	χ^2/df	AGFI	RMSEA	CFI	TLI	IFI	PNFI	RMR
观测值	2.686	0.694	0.095	0.963	0.950	0.904	0.730	0.173
拟合标准	<3.00	>0.80	<0.10	>0.90	>0.90	>0.90	>0.50	<0.05

从表 4 – 45 可以看出，修正后的数据对农户可持续生计能力具有明显的影响，其生计资本整体中介效应结构方程模型各项拟合指标基本都符合拟合标准，只有 AGFI 一项指标没有符合拟合标准，说明修正后的生计资本整体中介效应结构方程模型适配度良好，可以进行下一步分析。对修正后的生计资本整体中介效应结构方程模型进行路径参数估计，结果表明，最终的数据对研究的农户可持续生计能力影响结构方程模型具有明显的影响，如图 4 – 21 和表 4 – 46 所示。

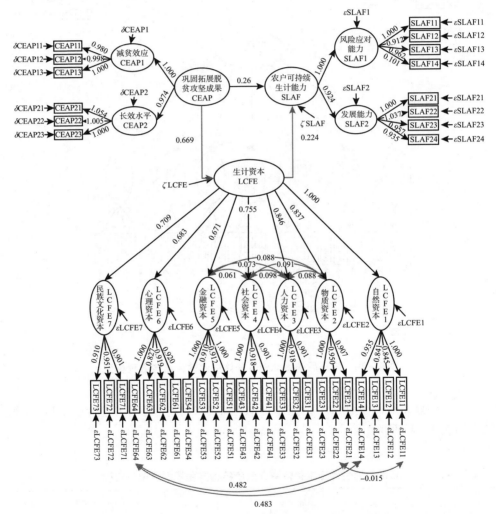

图 4 – 21　最终的生计资本整体中介效应结构方程模型

表 4 - 46　　　　　引入生计资本中介作用后巩固拓展脱贫成果影响农户
可持续生计能力的路径估计

路径	结构方程模型路径	标准化路径系数	C. R.	显著性水平	对应假设	检验结果
γ1	CEAP→SLAF	0. 260	3. 342	***	假设 H1	支持
γ2	CEAP→LCFE	0. 669	11. 329	***	假设 H2	支持
β	LCFE→SLAF	0. 224	2. 253	0. 024	假设 H3	支持

注：*** 表示 $P < 0.01$。

综上可以看出，最终的生计资本整体对农户可持续生计能力影响的结构方程模型拟合效果良好，与此同时，在加入了生计资本作为中介参考后，巩固拓展脱贫攻坚成果对农户可持续生计能力影响各路径估计结果依旧显著，进一步说明研究假设 H1、研究假设 H2 和研究假设 H3 成立。

基于上述拟合良好的结构方程模型，对生计资本整体在巩固拓展脱贫攻坚成果与农户可持续生计能力之间的中介效应进行检验，并估计其产生的间接效应。本书运用 Bootstrap 方法进行检验，将 Bootstrap 样本量设定为 5000，置信区间设置为上下 95%，计算结果见表 4 - 47。一般认为，测算结果的置信区间跨过 0 点时，判定中介效应不显著；测算结果的置信区间未跨过 0 点时，判定中介效应显著。

表 4 - 47　　　　　　　　生计资本整体的中介效应检验结果

| 路径 | 间接效应 | Bias-corrected | | 显著性 | 对应假设 | 检验结果 |
		Lower	Upper			
CEAP→LCFE→SLAF	0. 150	0. 002	0. 315	0. 047	H4	支持

从表 4 - 47 可以看出，生计资本整体在巩固拓展脱贫攻坚成果与农户可持续生计能力之间的间接效应估计值为 0. 150，置信区间为 0. 002 至 0. 315，没有跨过 0 点，同时，显著性水平为 0. 047，小于 0. 05，说明结果具有显著性，因此，生计资本整体在巩固拓展脱贫攻坚成果与农户可持续生计能力之间的中介效应显著，并且为部分中介效应。同时，表 4 - 46 显示，引入生计资本作为中介变量后，巩固拓展脱贫攻坚成果仍对农户可持续生计能力具有显著的正向作用，因此，假设 H4 成立，可以得出"巩固拓展脱贫攻坚成果可以通过中介变量生计资本对农户可持续生计能力产生正向影响"的结论。

2. 生计资本不同维度的中介效应分析

本书分别将自然资本、物质资本、人力资本、社会资本、金融资本和心理资本作为中介变量检验上述变量在巩固拓展脱贫攻坚成果与农户可持续发展生计能力之间的中介作用。因为民族文化资本对农户可持续生计能力没有显著促进作用，因此本书不对民族文化资本的中介效应进行讨论；同时，分别对六个生计资本的中介作用进行检验所占篇幅较大，为使检验结果更加明了易读，本节拟简化结构方程模型的修正过程。

（1）自然资本的中介作用分析。

根据变量性质的确定标准，可以对自然资本作为中介变量的结构方程模型进行分类研究，并构建出合适的自然资本中介效应的原始结构方程模型，然后根据协方差检验的 MI 指数对原始模型进行修正，得到巩固拓展脱贫攻坚成果、自然资本与农户可持续生计能力的结构方程模型，如图 4–22 所示。其中，巩固拓展脱贫攻坚成果（CEAP）是自变量，自然资本（LCFE1）是中介变量，农户可持续生计能力（SLAF）是因变量。相关变量的观测方程表达与公式（4–10）中相同变量一致，结构模型方程表达式如下：

$$\begin{cases} \eta_{\text{LCFE1}} = \gamma_1 \xi_{\text{CEAP}} + \zeta_{\text{LCFE1}} \\ \eta_{\text{SLAF}} = \gamma \xi_{\text{CEAP}} + \beta_1 \xi_{\text{LCFE1}} + \zeta_{\text{SLAF}} \end{cases} \quad (4-12)$$

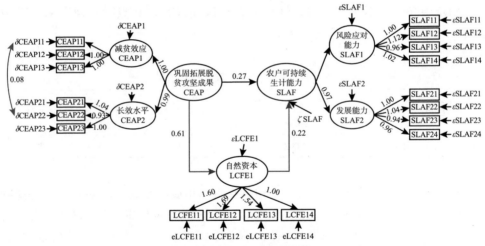

图 4–22　最终的自然资本中介作用结构方程模型

表 4–48 为巩固拓展脱贫攻坚成果、自然资本与农户可持续生计能力关系的模型拟合情况，从表中结果可以看出，各项拟合指标的观测值均符合拟合标准，说明巩固拓展脱贫攻坚成果、自然资本与农户可持续生计能力关系的模型适配度良好。

表 4 - 48　　　　　　　最终的自然资本中介效应结构方程模型适配度检验

拟合指标	χ^2/df	AGFI	RMSEA	CFI	TLI	IFI	PNFI	RMR
观测值	1.575	0.862	0.056	0.743	0.976	0.980	0.787	0.020
拟合标准	<3.00	>0.80	<0.10	>0.90	>0.90	>0.90	>0.50	<0.05

　　基于上述拟合良好的结构方程模型，对自然资本在实验中产生的中介效应进行检验分析，并估计其产生的间接效应。本书运用 Bootstrap 方法进行检验，将 Bootstrap 样本量设定为 5000，置信区间设置为上下 95%，计算结果见表 4 - 49。

表 4 - 49　　　　　　　　　自然资本的中介效应检验结果

路径	路径系数	Bias-corrected		显著性	对应假设	检验结果
		Lower	Upper			
CEAP→LCFE1→SLAF	0.137（间接效应）	0.360	0.615	0.062	H4a	支持
CEAP→SLAF	0.267（直接效应）	1.103	1.1785	0.043		

　　从表 4 - 49 可以看出，自然资本在巩固拓展脱贫攻坚成果与农户可持续生计能力之间的间接效应估计值为 0.137，置信区间为 0.360 ~ 0.615，没有跨过 0 点，同时，显著性水平为 0.062，小于 0.1，说明结果具有显著性，因此，自然资本在巩固拓展脱贫攻坚成果与农户可持续生计能力之间的中介效应显著。同时，结果显示，巩固拓展脱贫攻坚成果对农户可持续生计能力影响的路径系数为 0.267，显著性水平为 0.043，小于 0.05，说明结果具有显著性，即引入自然资本作为中介变量后，巩固拓展脱贫攻坚成果仍对农户可持续生计能力具有显著的正向作用。因此，假设 H4a 成立，可以得出"巩固拓展脱贫攻坚成果可以通过中介变量自然资本对农户可持续生计能力产生正向影响"的结论。

　　（2）物质资本的中介作用分析。

　　根据变量性质的确定标准，可以对物质资本作为中介变量的结构方程模型进行变量归类，构建出物质资本中介效应的原始结构方程模型，然后根据协方差检验的 MI 指数对原始模型进行修正，得到巩固拓展脱贫攻坚成果、物质资本与农户可持续生计能力的结构方程模型，如图 4 - 23 所示。其中，巩固拓展脱贫攻坚成果（CEAP）是自变量，物质资本（LCFE2）是中介变量，农户可持续生计能力（SLAF）是因变量。相关变量的观测方程表达与公式（4－10）中相同变量一致，结构模型方程表达式如下：

$$\begin{cases} \eta_{LCFE2} = \gamma_1 \xi_{CEAP} + \zeta_{LCFE2} \\ \eta_{SLAF} = \gamma \xi_{CEAP} + \beta \xi_{LCFE2} + \zeta_{SLAF} \end{cases} \quad (4-13)$$

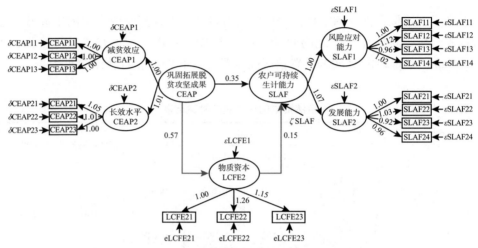

图 4 - 23　最终的物质资本中介作用结构方程模型

表 4 - 50 为巩固拓展脱贫攻坚成果、物质资本与农户可持续生计能力关系的模型拟合情况，从表中结果可以看出，各项拟合指标的观测值均符合拟合标准，说明巩固拓展脱贫攻坚成果、物质资本与农户可持续生计能力关系的模型适配度良好。

表 4 - 50　　　　　**最终的物质资本中介效应结构方程模型适配度检验**

拟合指标	χ^2/df	AGFI	RMSEA	CFI	TLI	IFI	PNFI	RMR
观测值	2.181	0.802	0.080	0.957	0.947	0.957	0.760	0.022
拟合标准	<3.00	>0.80	<0.10	>0.90	>0.90	>0.90	>0.50	<0.05

基于上述拟合良好的结构方程模型，对物质资本在巩固拓展脱贫攻坚成果与农户可持续生计能力之间的中介效应进行检验，并估计其产生的间接效应。本书运用 Bootstrap 方法进行检验，将 Bootstrap 样本量设定为 5000，置信区间设置为上下 95%，计算结果见表 4 - 51。

表 4 – 51　　　　　　　　　物质资本的中介效应检验结果

路径	路径系数	Bias-corrected		显著性	对应假设	检验结果
		Lower	Upper			
CEAP→LCFE2→SLAF	0.085 (间接效应)	0.024	0.221	***	H4b	支持
CEAP→SLAF	0.352 (直接效应)	0.177	0.534	***		

从表 4 – 51 可以看出，物质资本在巩固拓展脱贫攻坚成果与农户可持续生计能力之间的间接效应估计值为 0.085，置信区间为 0.024 ~ 0.221，没有跨过 0 点，同时，显著性水平小于0.01，说明结果具有显著性，因此，物质资本在巩固拓展脱贫攻坚成果与农户可持续生计能力之间的中介效应显著。同时，结果显示，巩固拓展脱贫攻坚成果对农户可持续生计能力影响的路径系数为 0.352，显著性水平小于0.01，说明结果具有显著性，即引入物质资本作为中介变量后，巩固拓展脱贫攻坚成果仍对农户可持续生计能力具有显著的正向作用。所以假设 H4b 成立，可以得出"巩固拓展脱贫攻坚成果可以通过中介变量物质资本对农户可持续生计能力产生正向影响"的结论。

（3）人力资本的中介作用分析。

根据变量性质的确定标准，可以对人力资本作为中介变量的结构方程模型进行变量归类，构建出人力资本中介效应的原始结构方程模型，然后根据协方差检验的 MI 指数对原始模型进行修正，得到巩固拓展脱贫攻坚成果、人力资本与农户可持续生计能力的结构方程模型，如图 4 – 24 所示。其中，巩固拓展脱贫攻坚成果（CEAP）是自变量，人力资本（LCFE3）是中介变量，农户可持续生计能力（SLAF）是因变量。相关变量的观测方程表达与公式（4 – 10）中相同变量一致，结构模型方程表达式如下：

$$\begin{cases} \eta_{LCFE3} = \gamma_1 \xi_{CEAP} + \zeta_{LCFE3} \\ \eta_{SLAF} = \gamma \xi_{CEAP} + \beta \xi_{LCFE3} + \zeta_{SLAF} \end{cases} \quad (4-14)$$

表 4 – 52 为巩固拓展脱贫攻坚成果、人力资本与农户可持续生计能力关系的模型拟合情况，从表中结果可以看出，各项拟合指标的观测值均符合拟合标准，说明巩固拓展脱贫攻坚成果、人力资本与农户可持续生计能力关系的模型适配度良好。

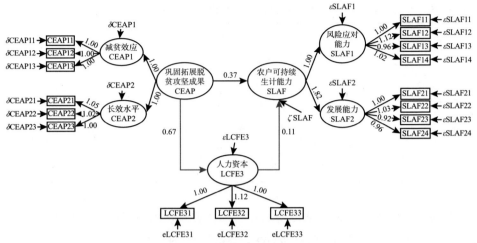

图 4 – 24　最终的人力资本中介作用结构方程模型

表 4 – 52　　　　　　　　最终的人力资本中介效应结构方程模型适配度检验

拟合指标	χ^2/df	AGFI	RMSEA	CFI	TLI	IFI	PNFI	RMR
观测值	2.038	0.810	0.075	0.957	0.954	0.913	0.765	0.022
拟合标准	< 3.00	> 0.80	< 0.10	> 0.90	> 0.90	> 0.90	> 0.50	< 0.05

　　基于上述拟合良好的结构方程模型，分析比较人力资本在实验中产生的中介效应的影响，并估计其产生的间接效应。本书运用 Bootstrap 方法进行检验，将 Bootstrap 样本量设定为 5000，置信区间设置为上下 95%，计算结果见表 4 – 53。

　　从表 4 – 53 可以看出，人力资本在巩固拓展脱贫攻坚成果与农户可持续生计能力之间的间接效应估计值为 0.073，置信区间为 0.044 ~ 0.262，没有跨过 0 点，同时，显著性水平为 0.026，小于 0.05，说明结果具有显著性，因此，人力资本在巩固拓展脱贫攻坚成果与农户可持续生计能力之间的中介效应显著。同时，结果显示，巩固拓展脱贫攻坚成果对农户可持续生计能力影响的路径系数为 0.373，显著性水平小于 0.01，说明结果具有显著性，即引入人力资本作为中介变量后，巩固拓展脱贫攻坚成果仍对农户可持续生计能力具有显著的正向作用。所以假设 H4c 成立，可以得出 "巩固拓展脱贫攻坚成果可以通过中介变量人力资本对农户可持续生计能力产生正向影响" 的结论。

表 4 – 53　　　　　　　　　　人力资本的中介效应检验结果

路径	路径系数	Bias-corrected		显著性	对应假设	检验结果
		Lower	Upper			
CEAP→LCFE3→SLAF	0.073（间接效应）	0.044	0.262	0.026	H4c	支持
CEAP→SLAF	0.373（直接效应）	0.177	0.534	***		

（4）社会资本的中介作用分析。

根据变量性质的确定标准，可以对社会资本作为中介变量的结构方程模型进行变量归类，构建出社会资本中介效应的原始结构方程模型，然后根据协方差检验的 MI 指数对原始模型进行修正，得到巩固拓展脱贫攻坚成果、社会资本与农户可持续生计能力的结构方程模型，如图 4 – 25 所示。其中，巩固拓展脱贫攻坚成果（CEAP）是自变量，社会资本（LCFE4）是中介变量，农户可持续生计能力（SLAF）是因变量。相关变量的观测方程表达与公式（4 – 10）中相同变量一致，结构模型方程表达式如下：

$$\begin{cases} \eta_{LCFE4} = \gamma_1 \xi_{CEAP} + \zeta_{LCFE4} \\ \eta_{SLAF} = \gamma \xi_{CEAP} + \beta \xi_{LCFE4} + \zeta_{SLAF} \end{cases} \quad (4-15)$$

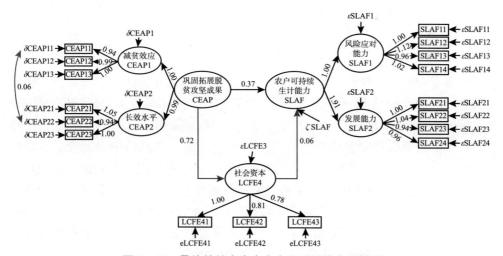

图 4 – 25　最终的社会资本中介作用结构方程模型

表 4 – 54 为巩固拓展脱贫攻坚成果、社会资本与农户可持续生计能力关系的模型拟合情况，从表中结果可以看出，各项拟合指标的观测值均符合拟合标准，

说明巩固拓展脱贫攻坚成果、社会资本与农户可持续生计能力关系的模型适配度良好。

表 4 - 54　　　　　　最终的社会资本中介效应结构方程模型适配度检验

拟合指标	χ^2/df	AGFI	RMSEA	CFI	TLI	IFI	PNFI	RMR
观测值	1.414	0.877	0.047	0.985	0.981	0.985	0.765	0.023
拟合标准	<3.00	>0.80	<0.10	>0.90	>0.90	>0.90	>0.50	<0.05

基于上述拟合良好的结构方程模型，对社会资本在巩固脱贫攻坚成果与农户可持续生计能力之间的中介效应进行检验，并估计其产生的间接效应。本书运用Bootstrap方法进行检验，将Bootstrap样本量设定为5000，置信区间设置为上下95%，计算结果见表 4 - 55。

表 4 - 55　　　　　　　　社会资本的中介效应检验结果

路径	路径系数	Bias-corrected		显著性	对应假设	检验结果
		Lower	Upper			
CEAP→LCFE4→SLAF	0.045（间接效应）	0.066	0.226	0.076	H4d	支持
CEAP→SLAF	0.373（直接效应）	0.188	0.568	***		

从表 4 - 55 可以看出，社会资本在巩固拓展脱贫攻坚成果与农户可持续生计能力之间的间接效应估计值为 0.045，置信区间为 0.066 ~ 0.226，没有跨过 0点，同时，显著性水平为 0.076，小于 0.1，说明结果具有显著性，因此，社会资本在巩固拓展脱贫攻坚成果与农户可持续生计能力之间的中介效应显著。同时，结果显示，巩固拓展脱贫攻坚成果对农户可持续生计能力影响的路径系数为0.373，显著性水平小于 0.01，说明结果具有显著性，即引入社会资本作为中介变量后，巩固拓展脱贫攻坚成果仍对农户可持续生计能力具有显著的正向作用。所以假设 H4d 成立，可以得出"巩固拓展脱贫攻坚成果可以通过中介变量社会资本对农户可持续生计能力产生正向影响"的结论。

（5）金融资本的中介作用分析。

根据变量性质的确定标准，可以对金融资本作为中介变量的结构方程模型进行变量归类，构建出金融资本中介效应的原始结构方程模型，然后根据协方差检验的 MI 指数对原始模型进行修正，得到巩固拓展脱贫攻坚成果、金融资本与农户可持续生计能力的结构方程模型，如图 4-26 所示。其中，巩固拓展脱贫攻坚成果（CEAP）是自变量，金融资本（LCFE5）是中介变量，农户可持续生计能力（SLAF）是因变量。相关变量的观测方程表达与公式（4-10）中相同变量一致，结构模型方程表达式如下：

$$\begin{cases} \eta_{LCFE5} = \gamma_1 \xi_{CEAP} + \zeta_{LCFE5} \\ \eta_{SLAF} = \gamma \xi_{CEAP} + \beta \xi_{LCFE5} + \zeta_{SLAF} \end{cases} \quad (4-16)$$

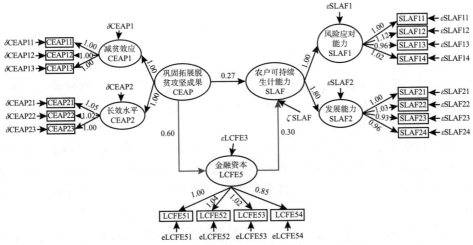

图 4-26 最终的金融资本中介作用结构方程模型

表 4-56 为巩固拓展脱贫攻坚成果、金融资本与农户可持续生计能力关系的模型拟合情况，从表中结果可以看出，各项拟合指标的观测值均符合拟合标准，说明巩固拓展脱贫攻坚成果、金融资本与农户可持续生计能力关系的模型适配度良好。

表 4-56　　　　　最终的金融资本中介效应结构方程模型适配度检验

拟合指标	χ^2/df	AGFI	RMSEA	CFI	TLI	IFI	PNFI	RMR
观测值	2.055	0.813	0.075	0.956	0.981	0.947	0.768	0.022
拟合标准	<3.00	>0.80	<0.10	>0.90	>0.90	>0.90	>0.50	<0.05

基于上述拟合良好的结构方程模型，分析比较金融资本在实验中起到的中介效应的程度，并检验其具体的效果，估计其产生的间接效应。本书运用 Bootstrap

方法进行检验，将 Bootstrap 样本量设定为 5000，置信区间设置为上下 95%，计算结果见表 4 – 57。

表 4 – 57　　　　　　　　　　金融资本的中介效应检验结果

路径	路径系数	Bias-corrected		显著性	对应假设	检验结果
		Lower	Upper			
CEAP→LCFE5→SLAF	0.181（间接效应）	0.053	0.385	***	H4e	支持
CEAP→SLAF	0.270（直接效应）	0.060	0.456	0.022		

从表 4 – 57 可以看出，金融资本在巩固拓展脱贫攻坚成果与农户可持续生计能力之间的间接效应估计值为 0.181，置信区间为 0.053 ~ 0.385，没有跨过 0 点，同时，显著性水平小于 0.01，说明结果具有显著性，因此，金融资本在巩固拓展脱贫攻坚成果与农户可持续生计能力之间的中介效应显著。同时，结果显示，巩固拓展脱贫攻坚成果对农户可持续生计能力影响的路径系数为 0.270，显著性水平为 0.022，小于 0.05，说明结果具有显著性，即引入金融资本作为中介变量后，巩固拓展脱贫攻坚成果仍对农户可持续生计能力具有显著的正向作用。所以假设 H4e 成立，可以得出"巩固拓展脱贫攻坚成果可以通过中介变量金融资本对农户可持续生计能力产生正向影响"的结论。

（6）心理资本的中介作用分析。

根据变量性质的确定标准，可以对心理资本作为中介变量的结构方程模型进行变量归类，构建出心理资本中介效应的原始结构方程模型，然后根据协方差检验的 MI 指数对原始模型进行修正，得到巩固拓展脱贫攻坚成果、心理资本与农户可持续生计能力的结构方程模型，如图 4 – 27 所示。其中，巩固拓展脱贫攻坚成果（CEAP）是自变量，心理资本（LCFE6）是中介变量，农户可持续生计能力（SLAF）是因变量。相关变量的观测方程表达与公式（4 – 10）中相同变量一致，结构模型方程表达式如下：

$$\begin{cases} \eta_{LCFE6} = \gamma_1 \xi_{CEAP} + \zeta_{LCFE6} \\ \eta_{SLAF} = \gamma \xi_{CEAP} + \beta \xi_{LCFE6} + \zeta_{SLAF} \end{cases} \quad (4-17)$$

表 4 – 58 为巩固拓展脱贫攻坚成果、心理资本与农户可持续生计能力关系的模型拟合情况，从表中结果可以看出，各项拟合指标的观测值均符合拟合标准，说明巩固拓展脱贫攻坚成果、心理资本与农户可持续生计能力关系的模型适配度良好。

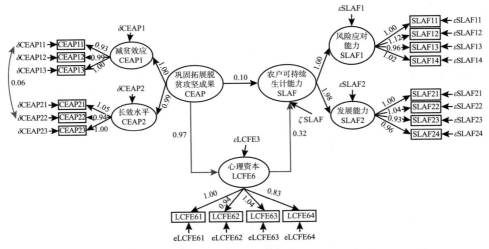

图 4 - 27 最终的心理资本中介作用结构方程模型

表 4 - 58 最终的心理资本中介效应结构方程模型适配度检验

拟合指标	χ^2/df	AGFI	RMSEA	CFI	TLI	IFI	PNFI	RMR
观测值	1.469	0.870	0.05	0.983	0.980	0.983	0.788	0.020
拟合标准	<3.00	>0.80	<0.10	>0.90	>0.90	>0.90	>0.50	<0.05

基于上述拟合良好的结构方程模型，从心理资本角度出发，研究其产生的中介效应，对其进行检验与分析，并估计其产生的间接效应。本书运用 Bootstrap 方法进行检验，将 Bootstrap 样本量设定为 5000，置信区间设置为上下 95%，计算结果见表 4 - 59。

表 4 - 59 心理资本的中介效应检验结果

路径	路径系数	Bias-corrected		显著性	对应假设	检验结果
		Lower	Upper			
CEAP→LCFE6→SLAF	0.306（间接效应）	0.651	3.167	***	H4f	支持
CEAP→SLAF	0.098（直接效应）	0.669	2.128	***		

从表 4 - 59 可以看出，心理资本在巩固拓展脱贫攻坚成果与农户可持续生计能力之间的间接效应估计值为 0.306，置信区间为 0.651 ~ 3.167，没有跨过 0

点，同时，显著性水平小于0.01，说明结果具有显著性，因此，心理资本在巩固拓展脱贫攻坚成果与农户可持续生计能力之间的中介效应显著。同时，结果显示，巩固拓展脱贫攻坚成果对农户可持续生计能力影响的路径系数为0.098，显著性水平为小于0.01，说明结果具有显著性，即引入心理资本作为中介变量后，巩固拓展脱贫攻坚成果仍对农户可持续生计能力具有显著的正向作用。所以假设H4f成立，可以得出"巩固拓展脱贫攻坚成果可以通过中介变量心理资本对农户可持续生计能力产生正向影响"的结论。

四、多元线性回归分析

前文基于大莫村农户的实地调研数据，运用结构方程模型验证了巩固脱贫攻坚成果对农户实际的可持续生计能力的影响所产生的作用机制，实证结果表明巩固拓展脱贫攻坚成果、生计资本以及农户可持续生计能力之间存在显著关系。前文对大莫村巩固拓展脱贫攻坚成果和农户可持续生计现状的分析与评价表明，随着巩固拓展脱贫攻坚成果政策的不断推进，以及我国强化乡村振兴战略，二者相互配合，不断推进，农户家庭生计活动类型趋向多样化，不同类型农户之间存在明显的可持续生计能力差异，且对巩固拓展脱贫攻坚成果和不同类型生计资本的敏感程度有差异。因此，本书认为在确定巩固拓展脱贫攻坚成果促进农户可持续生计能力提升的作用机制之后，还应深入探究不同生计选择类型的农户受到巩固拓展脱贫攻坚成果政策以及生计资本影响的差异，探索适用于不同生计策略类型农户的可持续生计能力提升路径。

为此，本章基于公式（3-6）计算的巩固拓展脱贫攻坚成果（CEAP）、自然资本（LCFE1）、物质资本（LCFE2）、人力资本（LCFE3）、社会资本（LCFE4）、金融资本（LCFE5）、心理资本（LCFE6）、民族文化资本（LCFE7）、农户可持续生计能力（SLAF）等变量的量化评估结果的截面数据，运用多元线性回归分析方法，分析不同生计策略类型农户的可持续生计能力影响因素，所用变量的描述性统计如表4-60所示。

表4-60　　　　　　　　多元线性回归分析变量的统计性描述

变量	最大值	最小值	均值	中位数	标准差	观测值
lnCEAP	0.00053	-11.513	-0.507	-0.349	0.861	187
lnSLAF	0.00057	-13.816	-0.580	-0.449	1.006	187
lnSLAF1	-0.0772	-11.513	-0.575	-0.391	0.865	187
lnSLAF2	-0.0875	-11.513	-0.691	-0.546	0.859	187

续表

变量	最大值	最小值	均值	中位数	标准差	观测值
lnSLAF3	− 0. 0696	− 11. 513	− 6. 676	− 0. 567	0. 854	187
lnSLAF4	0. 001	− 11. 513	− 0. 685	− 0. 549	0. 851	187
lnSLAF5	− 0. 075	− 2. 5351	− 0. 662	− 0. 571	0. 689	187
lnSLAF6	− 0. 0753	− 13. 816	− 0. 586	− 0. 390	1. 022	187
lnSLAF7	0. 001	− 2. 5351	− 0. 687	− 0. 540	0. 331	187

根据公式（3 - 9）的一般形式，构建本章的回归方程如下：

$$\ln Y = C + \sum_{i=1}^{n} \ln b_i X_i + control + \varepsilon \qquad (4-18)$$

其中，Y 是因变量，X 为自变量，control 为控制变量，C 为常数项，ε 为误差项。因此，农户可持续生计能力为因变量，巩固拓展脱贫攻坚成果为自变量。根据前文提及的中介效应理论可知，生计资本的不同维度基本都具备部分中介效应，所以将生计资本的各个维度作为控制变量。关于各项变量的指标设置，前文已有详细论述，此处不再重复，数据则使用第四章中巩固拓展脱贫攻坚成果、生计资本以及农户可持续生计能力等变量的测度结果。回归结果及具体分析如表 4 - 61 所示。

表 4 - 61　　　　　不同生计策略类型农户的影响因素分析

类型	变量	lnSLAF 务农型	lnSLAF 务工型	lnSLAF 多样化型
自变量	lnCEAP	0. 314 *** (12. 090)	0. 451 ** (2. 136)	0. 537 *** (4. 284)
控制变量	lnSLAF1	0. 345 *** (6. 225)	0. 055 (0. 826)	0. 157 ** (2. 340)
	lnSLAF2	0. 144 (0. 756)	0. 200 ** (7. 756)	0. 113 ** (1. 339)
	lnSLAF3	0. 162 *** (5. 988)	0. 161 ** (2. 351)	0. 185 ** (2. 002)
	lnSLAF4	0. 213 *** (7. 224)	0. 239 ** (2. 520)	0. 053 (0. 628)
	lnSLAF5	0. 212 *** (16. 431)	0. 001 (0. 020)	0. 200 (0. 097)

续表

类型	变量	lnSLAF		
		务农型	务工型	多样化型
控制变量	lnSLAF6	0.192 *** (13.998)	−0.105 (−1.622)	0.000 (0.000)
	lnSLAF7	−0.008 (−0.448)	0.010 (0.128)	−0.015 (−0.096)
常量	C	−0.036 ***	−0.005	−0.035
F 值	—	804.206	33.481	21.003
R²	—	0.992	0.912	0.683
调整后的 R²	—	0.990	0.884	0.650
观测值个数	187	86	35	87

注：** 表示 $P < 0.05$，*** 表示 $P < 0.01$。

从表 4 – 61 中可以看出，对务农型农户而言，巩固拓展脱贫攻坚成果可以对农户可持续生计能力产生正向影响，回归系数为 0.314，并且 $P < 0.01$，足以说明实验成功；自然资本可以对农户可持续生计能力产生良好的影响，回归系数为 0.345，并且 $P < 0.01$，足以说明通过了实验的检验；物质资本没能通过显著性检验；人力资本可以对农户可持续生计能力产生正向影响，回归系数为 0.162，并且 $P < 0.01$，说明通过显著性检验；社会资本可以对农户可持续生计能力产生正向影响，回归系数为 0.213，并且 $P < 0.01$，说明通过显著性检验；金融资本可以对农户可持续生计能力产生正向影响，回归系数为 0.212，并且 $P < 0.01$，同样通过实验检验。心理资本对农户可持续生计能力产生正面影响，回归系数为 0.192，并且 $P < 0.01$，说明通过显著性检验；民族文化资本没能够通过显著性检验。通过比较各个变量的回归系数大小可以看出，对务农型农户可持续生计能力影响最大的因素为自然资本，其次才是巩固拓展脱贫攻坚成果，说明自然资本在各类生计资本中对务农型农户的影响最深。综上可知，对于务农型农户而言，巩固拓展脱贫攻坚成果、自然资本、人力资本、社会资本、金融资本以及心理资本均为可持续生计能力提升的重要影响因素，其中，巩固拓展脱贫攻坚成果以及自然资本的影响最深，务农型农户对传统生计方式的依赖依旧较大。

对务工型农户而言，巩固拓展脱贫攻坚成果可以对务工型农户的可持续生计能力产生正向影响，回归系数为 0.451，并且 $P < 0.05$，说明通过显著性检验；物质资本可以对农户可持续生计能力产生正面影响的因素，回归系数为 0.200，并且 $P < 0.05$，说明通过显著性检验；人力资本也同样如此，其具体的回归系数

为 0.161，并且 $P < 0.05$，说明通过显著性检验；社会资本的回归系数为 0.239，并且 $P < 0.05$，说明通过显著性检验；自然资本、金融资本、心理资本以及民族文化资本对务工型农户可持续生计能力的影响没有通过显著性检验。通过比较各个变量的回归系数大小可以看出，对务工型农户可持续生计能力影响最大的因素为巩固拓展脱贫攻坚成果，在显著的控制变量中，社会资本的回归系数最大，说明社会资本在各类生计资本中对多样化型农户的影响最大。综上可知，对于务工型农户而言，巩固拓展脱贫攻坚成果、物质资本、人力资本以及社会资本为可持续生计能力提升的重要影响因素，其中，巩固拓展脱贫攻坚成果以及社会资本的影响最深。

对多样化型农户而言，巩固拓展脱贫攻坚成果可以对多样化型农户的可持续生计能力产生正向影响，回归系数为 0.537，并且 $P < 0.01$，说明通过显著性检验；自然资本的回归系数为 0.157，并且 $P < 0.05$，通过实验检验；物质资本可以对农户可持续生计能力产生正面积极的影响作用，回归系数为 0.113，并且 $P < 0.05$，说明通过显著性检验；人力资本这一因素也同样如此，能够对农户的可持续生计能力产生积极的影响，其回归系数为 0.185，并且 $P < 0.05$，说明通过显著性检验；社会资本、金融资本、心理资本以及民族文化资本对多样化型农户可持续生计能力的影响没有通过显著性检验。通过比较各个变量的回归系数大小可以看出，对多样化型农户可持续生计能力影响最大的因素为巩固拓展脱贫攻坚成果。在显著的控制变量中，人力资本的回归系数最大，说明人力资本在各类生计资本中对多样化型农户的影响最大。综上可知，对于多样化型农户而言，巩固拓展脱贫攻坚成果、自然资本、物质资本以及人力资本为可持续生计能力提升的重要影响因素，其中，巩固拓展脱贫攻坚成果以及人力资本的影响最深。

第四节　研究发现、讨论与政策含义

一、研究发现

本书运用个案分析、结构方程分析和多元线性回归的方法分析巩固拓展脱贫攻坚成果对农户可持续生计能力的影响作用，根据民族村巩固拓展脱贫攻坚成果与农户可持续生计能力的特征内涵，在 DFID 可持续生计框架基础上引入心理资本和民族文化资本构建了巩固拓展脱贫攻坚成果进程中的民族村农户可持续生计分析框架，通过访谈以及问卷调查分别对巩固拓展脱贫攻坚成果、生计资本、农户可持续生计能力进行分析。基于上述分析，主要得出六个方面的研究发现，其中, 生计资本的每个维度均由多个指标构成, 研究发现主要从生计资本的各个维度出发对研究结果进行阐述。对于生计资本关键要素与生计能力提升的关系, 在针对研究发现的讨论中进行详细分析。具体研究发现如下。

第一, 民族村巩固拓展脱贫攻坚成果政策的长效水平高于减贫效应。大莫村巩固拓展脱贫攻坚成果的量化评估结果显示, 大莫村巩固拓展脱贫攻坚成果的长效水平和减贫效应的得分分别为 0.654 和 0.669, 减贫效应评分比长效机制的长效水平评分高, 大莫村巩固拓展脱贫攻坚成果各项政策推进的长效性较好, 说明目前民族村巩固拓展脱贫攻坚成果相关政策的制定和落实可能更加注重政策长效水平的保障。

第二, 民族村农户心理资本的积累水平最高, 并且不同生计策略类型农户的生计资本积累状况存在差异。大莫村生计资本的量化评估结果显示, 心理资本综合得分为 0.620, 心理资本综合得分是七个生计资本中得分最高的, 说明大莫村农户对目前巩固拓展脱贫攻坚成果同乡村振兴有效衔接的政策措施有较好的预期, 对未来充满信心。此外, 自然资本的得分为 0.619, 远高于其他资本, 说明大莫村农户对于土地的依赖程度仍旧较高, 七个生计资本中得分最低的为民族文化资本。从不同生计策略类型农户的角度来看, 生计资本综合得分最高的为多样化型农户, 务农型农户次之, 务工型农户得分最低, 说明整体来看, 多样化型生计策略的农户生计资本积累情况最佳, 与前文分析的半工半耕生计方式的实际情况相吻合。分维度来看, 自然资本值和民族文化资本值最高的是务农型农户; 社会资本值最高的是务工型农户。

第三, 民族村农户的自身发展能力强于风险应对能力, 并且不同生计策略类型的农户可持续生计能力存在差异。大莫村农户可持续生计能力的量化评估结果显示, 大莫村农户发展能力综合得分为 0.652, 比风险应对能力的综合得分高。说明大莫村农户在巩固拓展脱贫攻坚成果的各项政策实施过程中, 自身发展能力得到了比较好的发展, 而风险应对能力相对较弱, 这体现出脱贫农户生计的不稳定性, 目前大莫村返贫风险依旧严重, 需要提高对监测户的专注度, 稳定实施巩固拓展脱贫攻坚成果的相关政策, 保障农户生计的可持续性。同时, 从不同生计类型的农户来看, 多样化型农户的可持续生计能力综合得分最高, 其次为务农型农户, 最低为务工型农户。

第四, 巩固拓展脱贫攻坚成果对农户生计资本、农户可持续生计能力有正向影响。结构方程检验结果显示, 巩固拓展脱贫攻坚成果整体及其各个维度均对农户生计资本有正向影响, 并且政策的减贫效应对生计资本的作用小于长效水平对生计资本的作用, 这一结果与现状量化评估的结果可以相互印证。此外, 结构方程检验结果显示, 巩固拓展脱贫攻坚成果整体及其各个维度均对农户可持续生计能力有正向影响, 并且政策的减贫效应对农户可持续生计能力的作用大于长效水平对农户可持续生计能力的作用，这可能是因为长效水平主要通过生计资本对农户可持续生计能力产生作用。

第五，生计资本整体在巩固拓展脱贫攻坚成果与农户可持续生计能力之间存在部分中介效应。从细分维度来看，只有民族文化资本不具备中介效应。根据结构方程模型的中介效应检验结果显示，巩固拓展脱贫攻坚成果可以通过中介变量生计资本对农户可持续生计能力产生正向影响。其中，民族文化资本对农户可持续生计能力影响的作用路径不能通过显著性检验，因此，无法得出"民族文化资本对农户可持续生计能力具有显著的正向影响作用"的结论，进而无法验证其在巩固拓展脱贫攻坚成果与农户可持续生计能力之间的中介效应。

第六，不同类型农户对巩固拓展脱贫攻坚成果和生计资本的敏感程度存在差异。多元线性回归分析的结果显示，不同类型农户之间的影响因素以及影响大小均存在差异，对务农型农户产生影响的因素最多，一共有六个，分别为巩固拓展脱贫攻坚成果、自然资本、人力资本、社会资本、金融资本以及心理资本；对务工型农户和多样化型农户产生影响的因素数量相等，均为四个，分别为巩固拓展脱贫攻坚成果、物质资本、人力资本、社会资本和巩固拓展脱贫攻坚成果、自然资本、物质资本、人力资本。综上，巩固拓展脱贫攻坚成果、人力资本对三种生计策略类型的农户均产生影响；自然资本、物质资本和社会资本对两种类型的脱贫农户产生影响，其中，自然资本影响的是务农型农户和多样化型农户，且对务农型农户影响的回归系数大于多样化型农户；金融资本与心理资本只对务农型农户产生影响。

二、关于研究发现的进一步讨论

第一，巩固拓展脱贫攻坚成果实践具备良好的长效性可能是因为马克思主义反贫困理论的指导。大莫村巩固拓展脱贫攻坚成果政策的长效水平高于减贫效应的原因可以从其实践过程中得出，在马克思主义反贫困理论的指导下，大莫村政策的落实始终围绕长效的政策机制展开。具体来看：首先，政策关注农户的长期发展和生计能力提升，通过产业扶贫、技能培训、乡村公益性岗位等长期措施，为农户提供多元化的收入来源，这有助于农户摆脱贫困并在未来继续增加收入，从而实现可持续的发展；其次，政策注重提高农户的社会保障水平和生活质量，这种保障不仅缓解了农户的生活压力，还有助于维护社会稳定和民族团结，使农村发展更加可持续；再次，政策注重民族文化传承和创新，培育特色产业和品牌，增强民族自信心和凝聚力，这有助于提高农村经济的附加值，从而实现长期、可持续的发展；最后，政策鼓励金融机构为农户提供贷款、保险等金融服务，降低农户的融资成本，提高农户的金融资本，这有助于农户拓展产业、创新经营，实现可持续发展。

第二，生计资本之间表现出的差异和不同类型农户之间表现出的生计资本差异可能是因为生计环境的约束。具体来看，自然资本远高于其他资本的原因可能与当地村民多为半工半耕的生计方式有关，大部分大莫村村民能够兼顾家中的农业生产，同时，根据前文的巩固拓展脱贫攻坚成果政策的分析可知，产业扶贫或者养牛场建设等项目的推进都是对大莫村农业生产的政策扶持，这也可能是上述结果形成的原因；民族文化资本积累水平最低可能是由于大莫村少数民族占比高达90%以上，且主要为壮族，平时与本民族的联系较多，比较少有机会与其他民族产生联系，这样的环境约束了民族文化资本的积累，张灵科研究中发现的民族资本对民族地区经济增长的非线性影响也印证了这一观点，该结果可以看作对张灵科这一观点在巩固拓展脱贫攻坚成果实践中的回应。从不同类型农户的角度来看，务农型农户的自然资本值和民族文化资本值最高，原因可能是务农型农户的主要经营方式是种植、养殖，因而对土地的依赖性较强，这与王晓鸿等对贫困地区农户选择传统生计方式的增收难度大的解释相符，同时，他们常年在家务农，与本民族的村民往来密切，更容易参与本民族传统文化节日。务工型农户的社会资本值最高的原因可能是外出务工的农户常年在外，更需要在家乡的亲戚朋友在自己不在家中的时候对家中的老人多加关照，因此，无论是就近务工半工半耕的农户还是常年外出务工的农户，都想和亲戚朋友、政府等建立友好的关系，而只进行务农单一生计方式的农户通常比较不善于交际，对政策也不如另外两种类型农户敏感，所以表现出了最低的社会资本。多样化型农户的物质资本值、人力资本值、金融资本值、心理资本值均最高，原因可能包括以下几个方面，物质资本是农户生活的基本保障，关乎人们的生存需求，其中，"有房住"作为农村家庭的基本生活保障，对他们的生产与生活至关重要，然而，一些农村居民的住房条件欠佳，难以满足日常生产和生活需求。通常，住房条件与其他家庭资产的水平在很大程度上与农户的金融资本和人力资本密切相关。这也解释了为什么多样化农户的物质资本高于其他两种类型的农户；在人力资本方面，多样化型的农户拥有多种收入来源，拥有更多可选的就业机会，拥有更高的劳动力比例，以及更高的受教育程度，同时，外出务工的农户通常被要求具有更高的受教育水平，才能在大城市有竞争力；在金融资本方面，多样化型农户对政策的敏感性更强，对于大莫村的小额贷款政策作出的反应最迅速，很多半工半耕的农户通过小额贷款用于养牛养羊等养殖业，王晶等从生计多样化角度对农村内部收入差距进行分析的结果也可以解释这一点，但是王晶等只关注了农民收入问题，本书则是从农户生计资本的角度进行了分析。

第三，民族村农户的自身发展能力强于风险应对能力的原因可能源自其民族文化特征。首先，民族村农户拥有丰富的传统知识和技能，这些知识和技能在农业生产、生态保护、资源利用等方面具有很高的实用价值，这使得他们在日常生活和生产中具有较强的自我发展能力；其次，民族村社区往往具有较强的凝聚力，村民之间有着深厚的感情纽带和信任关系，在农业生产、资源共享、劳力互助等方面，村民容易形成有效的合作机制，促进整个社区的发展；最后，民族村农户往往保持着较为传统的生活节奏和价值观，这使得他们在面对外部经济和社会变革时，能够保持一定程度的稳定性，虽然这种稳定性反映出民族村农户具有较弱的新事物接受能力，但这种稳定性有助于他们在日常生活和生产中维持自身发展的能力。然而在面临风险方面，民族村由于信息不对称、心态保守等，其自身发展能力较弱。此外，多样化型农户可持续生计能力的综合得分最高验证了前文对农户生计选择的分析，半工半耕的生计方式使这部分农户的就业选择更加丰富，同时，这部分农户大多希望能够依托大莫村地处边境的区位优势，在龙邦边民互市贸易区进行贸易，总体比其他生计类型的农户而言收入来源更加丰富，因此可持续生计能力得到保障。而务工型农户可持续生计能力略低于依赖自然资本生计的务农型农户的原因可能是大莫村平均受教育程度较低，虽然外出务工短期能够增加收入，但是随着外出务工要求的提高，在外打工的不稳定性也在增加。

第四，巩固拓展脱贫攻坚成果对农户生计资本产生正向影响的原因主要在于它能够提升农户各类资本的水平，从而改善他们的生产、生活条件并降低贫困风险。政策鼓励农户合理利用和保护自然资源，如土地、水、森林等，通过技术培训和生态补偿机制，农户能够实现自然资源的可持续利用，提高资源的经济价值。政策为农户提供了改善住房、基础设施和生产工具的机会，从而增加了农户的物质资本，例如，政府提供低息贷款或补贴，帮助农户改善住房条件、修建道路和购置生产设备。政策通过提供教育、技能培训和医疗服务等方式，提高农户的人力资本，农民接受技能培训后，能够提高生产效率，增加收入，从而摆脱贫困。政策通过加强社区组织和合作社的建设，促进农户之间的互助合作，形成社会网络，提高农户的社会资本，这有助于农户共同应对风险，降低生产成本，提高市场竞争力。政策通过心理辅导、宣传教育等措施，增强农户的心理素质，提高他们应对困难和挑战的能力，这有助于农户树立自信心，积极面对生活，从而实现可持续的脱贫。政策通过支持民族文化传承和创新，提高农户的民族文化资本，有助于增强民族自信心和凝聚力，进一步推动经济发展和社会稳定。政策通过提供金融支持，如小额贷款和信贷担保，可以帮助农户扩大生产和经营，增加收入，提高农户的金融资本。

第五，巩固拓展脱贫攻坚成果对农户可持续生计能力产生正向影响一方面可能是因为巩固拓展脱贫攻坚成果政策鼓励产业扶贫，支持发展特色产业和壮大村级集体经济，这为农户提供了丰富的就业机会，有助于增加农户收入，提高农户的人力资本，从而增强农户可持续生计能力；另一方面，乡村公益性岗位政策为农户提供了稳定的就业岗位，特别是对弱劳力、半劳力等困难群体，有效解决了就业难问题，增加了家庭收入，这有利于缩小贫富差距，提高农户的社会保障水平和生活质量，从而提高农户的可持续生计能力。从政策的长效水平和减贫效应两个方面来看，长效水平主要关注政策的可持续性。巩固拓展脱贫攻坚成果政策通过产业扶贫、乡村公益性岗位、教育培训、基础设施建设和社会保障等多层面来提高农户的生计能力，这些政策具有长期连续性和稳定性，能够持续为农户提供支持，从而提高农户可持续生计能力。政策的减贫效应主要关注政策在缩小城乡贫富差距方面产生的帮助作用强度。巩固拓展脱贫攻坚成果政策为农户提供了多元化的支持，包括就业机会、收入增长、教育培训、基础设施和公共服务等，这些政策的实施，有助于提高农户的经济水平，改善生活质量，缩小城乡贫富差距。

第六，各类生计资本中只有民族文化资本不具备中介效应可能是因为提高农户可持续生计能力的关键是要有较强的生计创新能力，它能够对农户的收入造成直接的影响，包括自然资本在内的其他6种生计资本，对农户的收入有更为明显的影响。而民族文化资本的积累需要更加漫长的过程，农户本民族或与其他民族之间的相互帮助更多体现在日常生活和民族文化的传承与延续方面，短期内很难转化为经济效益，不利于生计能力的提升，随着各民族交往交流交融，少数民族农户越来越少依赖民族文化生计方式。由此可见，人们容易忽视农户生计活动中最重要的民族文化这部分内容，因此，这一影响因素起到的作用微乎其微。

第七，不同类型农户对巩固拓展脱贫攻坚成果和生计资本的敏感程度差异可能是不同农户面对生存需求下的理性选择结果。其中，在巩固拓展脱贫攻坚成果方面，多样化型农户受到影响最大，可能是因为多样化型农户半工半耕的生计方式使其拥有更多的收入来源。这类农户虽然也外出务工，但是大多务工范围离村子较近，比常年外出务工的务工型农户更容易接触当地政策；同时，随着我国不断推进脱贫攻坚，加强乡村振兴发展，脱贫农户已经基本完成了道义小农向理性小农的转变，然而务农型农户仍然对传统生计方式有较强的依赖，反映出这类农户对扶贫政策的敏感程度较低，经济理性较弱，因此受到巩固拓展脱贫攻坚成果相关政策的影响最低，这一点从自然资本对务农型农户的影响最大也可以看出。在生计资本方面，从人力资本的角度来看，人力资本在各项影响因素中占有很高的比例，同时受到多种因素的影响，例如：人民的受教育程度、每户家庭的实际劳动力以及家庭成员的健康状况等，这些因素中，情况越好，家庭成员在就业时就会获得越多的机会，越能兼顾农业生产和务工，因此，人力资本对多样化型农户的影响最大。自然资本、物质资本和社会资本对两种类型的脱贫农户产生影响，这可能是因为务农型农户和多样化型农户的收入来源均包括农业生产，而务工型农户的收入来源不包括农业生产；务农型农户主要依靠种植和养殖来维持生计，因此极度依赖自然环境，即自然资本，并且生计方式传统且单一，所以，林地和耕地的面积越大，质量越高，就越适合种植与养殖，农户们获得的收入也越高，就能拥有更稳定的抵御风险的能力，也拥有了更稳定的生存能力，比多样化型农户受到这些因素的影响深。物质资本的积累对务工型农户的影响最大，这可能是因为务工型农户常年在外务工，与多样化型农户相比，他们远离家乡，无法兼顾家中农业生产和老人儿童，因此更加重视对物质资本的积累。金融资本与心理资本只对务农型农户产生影响，务农型农户依赖传统生计方式，生计方式不仅单一而且经济效益较低，因此，金融资本的增加能够为农户农业生产提供资金保证，扩大农业生产的盈利空间，从前文对大莫村巩固拓展脱贫攻坚成果与农户可持续生计现状的分析也可以看出，大莫村投入大量小额信贷发放给从事农业生产的农户，帮助农户养牛、羊等，对务农型农户维持生计提供了重要保障；同时，从心理资本的角度来看，这属于心理活动的范畴，因此并不能在短期内获得显著的经济收入，务工型农户与多样化型农户可能需要更加长期的心理建设从而激发热情和活力，但是对于务农型农户而言，他们相对传统的生计方式也反映了他们思想的相对保守，因此心理需求更容易在短期内得到满足，所以心理资本仅对务农型农户产生了显著影响。

三、政策含义

基于以上研究发现，本书研究结果具有以下两个方面的政策含义：

第一，本书提出的巩固拓展脱贫攻坚成果进程中的民族村农户可持续生计能力提升路径，宏观上主要针对当前民族地区巩固拓展脱贫攻坚成果同乡村振兴有效衔接中存在的薄弱环节以及制约因素，精准聚焦于构建长效减贫政策体系，推动各类生计资本可持续积累，宏观上制定政策实施方案，为政府部门围绕长效减贫政策体系的构建、各类生计资本的积累提供政策实践，助力民族地区铸牢中华民族共同体意识，推进巩固拓展脱贫攻坚成果同乡村振兴战略的有效衔接。

第二，本书提出的巩固拓展脱贫攻坚成果进程中的民族村农户可持续生计能力提升路径，微观上针对不同生计策略类型脱贫农户的生存需求，准确把握不同生计策略类型脱贫农户受到的影响因素，有助于地方政府在宏观政策的指导下，针对性地实施差异化政策，进而保障巩固拓展脱贫攻坚成果同乡村振兴战略的有效衔接可以切实落地，为精准推动民族地区铸牢中华民族共同体意识提供政策保障。

第五章

巩固拓展脱贫攻坚成果进程中的民族村农户可持续生计能力提升路径

基于巩固拓展脱贫攻坚成果进程的特征、历程中出现的新问题，以及民族地区农户的生计现状，本书从不同的角度分析民族地区农户如何丰富生计资本构成，如何提高可持续生计能力，帮助农户切实提高生计能力，降低再次陷入贫困的风险，并针对农户实现可持续生计目标提出一些可行性建议。为此，本书首先从宏观上对巩固拓展脱贫攻坚成果的政策体系进行设计，提出普遍性的政策体系，推动各项生计资本的有效积累；其次从微观上针对不同类型的脱贫农户，把握生计资本中的关键要素，对不同类型农户生计能力受到的关键因素进行分解，进而针对性地提出差异化的政策体系。

第一节　宏观上建立长效政策体系，实现生计资本的可持续积累

一、优化教育资源配置，推动人力资本积累

为了巩固和拓展脱贫攻坚的成果，并实现可持续的生计能力提升，政府应当采取引导措施，促使脱贫农户更加注重家庭人力资本的投资。一是广泛展开就业培训计划，协助农户获得新技能，并致力于投资子女教育，以破解贫困的代际传承。二是通过合理的教育资源配置结构，脱贫农户能够提高个人能力，从而获得内在的发展动力，进而实现可持续的生计目标。

首先，需要做好基础性教育。第一，为了巩固拓展脱贫攻坚成果，避免脱贫农户再度陷入贫困，必须确保贫困地区的儿童获得更好的发展机会。基础教育在确保劳动力拥有当代社会所需知识和技能方面扮演着重要保障的角色。因此，有

必要引导脱贫农户转变观念，从原先对子女教育毫不关心的态度转变为认识到其重要性。第二，政府应积极努力提升贫困地区的入学率，确保每一个达到义务教育年龄的孩子都能接受完整的素质教育。此外，政府还应拨款在贫困地区建设幼儿园，提高学前儿童的入学率，并制定相关政策，使学前儿童能够免费入学。第三，持续地优化学校的师资队伍，提高教师的专业素养，改善教学环境，并采用普通话作为教学语言，以促使学生使用普通话进行交流，提高地区普通话的普及率。同时，还应扩大公众获取教育信息的渠道。第四，针对优秀学生，应给予经济资助，并大力发展中等职业教育，在民族地区为初中毕业生提供中等职业教育，并免除学费。这样一来，贫困家庭的孩子将获得一定的生存技能，推动他们实现可持续发展和长远的生计。第五，为了实现在巩固拓展脱贫攻坚成果过程中的可持续生计能力提升，农户应优化其人力资本，应积极参与政府组织的公益就业培训，学习更多生存技能。此外，支持孩子接受教育，提高后代的文化水平也至关重要。这样一来，贫困家庭的成员将获得一定的生产和生存能力，并具备发展的动力，从而实现农户可持续的生计能力提升。

其次，职业教育也不容忽视，应鼓励用人单位组织劳动技能培训。第一，针对成年人而言，他们必须与时俱进，不断学习新知识以适应社会的变革，并积极参与政府或组织提供的技能培训，以增强他们应对风险的能力。第二，政府及相关部门应采取以下措施：一是根据当前社会发展和需求，有针对性地展开技能培训，提升地区劳动力的素质，提高就业技能，促进人民就业；二是优化政府就业服务，组织地区劳务输出，为有意愿外出务工的农户提供专业的就业咨询，包括就业政策解读、职业介绍、就业指导以及权益维护等方面的支持。第三，针对农村生产，开展专业培训，帮助农户掌握各类农作物种植和培育技术，提高农产品的质量和产量，培养农作物种植、服务和管理方面的人才，推动地区农业和经济的发展。第四，帮助年龄介于 16～60 岁、具备劳动能力的农户提升职业技能。乡村振兴有关部门可以组织技能培训班，让该年龄段的农户参与培训，并在通过考核后颁发职业资格证书，给予一定的补贴。此举可以充分激发农户的学习积极性。一些农户还可以参加非乡村振兴有关部门组织的技能培训，政府也应对通过培训并获得职业资格证书的农户给予相应的奖励或补助。第五，出台相关扶持政策，帮助农户创业，传授创业技能，指导创业过程，帮助农户了解国家的创业政策，拓宽他们的视野。同时，为回乡创业的农户提供补助和便利措施。

最后，实施定向培养计划，鼓励民族村青年接受职业教育和高等教育，为他们提供更多的学习和发展机会。第一，合理安排劳务输出，有序将民族村的剩余劳动力转移到城镇非农产业中，是促进民族村经济可持续发展的一种投资少、成效高的策略。政府应组织地区与企业合作，协助地区实现劳动力转移，并丰富人们外出务工的形式，例如夫妻共同外出务工或工作与学习并行等。第二，夫妻双输出，指夫妻双方在同一地点工作。中央政府在 2013 年 11 月作出了《关于全面深化改革若干重大问题的决定》，提出了解决城乡经济社会发展障碍的改革措施。随后，在 2014 年 6 月，党中央召开会议研究了《关于进一步推进户籍制度改革的意见》这一政策。在未来几年，我国将加强顶层制度设计，加强政府各部门之间的协作，持续推进改革，协助农民转变身份，并完善相关的制度机制。预计在未来几年内，思想上和制度上阻碍农民工市民化的障碍将逐步消除。广大农民工将融入城市生活，在大城市扎下根基。第三，通过合理安排劳务输出，将民族村的剩余劳动力转移到城镇非农产业中，提升民族村经济的可持续发展水平。此举不仅能够为民族村提供更广阔的就业机会，也能够促进城乡经济的互联互通，实现资源的优化配置和产业的协同发展。第四，政府在改革过程中需要加强各部门之间的协调与配合，确保政策的贯彻执行。同时，还应注重完善相关制度机制，为农民工的市民化提供有力支持。这包括改善户籍制度、加强社会保障体系建设、推动教育医疗等公共服务均等化，以及解决农民工在城市生活中所面临的问题，如住房、子女教育等方面的困难。通过这些努力，可以促进农民工的市民化。

二、扶持特色产业发展，推动自然资本积累

政府在针对仍然以农业为主要收入来源的民族地区农户时，应该着重帮助其实现农业产业化和信息化，以提升农户的可持续生计能力。

首先，增加自然资本积累对农户而言至关重要。第一，尽管政府在巩固拓展脱贫攻坚成果方面已经作出了一定努力，但仍然存在许多民族村农户面临公共服务和适宜住房缺乏的问题。第二，发展产业、以产业驱动是民族村农户巩固拓展脱贫攻坚成果的基本策略。政府提供的用于支持农民脱贫、发展农牧业的产业扶贫资金，如牲畜、种子和化肥等，虽不属于固定资产，但在生产经营过程中可能会被消耗或流失，因此其效益难以评估。第三，严格的脱贫考核压力常常导致各级政府部门倾向于选择更容易"见效"的项目，例如住房建设、基础设施建设和学校建设等。第四，政府实施产业脱贫也面临天然的缺陷，例如需要参与市场竞争。与企业不同，地方政府并不具备市场竞争的资格，主要因为地方政府工作人员缺乏企业管理技能，未经过专业的管理培训，因此缺乏市场竞争所需的能力素养。第五，地方政府无法及时根据市场信息作出正确的决策，导致政府产业脱贫成果不显著。第六，产业脱贫存在许多难题，但政府仍需承担起推动产业脱贫的重任。在推动地方产品脱贫方面，政府是主要带头人，具备一定的优势，必须设计和实施有效的产业脱贫政策，以应对市场竞争的压力。

其次，对于大多数相对贫困的地区来说，市场并非完全竞争的。这是因为这

些地区的经济发展水平较低，当地商业性质的企业数量较少，市场信息不完整。第一，当地商业企业一般具备较强的区域市场竞争力。在交易过程中，当地商业企业能够主导设置商品价格，而农民则处于被动地位，只能接受当地商业企业所制定的价格，因此，农户的议价能力较差。第二，即使出现了相邻地区价格更为优惠的商品，但由于农民面临较高的交通成本和信息获取成本，也无法解决这一问题，只能选择当地商业企业提供的高价商品。第三，在部分贫困地区，政府设立了合作社，然而其作用有限，无法有效降低农户的交易成本。第四，由于存在大量对市场不熟悉的农民，外贸企业进入市场时需要承担较高的初始交易成本，尤其是在长期合同（如土地使用权转让和农产品收购）方面，本身存在较大的风险，并伴随着巨大的交易流程费用。第五，相对贫困地区的商务环境相对落后，因此，外贸企业需要适应当地的商业环境，进一步加剧了交易成本。第六，由于企业和农民都面临高额费用，双方的交易成本较高，外国企业一般不会选择进入相对贫困的地区。然而，如果政府扮演中介的角色，就能够有效降低企业和农民的交易成本。

最后，政府在已经脱贫的农民中享有一定的信誉度，在谈判过程中，政府具备与企业谈判的能力，其议价能力优于农户。第一，政府的脱贫政策对于脱贫农户和企业都具有利益，因此能够吸引两者参与，从而在交易过程中降低双方的交易成本。第二，一些地区制定的产业脱贫政策在实际中的作用有限，主要原因是政府未充分发挥中介角色，未充分利用自身优势。第三，在某些情况下，地方政府会为已脱贫的农民提供统一的畜禽投入品，以帮助他们发展畜牧业。尽管统一采购可以降低农民的采购成本，但无法解决农民在畜禽销售方面的问题，导致潜在损失。因此，在制定政策时，政府应当同时考虑畜禽销售和收购，并协助农民与相关企业对接，从而提高政策的效果。第四，电子商务是推动民族乡村经济转型的重要推动力，它有助于优化产业结构、促进商贸发展、刺激创新和就业，增加农民收入。利用电子商务的一种方法是将其与扶贫产业相结合，采取"互联网＋农产品"的方式，与第三方电商平台合作，开发网上采购和销售功能，以最大程度地促进村落地区生产的农产品进入市场。第五，对于地区产出的手工艺品和特色产品，必须进行标准化和分类，并采用适当的包装方式，逐渐打造品牌，帮助贫困地区拓宽农产品的销售渠道。第六，培养地方的电商人才，确保每个贫困村都有电商专家，协助推进农产品电商销售化的进程。

三、完善基础设施建设，推动物质资本积累

为了巩固和拓展脱贫攻坚成果，实现可持续生计能力提升，需要持续优化物质资本的构成。通过完善基础设施建设和推动物质资本积累，政府可以为农村发

展创造良好的外部环境，提高农业生产效率，增加农民收入，缩小城乡差距，实现农村地区的可持续发展。这需要政府、企业、社会组织和农民共同努力，推动农村基础设施建设和物质资本积累不断取得新的成果。近年来，尽管民族地区的基础设施得到了逐步改善，但仍有许多领域亟待加强。例如，民族地区的交通条件需要进一步改善。扶贫项目可以协助修建道路，确保村道平整，方便农民日常出行和农机运输。此外，完善脱贫地区的水利设施也至关重要，可以解决干旱时期居民和牲畜饮水困难的问题，从而推动生产发展。综上所述，应优先考虑加快农村基础设施建设，解决农业综合开发、安全饮水和农田水利等问题，加强"五小"水利工程和爱心水窖建设。因此，政府需要持续加大巩固拓展脱贫攻坚成果的政策力度，改善物资条件。针对人口较多且基础设施相对薄弱的脱贫村，政府应统筹资金，呼吁社会人士捐助，加强道路建设，确保水源安全，并完善通信设施。主要包括以下方面：一是需要加强电力基础设施建设。电力是现代生产和生活的基础，提高民族地区的电力供应能力，对于促进当地经济发展和民生改善具有重要意义。二是应加大投入，推进电网升级改造，实现全覆盖，提高电力供应的稳定性和安全性。三是需要发展医疗资源。医疗条件的改善有助于提高民族地区居民的生活质量。政府应加大对教育和医疗资源的投入，提高教育和医疗服务的普及率和质量，让贫困地区的居民享有平等的教育和医疗机会。四是需要提升农业科技水平。通过引进先进的农业科技，提高农作物的抗病虫害能力和产量，从而提高农民收入。五是应加强农业科技推广力度，推动农业科技成果在民族地区的普及和应用，提升农业生产效率和质量。

政府应加大农田水利、灌溉系统、农村道路以及农产品储藏和加工等方面设备的投入。第一，政府应制定具体的农田水利和灌溉系统建设规划，明确各级政府在农田水利建设中的责任和任务。通过落实资金投入，加强农田水利基础设施建设，提高水资源利用率，降低农业生产风险。同时，政府可以鼓励农民参与水利设施维护管理，通过设立水利维护基金等方式，提高农民对水利设施的维护意识和能力。第二，政府应制定农村道路建设和改造规划，明确道路建设的优先级和实施步骤。通过加大财政投入，争取相关基金支持，改善农村道路条件，提高农村交通运输效率。此外，政府可以探索公私合作（PPP）模式，引入社会资本参与农村道路建设，提高资金使用效率。第三，政府应加大对农产品储藏和加工设施的投入。通过设立专项资金，支持农产品仓储、冷链物流等基础设施建设，减少农产品损耗，提高农产品附加值。此外，政府可以鼓励农民合作社、家庭农场等新型农业经营主体参与农产品储藏和加工设施建设，发挥市场机制作用，提高设施数量和质量。第四，政府可以加强与农业科研院所、高校等单位的合作，共同开展农业技术研究、推广和培训工作，为农业基础设施建设提供技术支持。

为解决购买农机设备的困难，政府应向农户提供一定的补贴。通过提供购机补贴、农业机械保险等政策支持，降低农户购买和使用农机设备的成本，进一步推动农业机械化水平提升。第一，政府应设立专项购机补贴基金，针对符合条件的农户和农业企业，提供购买农机设备的直接补贴。这一举措将降低农户购机成本，刺激农机市场需求，进而推动农业机械化水平的提升。第二，政府应推广农机购置税收优惠政策，对购买农机设备的农户和农业企业给予一定程度的减免，从税收层面减轻农户购机负担。第三，政府应完善农机设备贷款政策，通过农业银行等金融机构，为购买农机设备的农户和农业企业提供低息、长期贷款，缓解农户购机资金压力。第四，政府应推行农业机械保险政策，为农户和农业企业购买农机设备提供风险保障。通过设立农机保险补贴基金，鼓励农户和农业企业购买农机保险，降低其农机设备损失风险。农机保险补贴政策的实施，将有助于提高农户使用农机设备的信心，进一步推动农业机械化水平提升。第五，政府应加强农机设备技术培训和推广。通过农业技术推广部门和农业机械化管理部门，组织开展农机设备操作培训、维修培训等活动，提高农户使用农机设备的技能和效率。与此同时，政府可以鼓励农机设备厂商、农机合作社、农民专业合作社等社会力量参与农机技术培训和推广工作，共同推动农业机械化发展。第六，政府应推动农机设备共享服务模式的发展。通过建立农机设备共享服务平台，整合各类农机资源，实现农机设备的有效配置，降低农户单独购买和使用农机设备的成本。政府可以为农机共享服务平台提供政策支持，包括税收优惠、补贴资金等，推动农机共享服务模式在农村地区的普及和发展。第七，鼓励农民专业合作社、家庭农场等新型农业经营主体参与农机共享服务，形成农户、合作社、农机服务企业等多元化的农机共享服务网络，使更多农户受益于农机共享服务模式。

新能源技术的推广应用可以降低农村居民的能源成本，提高生活水平。政府应推动新能源利用，如生物质能、太阳能、风能等，提高农村能源利用效率。第一，制定鼓励新能源发展的政策和法规，为新能源项目提供税收优惠、补贴资金等政策支持，降低新能源产业发展的门槛和成本，吸引更多的企业和投资者参与新能源产业。第二，加强新能源技术研发和推广，鼓励农村地区开展生物质能、太阳能、风能等新能源技术的研究和应用，提升新能源设备的性能和效率，降低新能源技术的应用成本。第三，推动农村地区新能源设施建设，建立配套的新能源基础设施，如光伏电站、生物质能发电厂、风力发电站等，确保农村居民能够方便地使用清洁能源。第四，实施农村新能源普及计划，为农村居民提供新能源产品和技术的培训和指导，帮助农村居民了解和掌握新能源应用技术，推广新能源产品在农村地区的使用。第五，提高农村居民对新能源利用的认知和接受程度，通过宣传、培训等手段，普及新能源知识，让农村居民认识到新能源的优点和价值，积极参与新能源技术的推广和应用。第六，建立农村新能源产业发展基金，对新能源产业的研发、生产、销售等环节给予资金支持，鼓励农村地区的企业、合作社、个体经营户等投身新能源产业。第七，加强新能源项目的监管和评估，确保新能源项目的规范运营和可持续发展，避免资源浪费和环境污染，为农村居民创造更优质的能源供应环境。

四、发挥基层组织作用，推动社会资本积累

农村基层组织的帮助和扶持是农民社会资本水平提高的关键因素。只有基层组织建设搞得好，农民的收入才有保障。

首先，需要规范基层组织，做好相关组织建设和管理，基层干部选拔机制必须公平公正公开。同时，要完善相关政策和制度，公开地区财务情况，防止政府工作人员贪污腐败，导致农民收入得不到实质性提升。第一，规范基层组织建设，确保基层组织的功能得到充分发挥。政府应加强对基层组织的指导和培训，提高基层组织的工作能力，确保基层组织能够充分发挥服务群众、联系群众、调解纠纷等功能，提升农村社会治理水平。第二，健全基层干部选拔机制，确保选拔过程公平公正公开。政府应制定严格的选拔标准和程序，引入第三方监督机制，确保选拔过程的公开、透明和公平，选拔出品行端正、能力突出的基层干部。第三，完善基层干部考核评价制度，激励干部积极履职。政府应建立科学的绩效考核体系，将干部的绩效和待遇挂钩，以奖励敬业负责、为民服务的基层干部；同时，加大对失职渎职、不作为的干部的惩戒力度。第四，加强基层组织财务管理，公开地区财务情况。政府应完善基层组织财务管理制度，确保财务收支合规、透明，定期公开财务情况，接受社会监督，提高资金使用效率。第五，严厉打击贪污腐败，保障农民收入。政府应建立健全反腐败机制，加大对贪污腐败行为的查处力度，确保政府工作人员廉洁自律，防止农民收入因贪污腐败而受损。第六，加强基层组织与农村民生项目的对接。政府应指导基层组织积极参与农村民生项目的申报、实施和监管，确保相关政策措施落地生根，提高农民收入。

其次，需要注重农村基层人才干部选拔，必须选拔诚实守信、机灵、有吃苦耐劳精神和开拓精神、有想法的干部。第一，政府应完善农村基层人才选拔制度，确保选拔过程公平公正公开。选拔机制应以能力、品德、业绩为重要标准，充分考虑应聘者的综合素质，包括教育背景、工作经验、实际业绩等方面。政府还应加强选拔制度的监管，确保选拔过程透明公开，防止任人唯亲现象发生。第二，鼓励基层干部自我提升，政府应为基层干部提供培训和学习机会，提高其专业素质和管理能力。可通过组织培训班、提供在线课程等形式，加强基层干部的知识更新和能力提升。第三，建立激励机制，鼓励基层干部积极创新，开展工作。可以设立专门的基层干部创新奖励，对在工作中表现出色、取得突出成绩的基层干部给予表彰和奖励，激发其工作积极性。第四，建立健全干部考核评价机

制，定期对基层干部进行绩效考核，以实际工作成效为评价标准。同时，充分听取群众意见，让群众参与干部评价，确保评价结果公正客观。第五，加强基层干部队伍建设，实施干部轮岗制度，使基层干部在不同岗位上积累经验，拓宽视野。同时，政府应注重选拔和培养年轻干部，为基层组织注入新鲜血液。第六，关注基层干部的福利待遇，确保其生活水平与社会发展水平相适应，提高干部工作的积极性和稳定性。政府可以在住房、医疗、教育等方面给予基层干部一定的优惠政策。第七，加强基层干部的廉洁自律教育，强化党风廉政建设，防止基层干部滋生腐败现象。政府应开展廉政教育培训，加强对基层干部的监督管理，确保其为民服务、务实清廉。

最后，需要引导农民接触网络信息。在网络信息时代，许多农民都学会了上网，通过网络增强了人际交往，使用网络提高社会资本和促进社会资本的积累是非常必要的。比如，外出的农民可以加入老乡群、工作群，在社交平台上分享生活和工作情况。单身青年也可以借助网络平台相识相知结成姻缘。村干部还可以创建微信群把一个村的住户都联系在一起，方便他们分享通知并相互交流。目前，使用网络已成为村民拓展社会资本的重要途径。政府应加快农村宽带网络建设，提供优惠政策，鼓励农村居民使用网络服务。为实现这一目标，政府可以采取以下具体措施：第一，加大农村宽带基础设施投入，确保农村地区的网络接入速度和质量得到提升。政府可以设立专项资金，支持电信运营商在农村地区建设和升级宽带网络设施，提高农村地区的网络覆盖率和接入速度。第二，实施农村宽带普及计划，提高农村居民的宽带普及率。政府可以制定相应的政策，为农村居民提供宽带接入的补贴或优惠，降低农村居民的宽带接入成本，鼓励农村居民使用宽带网络服务。第三，加强农村网络教育和培训，提高农村居民的网络素养。政府可以组织开展网络知识普及活动，提供网络应用培训，帮助农村居民掌握网络技能，提高农村居民的网络使用水平。第四，推动农村电子商务发展，扶持农村电商创业。政府可以为农村电商企业提供税收优惠、创业培训等支持政策，帮助农村电商企业发展壮大，同时，为农村居民提供更多就业机会。第五，发展农村网络文化和娱乐产业，丰富农村居民的网络生活。政府可以引导和扶持农村网络文化和娱乐产业发展，为农村居民提供更多优质的网络文化和娱乐产品，提高农村居民的网络生活质量。第六，加强农村网络安全建设和管理，保障农村居民的网络信息安全。政府应加大对农村网络安全的投入，建立健全农村网络安全监管制度，提高农村网络安全防范能力，保障农村居民的网络信息安全。

五、优化农户经济思维，推动金融资本积累

家庭收入增多，收入来源广泛，这些都是金融资本增加的表现。倘若农户家

庭只依靠农业生产收入，那么这样的农户家庭生计比较脆弱，不利于农户的可持续发展。从经济角度看，农户主要将劳动力分配给能使家庭经济利益最大化的生计。从长远来看，仅仅依靠劳动力迁移提高农民的可持续生计能力是行不通的，不利于农业发展，并且这种方式比较单一且难控制。此外，农民的生计风险也相对增加。因此，鼓励一部分农民外出务工，另一部分农民在当地农村采取半工半耕的方式，然后引导留在农村从事农业生产的农民改变以往为生存而种地的思维方式，为获得最大的经济收入而种地，以实现生产经营性收入的持续增长。

首先，政府应加大对农民金融知识普及和教育的力度，通过举办金融知识讲座、发布金融知识宣传手册等方式，帮助农民提高金融素养，培养农民的投资理财意识。第一，制定全面的农村金融知识普及和教育计划。政府部门应与金融机构、教育部门等合作，针对农民特点制订针对性强的金融知识普及和教育计划，以提高农民金融素养和投资理财意识。第二，加强金融知识宣传。政府应充分利用电视、广播、报纸、网络等多种媒体，广泛宣传金融知识，特别是对农民群体具有针对性的金融知识，提高农民对金融知识的关注度和接受程度。第三，开展金融知识讲座和培训。政府应邀请金融专家和从业者到农村开展金融知识讲座和培训，让农民现场学习、互动，提高对金融知识的理解和掌握程度。第四，编制金融知识宣传手册。政府应组织编制针对农民的金融知识宣传手册，内容通俗易懂，涵盖基本金融知识、金融产品、投资理财技巧等方面，便于农民随时查阅和学习。第五，推广金融知识进校园。政府应将金融知识纳入农村学校教育体系，培养农村学生从小具备金融知识和投资理财意识，为农村金融发展培养后备力量。第六，建立金融知识普及评价机制。政府应设立专门的评价机制，定期对农村金融知识普及和教育工作进行评估，根据评估结果调整政策措施，确保金融知识普及工作取得实效。

其次，政府应加大对农民创新创业的扶持力度，提供创业培训、创业指导等服务，帮助农民提高创业能力。同时，为农民创业提供优惠政策和金融支持，降低创业成本，激发农民创业热情。第一，政府应组织专业机构为农民提供创业培训。通过定期举办创业培训班、开展实践操作培训、提供创业指导手册等方式，帮助农民掌握创业所需的技能和知识，提高创业能力。同时，建立农民创业培训资料库，为农民提供在线学习资源，满足不同农民的学习需求。第二，推广农民创业典型案例。政府应通过各种渠道宣传农民创业成功案例，激发农民创业信心，为他们提供创业榜样。第三，设立农民创业专项资金。政府应设立专项资金，为符合条件的农民提供创业贷款支持、贴息补贴等优惠政策，降低创业成本。第四，加强农民创业孵化服务。政府应推动建立农村创业孵化基地，为农民提供场地、设备、技术、市场等全方位的支持，提高农民创业成功率。第五，推动农民创业与产业扶贫相结合。政府应引导农民以创业带动产业发展，实现农民创业与乡村振兴的有效衔接，推动农村经济发展。第六，完善农民创业政策体系。政府应完善相关法律法规，为农民创业提供良好的政策环境，确保农民创业政策的稳定性和连续性。第七，加强农民创业服务网络建设。政府应加强农村创业服务网络建设，建立健全创业指导、技术支持、市场营销等服务体系，为农民创业提供全方位服务。

最后，政府应推广农业产权交易，引导农民通过产权交易实现资产盘活、农业投资。政府还可设立专门的农业产权交易平台，为农民提供便捷的交易服务。第一，政府应制定农业产权交易法律法规。为保障农业产权交易的合法性和顺利进行，政府需要完善相关法律法规，明确农业产权交易的主体、交易内容、交易程序等，为农民参与产权交易提供法律依据。第二，设立专门的农业产权交易平台。政府应推动建立农业产权交易平台，为农民提供便捷、安全、透明的交易服务。平台应实时更新交易信息，简化交易流程，降低交易成本，方便农民参与。第三，加大农业产权交易宣传和培训。政府应通过各种渠道加强农业产权交易的宣传，普及农业产权交易知识，提高农民参与产权交易的积极性。同时，开展产权交易培训，帮助农民掌握交易技能，提高交易成功率。第四，完善农业产权交易服务体系。政府应建立健全产权交易服务体系，提供产权评估、产权登记、产权保险等服务，确保农民在产权交易中的权益得到保障。第五，推动农业产权融资创新。政府应引导金融机构开发农业产权抵押贷款、产权转让贷款等金融产品，拓宽农民资金来源，促进农业产权交易与金融市场的对接。第六，设立农业产权交易风险防范机制。政府应建立风险防范机制，加强对农业产权交易市场的监管，及时发现和处理违规交易行为，维护市场秩序，保障农民参与产权交易的安全。第七，激发农民参与农业产权交易的积极性。政府应通过设立农业产权交易奖励基金、优化税收政策等措施，激励农民参与产权交易，实现资产盘活、农业投资。

六、坚持扶志先行方针，推动心理资本积累

为了实现民族村农户生计资本的可持续增长，需要引导脱贫农户克服长期以来的"贫困心态"。当农民不得不在持续贫困的环境中不断作出新的选择，以此艰难地维持生计时，他们不仅心理受到创伤，现实生活中也步履难行。倘若因为资源匮乏导致出现"贫困心态"，这种心态融入农民的血液中，那么他们将难以摆脱贫困状态。这种错误的认知会使农民一直作出错误的经济决策。比如，一个家庭原本存够了买社会保险的钱，但由于其他更紧迫的问题，如日常开支或短期收益，选择推迟或放弃购买社会保险，这可能使家庭面临风险，加剧贫困。许多村民认为"因为我们打零工和干体力活，所以不知道该买哪种保险"，或者"我

们不考虑要求雇主购买保险，只要保证自己的收入"。这凸显了由于未能改变"贫困心态"而重新陷入贫困的风险。

首先，政府应组织专门的心态转变教育培训，帮助脱贫农户认识到贫困心态对自身发展的影响，并教授他们积极面对生活的心理技巧。通过心态转变教育，引导农户树立自信、自强的精神，充分挖掘潜力，追求更好的生活。第一，开发心态转变教育课程。政府应与教育部门、心理学专家合作，开发针对农村脱贫家庭的心态转变教育课程，结合农村实际情况和文化背景，确保课程内容具有针对性和实用性。第二，组织心理辅导专家团队。政府应选拔、培训一支专业的心理辅导团队，为农户提供心理咨询和辅导服务，帮助他们树立积极的心态，增强面对生活挑战的勇气。第三，广泛开展心态转变教育宣传。政府应利用各种媒体平台，如电视、广播、报纸、网络等，加大心态转变教育的宣传力度，让更多农户了解心态转变的重要性，从而主动参与到心态转变教育中。第四，建立心态转变教育与职业培训相结合的模式。政府应将心态转变教育与农村职业培训紧密结合，通过提高农户的职业技能，增加其就业和创业机会，进一步促进农户心态的转变。第五，设立心态转变教育专项资金。政府应设立专门的心态转变教育资金，保障心态转变教育的顺利推进，同时鼓励企业、社会组织等参与心态转变教育的投入，形成多元化的投资体系。第六，实施心态转变教育评估和激励机制。政府应定期对心态转变教育的实施情况进行评估，对于取得显著成效的地区和单位，给予一定的政策支持和奖励，激发各级政府和相关部门推进心态转变教育的积极性。

其次，政府可通过媒体、社区活动等多种途径，宣传脱贫农户的成功经历和典型案例，激励其他农户学习典型，用积极向上的心态迎接挑战。第一，建立典型案例数据库。政府应收集和整理脱贫农户的成功经历和典型案例，建立一个可供查询和学习的数据库，方便各级政府、媒体和社区有针对性地进行宣传。第二，制定宣传策略。政府应制定有针对性的宣传策略，确定宣传的主题、内容和形式，确保典型案例的宣传能够产生积极的社会效果。第三，利用各种媒体渠道进行宣传。政府应充分利用电视、广播、报纸、网络等各种媒体渠道，全方位地展示脱贫农户的成功经历和典型案例，增强其感染力和影响力。第四，开展主题性社区活动。政府可组织开展以脱贫农户的成功经历和典型案例为主题的社区活动，如座谈会、讲座、展览等，让农户有更多机会了解和学习典型。第五，实施典型榜样培育计划。政府应针对具有代表性的脱贫农户，实施典型榜样培育计划，通过提供一定的政策支持和培训机会，培养他们成为具有影响力的榜样人物。第六，开展典型案例征集和评选活动。政府可定期开展典型案例征集和评选活动，鼓励农户积极分享自己的成功经历，为社会传递正能量。

最后，政府可在民族村设立心理咨询服务站，为农户提供心理咨询和心理疏导服务。通过心理干预，帮助农户认清自己的心理障碍，调整心态，积极面对生活。第一，制定心理服务站建设规划。政府应根据民族村的人口、地理位置和实际需求，制定心理服务站的建设规划，合理安排建设数量和布局。第二，拨款设立心理服务站。政府应为心理服务站建设提供必要的资金支持，确保心理服务站能够顺利建立并投入使用。第三，组建心理咨询专家团队。政府应选拔、培训一支具有专业素质的心理咨询专家团队，为民族村的农户提供心理咨询和疏导服务。第四，进行心理服务的宣传推广。政府应充分利用电视、广播、报纸、网络等各种媒体渠道，加大心理服务站宣传力度，提高农户对心理服务的认识和接受程度。第五，提供心理干预和心理疏导服务。心理服务站应根据农户的实际情况，提供个性化的心理干预和心理疏导服务，帮助农户认清心理障碍，调整心态。第六，建立心理服务站的监督评估机制。政府应对心理服务站的运营情况进行定期监督和评估，确保心理服务站的服务质量和效果。

第二节　微观上实施差异化政策，构建针对性生计资本培养模式

前文在宏观层面，从不同生计资本的积累出发，提出了巩固拓展脱贫攻坚成果进程中的民族村农户可持续生计能力提升路径。根据前文研究结果可知，对于不同生计策略类型的脱贫农户而言，影响其可持续生计能力的因素各不相同，因此，为了更加全面提升民族村农户可持续生计能力，地方政府还应在宏观政策的基础上，实施差异化政策，根据不同生计策略类型农户在巩固拓展脱贫攻坚成果进程中的可持续生计特征，针对性地构建不同的生计资本培养模式。

一、以"自然＋人力＋社会＋金融＋心理"为核心构建务农型农户生计资本培养模式

务农型农户的生计方式以种植和养殖为主，生计方式较为单一，对政府政策的敏感程度有限。结合前文实证检验结果，务农型农户可持续生计能力提升主要受到巩固拓展脱贫攻坚成果政策、自然资本、人力资本、社会资本、金融资本、心理资本的影响，因此，应以"自然＋人力＋社会＋金融＋心理"为核心构建务农型农户生计资本培养模式。

在自然资本方面，应针对务农型农户的特点，科学调整农林结构，切实提高耕地和林地质量，提升农田设施和公路运输水平，要不断完善土地分配和流转制度，提高对自然资源的利用效率。一是加大农业科技研发和推广力度，依托现代

农业技术和管理方法，提高务农型农户的种植和养殖效率；二是推动农田基础设施建设，包括农田水利、排灌、土地整理等，降低农业生产成本，提高农田综合产能；三是实施土地资源优化配置，鼓励务农型农户参与土地流转，实现土地资源的高效利用；四是优化农林产业结构，引导务农型农户种植经济林、果树、中草药等高附加值作物，提高农产品的市场竞争力；五是开展农业技术培训和示范推广，提高务农型农户的农业生产技能和管理能力，引导农民合理利用资源，实现可持续发展；六是完善农产品市场体系，提高农产品流通效率，降低流通成本，增加务农型农户的收入水平；七是加强农村道路基础设施建设，提高农村道路质量和通行能力，便利农产品运输和销售；八是推进农业保险制度建设，为务农型农户提供风险保障，增强农户抵御自然灾害和市场风险的能力。通过上述政策建议的实施，有望充分发挥务农型农户在农业生产中的优势，提高农业生产效率和收益，助力民族村持续稳定脱贫。

在人力资本方面，政府应采取一系列措施提高农户的生产技能、管理水平和综合素质，以最大限度地规避生计风险。一是分析务农型农户特定的生计形式，例如种植业、养殖业、林业等，根据不同的生产领域和地区特点，为农户提供针对性的培训课程，如高效种植技术、病虫害防治、现代养殖管理等，提高农户的生产技能和产业竞争力；二是政府可邀请专家学者、农业企业家等进行实地指导，为务农型农户传授实用的农业管理经验和市场营销策略，提高农户的农业经营管理水平，降低市场风险；三是针对务农型农户的年轻一代，政府应加大农村教育投入，提高农村教育质量和水平，为其提供更广阔的发展机会；四是鼓励务农型农户参加职业技能培训，学习新技术、新理念，提高农户的综合素质，为他们在非农产业领域寻求更多的发展机会，实现多元化的生计来源；五是政府还可设立农村留守儿童关爱机制，为农村留守儿童提供教育、心理支持等方面的关爱，培养他们积极向上的心态，为未来发展奠定基础。六是针对务农型农户的特点，政府应组织实施农业劳动力转移培训，结合本地区产业发展实际，培训合适的技能，同时，为农户提供更多的就业岗位，提高农户收入水平。在培训过程中，应注意灵活安排培训时间和地点，以便于农户参加。通过以上政策建议的实施，有望提升务农型农户的人力资本，为他们实现持续稳定脱贫打下坚实基础。

在社会资本方面，针对务农型农户所面临的风险，可以指导农户参加农业合作社或其他正式组织，有针对性地向农户传授生产经验，并提供资源，促进农户的生计发展。应鼓励农民积极参与劳动生产和娱乐活动，搭建平台，并成立与之相关的组织，使农户之间互相帮助。通过这些种类齐全的社会网络，农民可获得帮助他们抵御生计风险的资源，从而提高他们的生计质量。一是支持和推广农业合作社发展，提供政策和资金支持，引导务农型农户加入农业合作社，共享生产资源、技术和市场信息，提高农业生产效率和收入；二是开展农业技能培训，组织各类农业培训班，提高农户生产技能，培养农村实用人才；三是加强农村金融服务体系建设，拓宽农户融资渠道，提高农户融资可得性，支持农业生产和农村经济发展；四是建立农村劳动力市场，提供劳动力输出、就业和创业服务，帮助农民拓宽就业渠道，提高农民收入水平；五是推动农村文化和体育事业发展，举办各类文化、娱乐、体育活动，丰富农民群众文化生活，提高农民精神文明素质；六是加强农村社会保障体系建设，完善农村养老、医疗、教育等社会保障制度，减轻农民生活压力，提高农民生活水平；七是强化农村信息服务网络建设，发挥农村信息化在农业生产、农村经济发展中的积极作用，为农民提供及时、准确的生产、市场、科技等信息服务。通过上述政策建议的实施，有望帮助务农型农户建立健全社会支持网络，提高抵御生计风险的能力，促进农户生产和生活质量的全面提升。

在金融资本方面，政府应推出适合其需求的信贷政策、农业保险支持和农业产业投资基金。一是政府与金融机构合作，为务农型农户推出低利率、长期贷款、灵活还款方式等信贷政策，解决其生产经营资金需求；同时，考虑到务农型农户通常资金需求较小、抵押物不足等特点，应降低贷款门槛，简化贷款流程，提高农户贷款可获得性。二是政府加大对农业保险的支持力度，推广覆盖种植、养殖等领域的农业保险产品，为务农型农户提供风险保障，降低因自然灾害或市场波动带来的损失；此外，鉴于务农型农户对风险的敏感性和承受能力有限，应提高保险补贴比例，降低农户购买保险的成本。三是政府设立农业产业投资基金，支持务农型农户进行技术升级、产业结构调整和市场拓展等方面的投资；针对务农型农户生产规模较小、技术水平相对较低的特点，应优先支持小型农业科技创新和适用技术的研发、推广，提高农业生产效益。四是政府可设立专项扶持资金，支持务农型农户开展农业产业链整合、品牌建设和产品销售等方面的工作，提高农产品附加值，增加农户收入水平。五是加强农村金融服务网络建设，提升金融服务覆盖率，确保务农型农户能够享受到金融服务的便利。

在心理资本方面，针对务农型农户的特点，政府应采取一系列措施以提高农户的心理素质、创新精神和创业能力。一是政府提供心理健康教育与培训，结合务农型农户在生产和生活方面的实际困境，帮助他们提高心理素质和抗压能力，增强自信心，克服贫困心态；二是建立农村心理咨询服务体系，为务农型农户提供专业的心理支持，解决因生产、生活等方面带来的心理问题；三是鼓励农民互助互爱，加强邻里间的交流与支持，形成良好的社会支持网络，提高农户应对风险和压力的能力；四是加强农村文化建设，如举办文艺活动、文化讲座等，丰富农户的精神生活，培养积极向上的精神风貌；五是为提升农户的创新精神和创业能力，政府应加强农民自主创业意识的培养，鼓励农户成立合作组织，共享经验，提高心理素质；六是结合务农型农户的实际需求，推广适用于农村的创业培训项目，提高农民的创业技能和管理能力；七是政府还可设立专项扶持资金，支持农民创业项目，为其提供优惠政策和资源支持，降低创业门槛；八是考虑到务农型农户往往对政策不够敏感，获取信息能力较弱，政府应加强政策宣传和解读，通过媒体、网络、村民大会等多种方式，帮助农户了解国家政策、掌握产业信息，增强对未来的信心。通过以上政策建议的实施，有望提升务农型农户的心理素质和创新精神，从而帮助他们更好地面对生活挑战，实现持续稳定脱贫。

二、以"物质＋人力＋社会"为核心构建务工型农户生计资本培养模式

务工型农户的生计方式主要为外出务工，同时，大多务工半径较大，离家较远难以照顾家中农业生产和老人、儿童的特征使务工型农户更加注重物质、人力、社会资本的积累。结合前文实证检验结果，务工型农户可持续生计能力提升主要受到巩固拓展脱贫攻坚成果政策、物质资本、人力资本、社会资本的影响，因此，应以"物质＋人力＋社会"为核心构建务工型农户生计资本培养模式。

在物质资本方面，政府应采取一系列措施提高农户的生活质量，降低外出务工农户的生活压力，同时，促进农村基础设施建设和农业现代化。首先，针对务工型农户离家较远的特点，为留守家庭提供必要的生活保障和基本设施。政府可以建立农村留守儿童和老人关爱体系，提供免费或低价的托幼服务和养老服务，让务工型农户在外务工时安心；同时，加强农村基层医疗卫生服务体系建设，提供便捷的医疗服务，降低留守家庭的医疗负担。其次，政府应加大对农村道路、通信、供水和供电等基础设施的投入，以提高农村交通便利程度，降低务工型农户的返乡成本。改善农村道路条件，提升道路安全性能，便于农户外出务工和返乡。扩大农村通信网络覆盖范围，提升网络质量和速度，方便农户与家人、朋友保持联系，缓解他们的思乡之情。同时，加强农村供水和供电设施建设，提高供水供电的可靠性和稳定性，可以改善农户生活环境。再次，政府应投资农业技术研发和推广，为务工型农户提供现代化农业生产设备，帮助他们提高农业生产效率，尽量引导务工型农户转变为半工半耕的生计方式，在家乡就业。推广农业技术创新和现代农业技术应用，可以提高农业生产效益和农民收入水平，降低农业劳动强度。最后，政府可推动乡村产业发展，如休闲农业、乡村旅游等，为务工型农户提供家乡的就业机会，减轻外出务工的压力。

在人力资本方面，针对务工型农户的特点，政府应采取一系列有效措施以提高农村劳动力的技能水平和竞争力。首先，政府应加大对农村职业技能培训的投入，为务工型农户提供各种职业技能培训，如电焊、汽修、家政服务等。这不仅可以提高农户的就业竞争力，还可以帮助他们拓宽就业渠道，减少因技能不足而

导致的就业困难。同时，政府应制定相应的奖励政策，对接受培训并成功就业的农户给予一定的补贴，以激发他们学习新技能的积极性。其次，政府应确保农村基础教育的质量，提高农村学校的教学水平。这包括加强师资队伍建设，提高教师待遇，改善农村教育硬件设施等。政府应出台针对留守儿童的专项政策，例如设立留守儿童关爱中心，提供课后辅导和心理关怀等服务，为务工型农户的留守子女创造良好的教育环境，确保他们在父母外出务工期间得到妥善照顾。再次，政府应搭建农村劳务输出服务平台，为务工型农户提供就业信息、职业指导、招聘会等服务。通过此类平台，农户可以更方便地了解不同地区和行业的就业机会，获得职业规划建议，提高求职效率。政府还应与企业合作，举办专门针对农村劳动力的招聘会，帮助他们更快地找到合适的工作。最后，政府应为务工型农户提供创业培训和政策支持，鼓励他们在家乡创办小微企业或开展个体经营。具体措施包括提供创业培训课程，帮助农户掌握创业所需的知识和技能；推出创业贷款政策，解决创业资金问题；为新创企业提供税收优惠等政策支持。通过这些措施，鼓励务工型农户选择半工半耕的生计方式，可以提高其劳动报酬水平，从而提高人力资本。此外，政府还应加强对农村创业的宣传和推广，展示成功案例，激发农户的创业激情和信心。通过支持农村创业，不仅可以为农户提供更多的就业机会，还能带动农村经济发展，形成良性循环。

在社会资本方面，针对务工型农户的特点，为了促进可持续生计并有效降低务工型农户在外工作期间的生计风险，建立"政府＋企业＋社会"社会资本培育机制至关重要。首先，政府应积极采取行动，培育农民的社会资本，通过实施社会资本支持项目，设立农民工权益保障基金，为农民工提供法律援助，保障他们的合法权益。此外，政府还应加强对农民工的培训和教育，提高他们的社会沟通和组织协调能力，使他们在外地务工时能更好地融入社会。同时，政府应与各类企业和社会组织合作，设立专项基金，支持农民工创业，为他们提供创业培训、市场信息和融资渠道等资源，使他们能够在家乡创业，进一步拓宽他们的发展空间。其次，企业应为农民的社会资本培育提供一定的组织保障，针对企业中的农民群体，重视不同类型的跨公司和跨行业的交流会议，这将给农民提供更多的交流机会，扩大他们的社会网络。企业还应为农民工提供培训和晋升机会，鼓励他们提高自身技能，积累社会资源。同时，企业应加强与农民工的沟通，了解他们的需求，关注他们的生活，为他们提供人性化的管理和服务，帮助他们更好地适应城市生活。最后，积极创建非政府社会组织，为广大农民提供更多的求职资讯，让他们尽快找到合适的工作。相关部门要大力培育，完善非政府社会组织的治理体制，帮助改善管理制度，使务工型农民有更多的工作岗位选择，提高他们的劳动收入。鼓励非政府组织参与农民工的培训和教育，通过培训、讲座、研讨会等形式，为农民工传授职业技能、法律知识、职业素养等方面的知识，提高他们的综合素质。倡导非政府社会组织为农民工提供心理咨询和关怀服务，帮助他们应对在外务工过程中可能遇到的心理压力和困扰，促进他们的心理健康。此外，非政府组织可通过组织文化活动、座谈会等方式，增进农民工与当地居民的交流与互动，提升他们的社会融入度。

三、以"自然 + 物质 + 人力"为核心构建多样化型农户生计资本培养模式

多样化型农户的生计方式主要为半工半耕，与务农型农户相比，较多的外界接触使多样化型农户的思想较为开放，学习、接受新事物能力较强；与务工型农户相比，多样化型农户就近务工的特征不仅使其可以兼顾家中农业生产和老人、儿童，还使其对当地出台的各项巩固拓展脱贫攻坚成果同乡村振兴有效衔接政策更为敏感。结合前文实证检验结果，多样化型农户可持续生计能力提升主要受到巩固拓展脱贫攻坚成果政策、自然资本、物质资本、人力资本的影响，因此，应以"自然 + 物质 + 人力"为核心构建多样化型农户生计资本培养模式。

在自然资本方面，针对多样化型农户的特点，政府应从推动适度规模经营、实施生态保护政策、发展生态旅游等多方面采取措施，充分发挥多样化型农户的优势，为他们提供更多增收途径，同时保护和改善生态环境，实现乡村振兴的目标。首先，政府应充分认识到多样化型农户兼顾家庭农业生产和务工的特征，推动适度规模经营，鼓励土地流转，优化土地资源配置，提高土地的利用效率。具体措施包括完善土地流转政策，降低流转成本，简化流转手续，为多样化型农户提供土地流转信息服务，助力他们实现土地资源的优化配置。此外，鼓励和支持多样化型农户参与家庭农场、农民合作社等新型农业经营主体，通过集体经营，提高农业生产效率，实现规模经营。其次，制定和实施一系列生态保护政策，鼓励多样化型农户参与水土保持、植树造林、湿地保护等生态保护工程，提高生态系统的自我修复能力。为了实现这一目标，政府应加大宣传力度，普及生态保护知识，提高多样化型农户的生态保护意识，同时，为他们提供技术培训和指导，帮助他们掌握生态保护的方法和技能。对于在生态保护和恢复工作中作出贡献的多样化型农户，政府应建立生态补偿机制，通过补贴、奖励等方式，激励他们维护和增加自然资本。最后，鼓励多样化型农户参与生态旅游项目，将自然资源与旅游业结合，发挥自然资本价值，同时保护和改善生态环境。具体措施包括支持多样化型农户开发和经营乡村旅游、民宿、农家乐等项目，提供政策支持、技术培训和市场推广等服务，帮助他们充分利用自然资源，打造特色旅游产品。政府还应加强对生态旅游项目的监管，确保旅游业的可持续发展，防止对生态环境造成破坏。

在物质资本方面，政府应从加强农村基础设施建设、发展农村产业园区、实施就地就近务工政策等方面，全面提升多样化型农户的物质资本。首先，加强农村基础设施建设是非常关键的一环，政府应切实加强农村道路、通信、供水、供电等基础设施的建设与维护，以便为多样化型农户提供便利的生产和生活条件。这将有助于他们更好地兼顾家庭农业和务工生计，缩短上下游产业链之间的距离，提高生产效率，降低生产成本。同时，政府还应积极推进农村宽带网络普及，确保多样化型农户能够充分利用信息技术，提升自身的信息素养，拓宽销售渠道，降低交易成本。其次，政府应大力发展农村产业园区，提供优惠政策和金融支持，鼓励多样化型农户参与农副产品加工、农民合作社等多元化经营。通过扶持和培育一批具有市场竞争力的农村产业园区，政府能够为多样化型农户提供更多的产业发展机会，激发他们的创新创业潜力，进一步提高他们的物质资本。此外，政府还应加强农村产业园区的技术培训和人才培养，提高多样化型农户的专业技能和综合素质，为他们的可持续发展奠定坚实基础。最后，政府应实施就地就近务工政策，推动本地企业和项目发展，为多样化型农户提供就地就近的就业机会。这将有助于他们在兼顾家庭农业的同时，提高物质资本积累。政府可以通过税收优惠、财政补贴、用地优惠等方式，激励企业在农村地区投资兴业，吸纳多样化型农户就业，在此过程中政府还应加强对农村劳动力的职业技能培训，帮助他们提高就业竞争力，适应新产业、新岗位的要求。

在人力资本方面，针对多样化型农户的特点，政府应从综合培训、职业教育投入、信息共享平台建设以及鼓励社会力量推出教育和培训项目等方面提升他们的人力资本。首先，针对多样化型农户半工半耕的特点，政府应设计并实施一套综合性的培训项目，以帮助他们提高农业技术、家庭经营和在地就业技能，从而提高就业市场竞争力。具体而言，一是政府可与农业、企业和教育部门合作，开展一系列针对多样化型农户的技能培训课程，重点关注农业生产技术、现代农业经营管理、农产品加工和市场营销等方面。这将有助于多样化型农户充分发挥其在家庭农业生产和在地就业方面的优势，同时，提高他们的劳动收入和生活水平。二是政府应关注多样化型农户的实际需求，确保培训内容与他们的生产经营现状相匹配，以免造成资源浪费。三是政府可通过财政补贴、免费培训等措施，降低多样化型农户参与培训的门槛，确保更多农户受益。四是政府应定期对培训项目进行评估和调整，以确保其持续有效地满足多样化型农户的发展需求。五是为了满足多样化型农户在技能培训和学历提升方面的需求，提高他们的人力资本水平，政府应加大对农村职业教育的投入。政府应扩大农村职业教育资源，设立职业学校和技能培训中心，以便多样化型农户参加培训。六是针对多样化型农户的特点，设计具有针对性的课程，包括现代农业技术、农村家庭经营管理、农产品加工等领域，以提高他们在家庭农业和在地就业方面的能力。七是应与当地企业合作，提供实践性强的实习机会，使农户能够将所学知识运用到实际生产中。八是政府还应实施优惠政策，如免费培训、学费减免等，以鼓励多样化型农户积极参加职业教育。其次，针对多样化型农户对政策敏感性较强的特点，政府可以建立信息共享平台，发布及时、准确的政策信息和培训机会。为了满足多样化型农户在农业生产、家庭经营以及在地就业方面的需求，平台应包含政策解读、项目招标、培训课程等信息，以便农户能够迅速掌握并利用这些资源提升自身人力资本。此外，政府还应与地方政府、乡村组织及社会组织合作，开展政策宣传和普及工作，确保多样化型农户能够充分了解和掌握各类政策信息。同时，鼓励农户参与平台的建设和管理，收集他们的意见和建议，不断优化和完善信息共享平台，使其更符合多样化型农户的实际需求。通过这种方式，政府能够有效地提高多样化型农户的政策参与度，帮助他们更好地利用政策资源，提升自身人力资本，从而实现家庭农业生产和在地就业的双重目标。

第六章

结　论

本书以巩固拓展脱贫攻坚成果进程中的民族村农户可持续生计能力提升为研究核心目标，一是基于可持续生计理论，将民族文化资本和心理资本引入 DFID 农户可持续生计框架，构建了巩固拓展脱贫攻坚成果进程中的民族村农户可持续生计分析框架；二是基于马克思主义反贫困理论和资本建设理论，围绕巩固拓展脱贫攻坚成果、生计资本（包括物质资本、金融资本、自然资本、人力资本、社会资本、民族文化资本、心理资本）、农户可持续生计能力等主要变量，提出了巩固拓展脱贫攻坚成果进程中的民族村农户可持续生计能力提升的研究假设与概念模型；三是以广西靖西大莫村的个案研究，基于小农理性范式，从巩固拓展脱贫攻坚成果进程中的农户生计选择等方面分析了大莫村巩固拓展脱贫攻坚成果进程中的农户可持续生计现状，并基于问卷调查数据对大莫村巩固拓展脱贫攻坚成果水平和农户可持续生计能力进行了量化评估；四是通过结构方程模型和多元线性回归模型检验了巩固拓展脱贫攻坚成果对农户可持续生计能力的影响机理以及不同类型农户受到的不同影响因素；五是围绕研究结果提出了巩固拓展脱贫攻坚成果进程中的民族村农户可持续生计能力提升路径。

综上所述，本书在研究视角的选择、分析框架的构建、研究方法的运用、提升路径的提出等方面存在一定创新，具体如下：

第一，从巩固拓展脱贫攻坚成果的视角出发，讨论了农户的可持续生计能力提升路径。虽然目前学术界已在民族地区生计变迁、脱贫返贫等方面取得许多研究成果，但对于全面脱贫后，脱贫攻坚成果巩固与脱贫农户可持续生计关系的研究仍较为单薄，并且研究对象多偏向宏观对象，使用数据也多为宏观数据，鲜有切实深入乡村，基于对脱贫农户真实感受进行调研的研究。因此，本书将研究视角锁定在民族地区，以少数民族、脱贫农户、扶贫相关工作人员的切实感受作为出发点，探讨巩固拓展脱贫攻坚成果视角下，民族村农户如何适应精准脱贫阶段到乡村振兴阶段过渡时期的发展环境变化，维持可持续生计，推动新时期民族地区巩固拓展脱贫攻坚成果同乡村振兴有效衔接。

第二，构建了巩固拓展脱贫攻坚成果进程中的民族村农户可持续生计分析框架。首先，本书对民族村、巩固拓展脱贫攻坚成果、可持续生计能力、生计资本等相关概念的内涵进行了界定，基于各变量的内涵特征，对巩固拓展脱贫攻坚成果、农户可持续生计能力以及生计资本等核心变量进行了维度划分。其次，本书对马克思主义反贫困理论、小农理性范式、可持续生计理论、资产建设理论的发展历程、实践过程以及对本书研究的指导作用等方面进行了详细阐述。最后，基于马克思主义反贫困理论、小农理性范式、可持续生计理论、资产建设理论，围绕民族村巩固拓展脱贫攻坚成果、民族村农户可持续生计、民族村农户生计资本等核心变量，构建了巩固拓展脱贫攻坚成果进程中的民族村农户可持续生计的分析框架。在此基础上，本书基于构架的理论分析框架，分析了巩固拓展脱贫攻坚成果进程中的民族村农户可持续生计能力提升的内部和外部影响因素，探讨了巩固拓展脱贫攻坚成果进程中的民族村农户可持续生计能力提升的主动与被动演化过程。

第三，通过定量与定性结合的方法分析了巩固拓展脱贫攻坚成果政策与民族村农户可持续生计能力之间的作用关系。本书围绕"确定田野点→定性研究→定量研究"的实证逻辑，构建了"预调研—实地访谈—调查问卷"研究范式的实证方案，即本书首先厘清了预调研对研究的重要作用，并从确定研究范围、确定研究问题、选择调查方法以及前期准备工作四个方面设计了本书的预调研方案；其次从案例选取、访谈提纲设计、访谈对象选择与访谈形式设计三个方面设计了本书的实地访谈方案；最后从指标体系构建与问卷设计、变量的度量、指标权重的确定及现状评估方法、结构方程模型设计和多元回归模型设计五个方面设计了本书的问卷调查方案。根据以上方案，本书首先确定以大莫村为本书实证分析的案例地，通过实地访谈分析，论述了案例地巩固拓展脱贫攻坚成果与农户可持续生计的现状，从实践的角度定性验证了巩固拓展脱贫攻坚成果对农户可持续生计的作用（定性研究），通过结构方程模型和多元线性回归模型等实证检验模型，从数据的角度量化验证了巩固拓展脱贫攻坚成果对农户可持续生计的作用，厘清了不同生计策略类型的农户受到的不同影响因素（定量研究）。结果表明：一是民族村巩固拓展脱贫攻坚成果政策的长效水平高于减贫效应；二是民族村农户心理资本的积累水平最高，并且不同生计策略类型农户的生计资本积累状况存在差异；三是民族村农户的自身发展能力强于风险应对能力，并且不同生计策略类型农户的可持续生计能力存在差异；四是巩固拓展脱贫攻坚成果对农户生计资本、农户可持续生计能力有正向影响；五是生计资本整体在巩固拓展脱贫攻坚成果与农户可持续生计能力之间存在部分中介效应，从细分维度来看，只有民族文化资本不具备中介效应；六是不同类型农户对巩固拓展脱贫攻坚成果和生计资本的敏感程度存在差异。

第四，从宏观和微观两个维度提出了巩固拓展脱贫攻坚成果进程中的民族村农户可持续生计能力提升路径。以往对于农户可持续生计路径或对策的研究多从宏观层面提出政府应如何落实相关政策，鲜有研究从宏观到微观两个维度进行讨论。本书认为，对于不同生计策略类型的脱贫农户而言，影响其可持续生计能力的因素各不相同，为了更加全面提升民族村农户可持续生计能力，地方政府还应在宏观政策的基础上，实施差异化政策，根据不同生计策略类型农户在巩固拓展脱贫攻坚成果进程中的可持续生计特征，针对性地构建不同的生计资本培养模式。因此，本书首先从宏观上围绕人力资本、自然资本、物质资本、社会资本、金融资本、心理资本六个方面的生计资本积累路径，提出完善政策服务体系，实现生计资本的可持续积累；其次根据不同类型生计策略的农户特征，从微观上针对性地提出以"自然 + 人力 + 社会 + 金融 + 心理"为核心构建务农型农户生计资本培养模式、以"物质 + 人力 + 社会"为核心构建务工型农户生计资本培养模式以及以"自然 + 物质 + 人力"为核心构建多样化型农户生计资本培养模式。

综上所述，本书虽然在理论和实践层面进行了系统探讨，并通过实证分析予以印证，但由于调研范围有限，地域空间受制，数据量不足，故尚存在不足之处。在未来的研究工作中还可以进一步做如下拓展：

第一，可以进一步丰富各项变量的构成维度以及指标体系。本书在构建各项变量的指标体系时，主要参考国内外相关文献，虽然现有研究的量表基本能够阐述清楚变量的基本内涵，但是民族村具有的特殊性因素难以被全部覆盖，所以构建出的指标体系尚有局限性。因此，今后可以更加注重对民族村脱贫农户生计现状的考量，构建更加科学合理的各变量指标体系。同时，本书对巩固拓展脱贫攻坚成果以及农户可持续生计能力的构成维度划分可以进一步丰富，可以引入更加丰富的理论对这两个变量进行更加详细的内涵解析与维度划分，构建出更加复杂的概念模型。

第二，可以进一步扩大样本范围和样本量。受限于人力、物力等条件，较难对很多案例点都进行深入的田野调查，因此，对多个案例点进行预调研之后，选择了广西靖西大莫村作为田野点进行深入的田野调查。在今后的研究中，可以加大人力、物力的投入，扩大样本范围和样本量，选取我国各个民族地区的典型民族村，逐一进行深入的田野调查，以便更全面地研究巩固拓展脱贫攻坚成果进程中的民族村农户可持续生计能力提升，使研究结论更具有代表性。

第三，可以持续关注民族村农户可持续生计的发展趋势。从可持续发展的概念来看，农户可持续生计具备时间的永续性和持续变化性，因此，民族村农户可持续生计能力的发展不会停留在一个具体时间节点上。农户的生计方式将伴随巩固拓展脱贫攻坚成果同乡村振兴战略有效衔接过程的不断推进而不停发生变化，因此，今后的研究可以尝试从民族村农户可持续能力的动态演变过程出发，对未来的发展轨迹进行模拟预测，增加研究结论的科学性和拓展性。

附录1

巩固拓展脱贫攻坚成果进程中的
农户可持续生计分析调查问卷

亲爱的村民朋友：

  您好！我们是来自广西民族大学民族学与社会学学院的博士研究生。为了了解民族村的巩固拓展脱贫攻坚成果情况和脱贫农户的可持续生计现状，我们组织了这次问卷调查。本次调查的目的在于通过了解巩固拓展脱贫攻坚成果与农户生计现状，找出巩固拓展脱贫攻坚成果对农户可持续生计能力的作用机制，探寻巩固拓展脱贫攻坚成果进程中的农户可持续生计能力提升路径，帮助农户巩固拓展脱贫攻坚成果，实现共同富裕，铸牢中华民族共同体意识。本调查采用不记名方式，结果仅为研究所用，请放心作答。

一、家庭基本信息

1. 家庭户主性别：

A. 男　　　　　　　　B. 女

2. 您的民族是：

A. 汉族　　　　　　　B. 少数民族

3. 家庭户主年龄（岁）：

A. 18～24　　　　B. 25～34　　　　C. 35～44　　　　D. 45～54

E. 55～64　　　　F. 65 及以上

4. 家庭主要收入来源：

A. 种植　　　　　　B. 养殖　　　　　C. 外出务工　　　D. 做生意经商

E. 多种收入渠道

5. 家庭人口数量（人）：

A. 1～2　　　　　　B. 3～4　　　　　C. 5～6　　　　　D. 7～8

E. 9 及以上

6. 您家里 6 岁以下的人口数（人）：

A. 0　　　　　　　B. 1　　　　　　　C. 2　　　　　　　D. 3

E. 4 及以上

7. 您家里 18 岁以上的人口数（人）：

A. 1～2　　　　　B. 3～4　　　　　C. 5～6　　　　　D. 7～8

E. 9 及以上

8. 您家里受过大专教育及以上的人口数（人）：

A. 0　　　　　　　B. 1　　　　　　　C. 2　　　　　　　D. 3

E. 4 以上

9. 近五年来，您家庭中的农业收入约占全部总收入的：

A. 10% 以下　　　B. 10%～40%　　C. 40%～70%　　D. 70%～90%

E. 90% 以上

10. 您家庭成员中的少数民族数量（人）：

A. 0　　　　　　　B. 1～2　　　　　C. 3～4　　　　　D. 5～6

E. 7 以上

二、对巩固拓展脱贫攻坚成果政策的感知情况

1. 您对巩固拓展脱贫攻坚成果政策减贫效应的知晓程度：

A. 不知晓　　　　B. 稍微知晓　　　C. 一般　　　　　D. 比较知晓

E. 非常知晓

2. 您认为巩固拓展脱贫攻坚成果政策减贫效应符合可持续生计需求的程度：

A. 非常低　　　　B. 比较低　　　　C. 一般　　　　　D. 比较高

E. 非常高

3. 您对巩固拓展脱贫攻坚成果政策消除相对贫困的满意程度：

A. 非常不满意　　B. 比较满意　　　C. 一般　　　　　D. 比较满意

E. 非常满意

4. 您对巩固拓展脱贫攻坚成果政策长效机制的知晓程度：

A. 不知晓　　　　B. 稍微知晓　　　C. 一般　　　　　D. 比较知晓

E. 非常知晓

5. 您认为巩固拓展脱贫攻坚成果政策长效机制符合可持续生计需求的程度：

A. 非常低　　　　B. 比较低　　　　C. 一般　　　　　D. 比较高

E. 非常高

6. 您对巩固拓展脱贫攻坚成果政策长效机制的满意程度：

A. 非常不满意　　B. 比较满意　　　C. 一般　　　　　D. 比较满意

E. 非常满意

三、家庭生计资本现状

1. 您家庭中拥有耕地面积：_____亩。

2. 您家庭的耕地总体质量：

A. 非常低　　　　B. 比较低　　　　C. 一般　　　　D. 比较高

E. 非常高

3. 您家里的耕地灌溉状况：

A. 非常差　　　　B. 比较差　　　　C. 一般　　　　D. 比较好

E. 非常好

4. 您家庭中拥有林地面积（包括承包或租用的耕地）：_____亩。

5. 您家庭的人均住房面积：_____平方米。

6. 您家中拥有家用电器及科技产品情况（电脑、空调、冰箱、微波炉、洗衣机、电视机、饮水机、电磁炉、热水器、太阳能电板等）：

A. 1 种　　　　B. 2 种　　　　C. 3 种　　　　D. 4 种

E. 5 种及以上

7. 您家中拥有农业机械和汽车情况（家用轿车、摩托车、电动车、农业汽车、拖拉机、粉碎机、收割机、喷雾器、播种机等）：

A. 1 种　　　　B. 2 种　　　　C. 3 种　　　　D. 4 种

E. 5 种及以上

8. 您家庭的户主受教育水平：

A. 小学以下　　　　B. 小学　　　　C. 初中　　　　D. 高中/中专

E. 大专及以上

9. 您家庭成员中的劳动力数量（人）：

A. 0　　　　B. 1~2　　　　C. 3~4　　　　D. 5~6

E. 7 以上

10. 您家庭成员中健康情况：

A. 家里有长期患病者、残疾人　　　　B. 家里有经常患病者

C. 家里有偶尔患病者　　　　D. 家里人很少患病

E. 家里人都非常健康

11. 您的家庭与亲朋好友的关系：

A. 非常差　　　　B. 比较差　　　　C. 一般　　　　D. 比较好

E. 非常好

12. 您的家庭获得政府支持与帮助情况：

A. 几乎没有　　　　B. 很少　　　　C. 一般　　　　D. 比较多

E. 非常多

13. 您的家庭获得社会支持与帮助情况：

A. 几乎没有　　　B. 很少　　　　C. 一般　　　　D. 比较多

E. 非常多

14. 您参与社区组织的情况：

A. 几乎不参加　　B. 很少参加　　　C. 一般　　　　D. 参加较多

E. 参加非常多

15. 您家庭年收入：_____元。

16. 您家庭人均年收入：_____元。

17. 您家里贷款是否方便：

A. 非常不方便　　B. 不方便　　　　C. 一般　　　　D. 比较方便

E. 非常方便

18. 您家里购买人身保险类型：

A. 0 种　　　　　B. 1 种　　　　　C. 2 种　　　　D. 3 种

E. 4 种及以上

19. 您家庭的生活幸福感：

A. 非常不幸福　　B. 不幸福　　　　C. 一般　　　　D. 比较幸福

E. 非常幸福

20. 您对未来生活改善的预期：

A. 期望非常小　　B. 期望较小　　　C. 一般　　　　D. 期望较大

E. 期望非常大

21. 您的自信心：

A. 非常小　　　　B. 较小　　　　　C. 一般　　　　D. 较大

E. 非常大

22. 您遇到困难时的心理韧性：

A. 非常小　　　　B. 较小　　　　　C. 一般　　　　D. 较大

E. 非常大

23. 您参与本民族传统文化节日的频率：

A. 从不　　　　　B. 很少　　　　　C. 有时　　　　D. 经常

E. 总是

24. 您与本民族联系的频率：

A. 从不　　　　　B. 很少　　　　　C. 有时　　　　D. 经常

E. 总是

25. 您参与其他少数民族传统文化节庆的频率：

A. 从不　　　　　B. 很少　　　　　C. 有时　　　　D. 经常

E. 总是

四、农户可持续生计能力情况

1. 您家庭收入稳定性：

A. 非常不稳定　　　B. 不稳定　　　　C. 一般　　　　　D. 比较稳定

E. 非常稳定

2. 您家人的就业能力：

A. 非常低　　　　　B. 比较低　　　　C. 一般　　　　　D. 比较高

E. 非常高

3. 对您和您的家庭而言，提高收入的难易度：

A. 难度非常大　　　B. 难度较大　　　C. 可以实现　　　D. 比较容易实现

E. 非常容易实现

4. 您对农村医疗保险满意度：

A. 非常不满意　　　B. 比较满意　　　C. 一般　　　　　D. 比较满意

E. 非常满意

5. 您的家庭成员能有效利用资源的能力：

A. 非常低　　　　　B. 比较低　　　　C. 一般　　　　　D. 比较高

E. 非常高

6. 您的家庭成员生计创新能力：

A. 非常低　　　　　B. 比较低　　　　C. 一般　　　　　D. 比较高

E. 非常高

7. 您的家庭适应市场变化的能力：

A. 非常低　　　　　B. 比较低　　　　C. 一般　　　　　D. 比较高

E. 非常高

8. 您的家庭成员接受新事物的能力：

A. 非常低　　　　　B. 比较低　　　　C. 一般　　　　　D. 比较高

E. 非常高

问卷到此结束，感谢您的作答！

附录2

脱贫农户和村干部/政府相关部门
工作人员的访谈提纲

一、脱贫农户

1. 您家庭的基本情况如何？是哪年实现脱贫的？

2. 您对脱贫后各项帮扶政策的延续情况是否满意？

3. 脱贫后，您的生活条件出现了怎样的变化？

4. 您家庭目前主要的生计方式有哪些？经济收入来源是否稳定？

5. 您为什么选择目前从事的生计方式？

6. 您认为目前您的家庭生计面临的最大困难是什么？

7. 您对未来生活有哪些期望和目标？

8. 您的村子现有少数民族特色活动多吗？您参加过什么？愿意参加什么？为什么？

9. 您如何看待本民族文化对您家庭生计的帮助？

10. 您对巩固拓展脱贫攻坚成果以及乡村振兴战略的实施有什么建议？

二、村干部/政府相关部门工作人员

1. 请介绍一下您村的基本情况。

2. 您村有多少户人？少数民族有多少？

3. 您村脱贫户主要选择哪种生计方式？

4. 全村脱贫以来村里都做了哪些工作来巩固脱贫攻坚成果？

5. 全村脱贫以来您村主要实施了哪些乡村振兴政策和项目？资金是如何筹集和使用的？

6. 您在巩固拓展脱贫攻坚成果同乡村振兴有效衔接工作中印象比较深刻的事有哪些？

7. 您认为未来防止返贫，落实乡村振兴中存在最大的问题和困难是什么？

8. 您如何看待巩固拓展脱贫攻坚成果的相关政策推动农户生计能力提升的可持续发展？

9. 您对未来工作和乡村可持续发展有哪些计划和安排？

10. 您对巩固拓展脱贫攻坚成果以及乡村振兴战略的实施有什么建议？

参 考 文 献

[1] 阿马蒂亚·森，王宇，王文玉．贫困与饥荒［M］．北京：商务印书馆，2004.

[2] 白雪军．民族地区巩固拓展脱贫攻坚成果同乡村振兴有效衔接研究——基于新内生动力机制的建构视角［J］．贵州民族研究，2022（06）：1.

[3] 白永秀，黄海昕，宋丽婷．巩固拓展脱贫攻坚成果同乡村振兴有效衔接的政策演进及逻辑［J］．西北大学学报（哲学社会科学版），2022（05）：10 - 23.

[4] 白永秀，宁启．巩固拓展脱贫攻坚成果同乡村振兴有效衔接的提出、研究进展及深化研究的重点［J］．西北大学学报（哲学社会科学版），2021（05）：2 - 10.

[5] 白永秀，苏小庆，王颂吉．巩固拓展脱贫攻坚成果同乡村振兴衔接的理论与实践逻辑［J］．人文杂志，2022（04）：10.

[6] 蔡昉．民生经济学——"三农"与就业问题的解析［M］．北京：社会科学文献出版社，2005.

[7] 曹军会，何得桂，朱玉春．农民对精准扶贫政策的满意度及影响因素分析［J］．西北农林科技大学学报（社会科学版），2017（04）：12 - 23.

[8] 常明明．土地改革后农村经济发展路径取向——基于《中南区5省35个乡1953年农村经济调查总结》文献解读［J］．贵州社会科学，2018（10）：100 - 120.

[9] 陈明，刘义强．交互式群治理：互联网时代农村治理模式研究［J］．农业经济问题，2019（02）：34 - 52.

[10] 陈庆德．农业社会和农民经济的人类学分析［J］．社会学研究，2001（01）：30 - 42.

[11] 陈庆德，潘春梅．民族经济研究的理论溯源［J］．民族研究，2009（05）：10 - 25.

[12] 陈文美，张昌柱，李春根．农村脱贫家庭返贫风险测度及预警机制构建研究——基于生计脆弱性的分析框架［J］．贵州财经大学学报，2023（02）：60 - 75.

[13] 陈贻娟，李兴绪．风险冲击与贫困脆弱性——来自云南红河哈尼族彝族自治州农户的证据 [J]．思想战线，2011（03）：88 - 99．

[14] 程国强，马晓琛，肖雪灵．推进巩固拓展脱贫攻坚成果同乡村振兴有效衔接的战略思考与政策选择 [J]．华中农业大学学报（社会科学版），2022（06）：5 - 18．

[15] 程惠霞．基于巩固拓展脱贫攻坚成果的金融扶贫政策"三维一体"赋能新路径 [J]．中国行政管理，2021（09）：34 - 46．

[16] 褚明浩，刘建平．乡镇一线治理：乡村治理现代化的实践路径 [J]．中国行政管理，2021（04）：22 - 33．

[17] 邓大才．社会化小农：动机与行为 [J]．华中师范大学学报（人文社会科学版），2006（03）：67 - 79．

[18] 邓行，韩昕．"打工"生产方式对中、东部散杂居地区的影响——以山界回族乡民族村、司前镇左溪村为例 [J]．中南民族大学学报（人文社会科学版），2006（01）：45 - 56．

[19] 邓永超，张开云，贾莉．乡村振兴与脱贫攻坚强力衔接的三维进路 [J]．理论探索，2023（01）：12 - 20．

[20] 丁士军，张银银，马志雄．被征地农户生计能力变化研究——基于可持续生计框架的改进 [J]．农业经济问题，2016（06）：20 - 35．

[21] 董迎轩，周真刚．黔东南少数民族村规民约对其传统建筑的保护 [J]．贵州社会科学，2013（03）：45 - 56．

[22] 杜婵，张克俊．新发展阶段巩固拓展脱贫攻坚成果的多重逻辑、科学内涵与实现维度 [J]．农村经济，2021（10）：67 - 78．

[23] 杜巍，顾东东，王琦，等．就地就近城镇化背景下农民工生计资本的测算与分析 [J]．西安交通大学学报（社会科学版），2018（02）：34 - 45．

[24] 樊增增，邹薇．从脱贫攻坚走向共同富裕：中国相对贫困的动态识别与贫困变化的量化分解 [J]．中国工业经济，2021（10）：12 - 23．

[25] 方创琳，赵文杰．新型城镇化及城乡融合发展促进中国式现代化建设 [J]．经济地理，2023（01）：5 - 16．

[26] 费孝通．江村经济 [M]．北京：商务印书馆，2001．

[27] 冯兵，赵一．新中国70年来土地改革研究回顾与展望 [J]．西北农林科技大学学报（社会科学版），2019（06）：78 - 89．

[28] 冯梦黎，胡雯．不同贫困程度农民生计能力对收入结构的影响 [J]．统计与决策，2021（03）：34 - 45．

[29] 高海珍，邢成举．巩固拓展脱贫攻坚成果同乡村振兴有效衔接的政策文本分析——基于政策工具视角的Nvivo分析 [J]．贵州社会科学，2022（10）：

56 - 67.

［30］高考，卢新海，年旻．心理资本评价贫困家户脱贫质量的新维度［J］．宏观质量研究，2022（01）：23 - 34.

［31］高远东，李华龙，马辰威．农户防范返贫：应该更关注人力资本还是社会资本？［J］．西北农林科技大学学报（社会科学版），2022（04）：45 - 56.

［32］戈国莲，刘磊．乡村振兴背景下我国农村公共基础设施投资测算与建设研究［J］．农业经济问题，2022（10）：67 - 78.

［33］阎小操，陈绍军．巩固拓展脱贫攻坚成果与乡村振兴产业有效衔接——以新疆易地搬迁社区 W 县 P 村为例［J］．农村经济，2022（12）：89 - 98.

［34］耿新．民族地区返贫风险与返贫人口的影响因素分析［J］．云南民族大学学报（哲学社会科学版），2020（05）：34 - 43.

［35］顾炎武．天下郡国利病书［M］．上海：上海古籍出版社，2012.

［36］顾颖，李志强，陈泽珅．基于熵值法的山西省转型综改区建设绩效评价［J］．经济问题，2015（07）：56 - 65.

［37］广西省政府民政厅．广西各县概况（第 1 册）［M］．南宁：南宁大成印书馆，1934.

［38］桂华．后扶贫时代农村社会政策与相对贫困问题［J］．武汉大学学报（哲学社会科学版），2022（01）：12 - 21.

［39］郭家骥．生计方式与民族关系变迁——以云南西双版纳州山区基诺族和坝区傣族的关系为例［J］．云南社会科学，2012（05）：78 - 89.

［40］郭明飞，向继友．"双循环"新发展格局下巩固拓展脱贫攻坚成果的实施路径——基于经济空间视角［J］．经济体制改革，2021（06）：34 - 43.

［41］郭娜，王超．乡村旅游巩固拓展脱贫攻坚成果的劳动生态系统构建——基于贵州省特色田园乡村的扎根分析［J］．四川师范大学学报（社会科学版），2022（05）：67 - 76.

［42］郭纹廷．乡村振兴背景下西部民族地区脱贫攻坚的路径优化［J］．中南民族大学学报（人文社会科学版），2019（03）：21 - 29.

［43］郭秀丽，杨彬如．贫困民族地区农户生计策略选择分析——以甘南州夏河县为例［J］．中国农业资源与区划，2020（11）：34 - 45.

［44］郭占锋，罗树杰，李小云．少数民族村庄文化产业化发展的困境与出路——以广西瑶族 M 村为例［J］．西南民族大学学报（人文社科版），2010（11）：67 - 78.

［45］韩广富，昝瑞语．新时代中国特色脱贫攻坚道路的多维解读［J］．厦门大学学报（哲学社会科学版），2018（03）：23 - 34.

［46］韩小凤．从一元到多元：建国以来我国村级治理模式的变迁研究［J］．

中国行政管理, 2014 (03): 56 - 67.

[47] 郝彧. 民族地区共同富裕与铸牢中华民族共同体意识的实践逻辑——基于渝东南 X 县的实证分析 [J]. 西南民族大学学报 (人文社会科学版), 2022 (07): 89 - 98.

[48] 何国强. 围屋里的宗族社会——广东客家族群生计模式研究 [M]. 南宁: 广西民族出版社, 2002.

[49] 何仁伟, 方方, 刘运伟. 贫困山区农户人力资本对生计策略的影响研究——以四川省凉山彝族自治州为例 [J]. 地理科学进展, 2019 (09): 45 - 56.

[50] 何仁伟, 李光勤, 刘邵权, 等. 可持续生计视角下中国农村贫困治理研究综述 [J]. 中国人口·资源与环境, 2017 (11): 78 - 89.

[51] 何艳冰, 张娟, 乔旭宁, 等. 精准扶贫背景下贫困山区农户生计恢复力研究——以河南秦巴山片区为例 [J]. 干旱区资源与环境, 2020 (09): 67 - 76.

[52] 何植民, 蓝玉娇. 精准脱贫的可持续性: 一个概念性分析框架 [J]. 行政论坛, 2021 (01): 34 - 43.

[53] 贺立龙, 刘丸源. 巩固拓展脱贫攻坚成果同乡村振兴有效衔接的政治经济学研究 [J]. 政治经济学评论, 2022 (02): 56 - 65.

[54] 贺雪峰. 小农立场 [M]. 北京: 中国政法大学出版社, 2013.

[55] 洪名勇, 娄磊, 龚丽娟, 等. 地方知识演化的非正式制度与民族地区贫困治理机制研究——以贵州省苗族村庄友娘村为例 [J]. 中国农村观察, 2022 (05): 78 - 89.

[56] 洪名勇, 吴昭洋, 龚丽娟. 贫困心理陷阱理论研究进展 [J]. 经济学动态, 2018 (07): 45 - 54.

[57] 侯双. 生计资本、外部环境与扶贫移民生计发展 [D]. 武汉: 华中师范大学, 2016.

[58] 胡德宝, 翟晨喆. 脱贫攻坚与乡村振兴有机衔接: 逻辑、机制与路径 [J]. 政治经济学评论, 2022 (06): 34 - 45.

[59] 胡晗, 司亚飞, 王立剑. 产业扶贫政策对贫困户生计策略和收入的影响——来自陕西省的经验证据 [J]. 中国农村经济, 2018 (01): 56 - 67.

[60] 胡江霞, 文传浩, 范云峰. 生计资本、生计风险评估与民族地区农村移民可持续生计——基于三峡库区石柱县的数据 [J]. 经济与管理, 2018 (05): 67 - 78.

[61] 胡江霞, 文传浩. 三峡库区农村移民可持续生计研究 [M]. 北京: 经济管理出版社, 2020.

[62] 黄承伟. 巩固拓展脱贫攻坚成果同乡村振兴有效衔接的战略演进逻辑

[J].农业经济问题，2022（06）：89－98.

[63] 黄承伟.在共同富裕进程中防止返贫与全面推进乡村振兴：理论逻辑、实践挑战及理念创新 [J].西北师大学报（社会科学版），2023（01）：23－34.

[64] 黄甫全，游景如，涂丽娜，等.系统性文献综述法：案例、步骤与价值 [J].电化教育研究，2017（11）：45－56.

[65] 黄国庆，刘钆，时朋飞.民族地区脱贫户返贫风险评估与预警机制构建 [J].华中农业大学学报（社会科学版），2021（04）：31－34.

[66] 黄建伟，刘典文，喻洁.失地农民可持续生计的理论模型研究 [J].农村经济，2009（05）：30－42.

[67] 黄锐，王飞，章安琦，等.民族地区防返贫机制研究——基于多维返贫视角 [J].中央民族大学学报（哲学社会科学版），2022（01）：76－88.

[68] 黄永春，官尚俊，邹晨，等.数字经济、要素配置效率与城乡融合发展 [J].中国人口·资源与环境，2022（10）：45－58.

[69] 黄宗智.华北的小农经济与社会变迁 [M].北京：中华书局，1980.

[70] 贾俊雪，秦聪.农村基层治理、专业协会与农户增收 [J].经济研究，2019（09）：67－79.

[71] 贾男，王赫.脱贫农户返贫风险防范政策研究 [J].经济研究，2022（10）：23－35.

[72] 江易华，余凌，黄炜.失地农民适应能力重构：一个分析框架 [J].农村经济，2015（09）：56－68.

[73] 姜爱，刘伦文.人地关系与土家族生计变迁六十年——湘西龙山县草果村的再研究 [J].西南民族大学学报（人文社会科学版），2013（03）：89－98.

[74] 金三林，韩杨.巩固拓展脱贫攻坚成果要充分发挥社会政策作用 [J].经济纵横，2021（05）：43－55.

[75] 孔令英，李媛彤，王明月，等.项目制扶贫下农户生计资本与生计策略研究——基于新疆疏勒县的调查数据 [J].中国农业资源与区划，2021（04）：67－79.

[76] 匡亚林，马健.拓展脱贫攻坚成果与乡村振兴有效衔接研究 [J].理论视野，2022（03）：34－46.

[77] 黎洁，李亚莉，邰秀军，等.可持续生计分析框架下西部贫困退耕山区农户生计状况分析 [J].中国农村观察，2009（07）：34－45.

[78] 李秉文."可持续生计"框架下欠发达地区乡村振兴推进策略研究——以甘肃省为例 [J].甘肃行政学院学报，2020（04）：67－78.

[79] 李博，苏武峥.欠发达地区巩固拓展脱贫攻坚成果同乡村振兴有效衔

接的治理逻辑与政策优化 [J]. 南京农业大学学报 (社会科学版), 2021 (05): 23 – 34.

[80] 李丹, 许娟, 付静. 民族地区水库移民可持续生计资本及其生计策略关系研究 [J]. 中国地质大学学报 (社会科学版), 2015 (02): 56 – 67.

[81] 李广东, 邱道持, 王利平, 等. 生计资产差异对农户耕地保护补偿模式选择的影响——渝西方山丘陵不同地带样点村的实证分析 [J]. 地理学报, 2012 (03): 78 – 89.

[82] 李红娟, 董彦彬. 中国农村基层社会治理研究 [J]. 宏观经济研究, 2021 (02): 45 – 56.

[83] 李辉. 巩固拓展脱贫攻坚成果的产业帮扶类型与成效——以鄂西南少数民族自治州脱贫村产业帮扶为例 [J]. 南京农业大学学报 (社会科学版), 2022 (04): 34 – 45.

[84] 李会琴, 潘婧妍, 侯林春, 等. 生计恢复力视角下旅游地农户返贫风险评估与因素识别 [J]. 干旱区资源与环境, 2023 (01): 67 – 78.

[85] 李靖, 廖和平. 区域贫困农户生计能力与生态环境的关系——以重庆市 16 个区县为例 [J]. 中国农业资源与区划, 2018 (08): 56 – 67.

[86] 李明月, 陈凯. 精准扶贫对提升农户生计的效果评价 [J]. 华南农业大学学报 (社会科学版), 2020 (02): 78 – 89.

[87] 李然. 民族村寨保护和发展的实践及其理论省思——基于武陵山区的调查 [J]. 中南民族大学学报 (人文社会科学版), 2014 (04): 34 – 43.

[88] 李双元, 马蓁. 行为经济学视角下青海农牧民心理资本对巩固脱贫成果的影响研究 [J]. 青海社会科学, 2022 (05): 67 – 76.

[89] 李松有. "结构 – 关系 – 主体" 视角下农村贫困治理有效实现路径——基于广西 15 个县 45 个行政村 878 户农民调查研究 [J]. 当代经济管理, 2020 (03): 45 – 54.

[90] 李向玉. 生计、信仰与秩序——苗侗民族原始宗教在生产生活中的作用考察 [J]. 贵州民族研究, 2015 (02): 78 – 87.

[91] 李小建, 时慧娜. 基于分子跃迁反应的回乡创业者 "能量" 扩散行为的实证分析——以河南省固始县回乡创业者为例 [J]. 人文地理, 2009 (02): 34 – 43.

[92] 李小云. 巩固拓展脱贫攻坚成果的政策与实践问题 [J]. 华中农业大学学报 (社会科学版), 2021 (01): 56 – 65.

[93] 李雪萍, 魏爱春. 摆动型生计: 生计能力视域下的生存策略选择——以重庆 M 镇易地扶贫搬迁安置点为例 [J]. 吉首大学学报 (社会科学版), 2020 (03): 45 – 56.

［94］李燕凌，高猛．新中国农村基层治理变革的三重逻辑［J］．中国农村观察，2022（05）：78－87．

［95］李怡，柯杰升．中国农村扶贫政策的减贫效应及其评价［J］．华南农业大学学报（社会科学版），2021（03）：67－76．

［96］李玉山，卢敏，朱冰洁．多元精准扶贫政策实施与脱贫农户生计脆弱性——基于湘鄂渝黔毗邻民族地区的经验分析［J］．中国农村经济，2021（05）：12－23．

［97］李泽峰，左停，林秋香．推进乡村振兴过程中脱贫户防返贫预警工具构建——基于六个国家级脱贫县建档立卡数据的探索［J］．农村经济，2023（01）：20－35．

［98］梁伟波，李宝奕，王静芬．基于综合指数法和布拉德福定律的重要研究机构测定——以水路运输（U6）为例［J］．图书情报知识，2015（03）：45－60．

［99］梁栩丞，刘娟，胡秋韵．产业发展导向的扶贫与贫弱农户的脱贫门槛：基于农政分析框架的反思［J］．中国农村观察，2020（06）：70－85．

［100］林进平．马克思如何看待宗教批判——基于对《论犹太人问题》的解读［J］．马克思主义与现实，2015（05）：30－42．

［101］林珊，于法稳．全面推进乡村振兴背景下农户绿色生产行为的影响因素——基于全国10省（区）2448个农户家庭的调查证据［J］．改革，2023（01）：65－78．

［102］林耀华．民族学通论［M］．北京：中央民族大学出版社，2003．

［103］刘焕，秦鹏．脱贫攻坚与乡村振兴的有机衔接：逻辑、现状和对策［J］．中国行政管理，2020（01）：50－63．

［104］刘慧迪，苏岚岚，易红梅．精准扶贫帮扶项目的减贫成效及其对后扶贫时代贫困治理的启示——基于贫困脆弱性视角［J］．农业技术经济，2022（04）：25－38．

［105］刘金海．土中国农村治理70年：两大目标与逻辑演进［J］．华中师范大学学报（人文社会科学版），2019（06）：80－95．

［106］刘丽娜，李俊杰．基于村级尺度的湖北武陵民族地区贫困现状及影响因素研究［J］．华中农业大学学报（社会科学版），2015（02）：40－52．

［107］刘守英．农村土地制度改革：从家庭联产承包责任制到三权分置［J］．经济研究，2022（02）：10－25．

［108］刘晓玲．习近平关于贫困治理重要论述的内涵与价值［J］．马克思主义研究，2020（12）：12－32．

［109］刘馨月，周力，应瑞瑶．耕地重金属污染治理生态补偿政策选择与组

合研究 [J]. 中国土地科学, 2021 (01): 34 –36.

[110] 刘易斯·奥斯卡, 丘延亮. 贫穷文化: 墨西哥五个家庭一日生活的实录 [M]. 台湾: 巨流图书公司, 2004.

[111] 刘永富. 以习近平总书记扶贫重要论述为指导坚决打赢脱贫攻坚战 [J]. 行政管理改革, 2019 (05): 102 –111.

[112] 刘永茂, 李树苗. 农户生计多样性弹性测度研究——以陕西省安康市为例 [J]. 资源科学, 2017 (04): 12 –23.

[113] 刘愿理, 廖和平, 蔡拔林, 等. 基于不同生计类型的农户多维相对贫困测度与影响机理 [J]. 中国人口·资源与环境, 2022 (05): 12 –34.

[114] 龙少波, 陈路, 张梦雪. 基于可持续生计分析框架的消费扶贫质量研究——以国家扶贫开发工作重点县绿春县为例 [J]. 宏观质量研究, 2021 (01): 45 –67.

[115] 陆远权, 刘姜. 脱贫农户生计可持续性的扶贫政策效应研究 [J]. 软科学, 2020 (02): 89 –101.

[116] 吕方. 脱贫攻坚与乡村振兴衔接: 知识逻辑与现实路径 [J]. 南京农业大学学报 (社会科学版), 2020 (04): 34 –56.

[117] 吕俊彪, 龙丽婷. 村镇经济与"后扶贫时代"民族地区的反贫困行动 [J]. 广西民族研究, 2022 (03): 23 –45.

[118] 罗康隆. 论民族生计方式与生存环境的关系 [J]. 中央民族大学学报, 2004 (05): 23 –45.

[119] 罗良清, 平卫英, 单青松, 等. 中国贫困治理经验总结: 扶贫政策能够实现有效增收吗? [J]. 管理世界, 2022 (02): 67 –89.

[120] 马克思.《资本论》第 1 卷 [M]. 北京: 人民出版社, 2004.

[121] 马伟华, 李修远. 民族地区脱贫攻坚与乡村振兴有效衔接的实践路径研究——基于宁夏闽宁镇的调查 [J]. 贵州民族研究, 2022 (04): 67 –89.

[122] 马仲荣. 民族地区脱贫攻坚与乡村振兴有效衔接的地方性实践——以东乡县布楞沟村为例 [J]. 西北民族研究, 2022 (01): 56 –70.

[123] 马子量. 藏区城市少数民族流动人口流入生计研究——基于甘南藏族自治州合作市的调查 [J]. 云南民族大学学报 (哲学社会科学版), 2018 (02): 34 –52.

[124] 迈克尔·谢诺登, 高鉴国. 资产与穷人一项新的美国福利政策 [M]. 北京: 商务印书馆, 2005.

[125] 茆长宝, 熊化忠. 乡村振兴战略下农村人口两化问题与风险前瞻 [J]. 西南民族大学学报 (人文社科版), 2019 (08): 45 –63.

[126] 潘卓, 李玉恒, 刘愿理, 等. 深度贫困地区农户脱贫稳定性测度及影

响机理研究 [J]. 地理科学进展，2022（08）：78－96.

[127] 朋文欢，黄祖辉，傅琳琳. 农户分化对合作社长效减贫效应的影响与政策启示 [J]. 浙江大学学报（人文社会科学版），2022（10）：56－74.

[128] 皮埃尔·布尔迪厄，张祖建. 世界的苦难 [M]. 北京：中国人民大学出版社，2017.

[129] 蒲艳萍. 劳动力流动对农村经济的影响——基于西部289个自然村的调查资料分析 [J]. 农业技术经济，2011（01）：34－51.

[130] 恰亚诺夫，萧正洪. 农民经济组织 [M]. 北京：中央编译出版社，1996.

[131] 钱宁，陈立周. 当代发展型社会政策研究的新进展及其理论贡献 [J]. 湖南师范大学社会科学学报，2011（04）：67－83.

[132] 钱宁，陈立周. 政策思维范式的演变与发展性社会政策的贡献 [J]. 探索，2011（05）：45－61.

[133] 乔蕤琳，程东林. 不同生计类型的县域农户生计资本差异化研究——基于民勤县、兴隆县数据调查实证 [J]. 西北人口，2017（03）：23－40.

[134] 冉光荣. 藏区反贫困再思考 [J]. 财经科学，2006（02）：56－72.

[135] 尚飞翔. 生计资本视角下农村扶贫和低保政策耦合效果研究——基于湖北省恩施州A县的贫困户调查 [J]. 劳动保障世界，2016（17）：34－50.

[136] 邵雅静，员学锋，杨悦，等. 黄土丘陵区农户生计资本对农业生产效率的影响研究——基于1314份农户调查样本数据 [J]. 干旱区资源与环境，2020（07）：67－85.

[137] 石靖，卢春天，张志坚. 代际支持、干群互动与精准扶贫政策的满意度 [J]. 西北农林科技大学学报（社会科学版），2018（02）：45－62.

[138] 时保国，张茜，赵钱，等. 城市民族社区居民的生计资本与生计策略研究——以北京市门头社区为例 [J]. 中央民族大学学报（哲学社会科学版），2022（04）：78－94.

[139] 时红艳. 外出务工与非外出务工农户生计资本状况实证研究 [J]. 统计与决策，2011（04）：34－53.

[140] 斯琴朝克图，房艳刚，王晗，等. 内蒙古半农半牧区农户生计资产与生计方式研究——以科右中旗双榆树嘎查为例 [J]. 地理科学，2017（07）：67－81.

[141] 苏芳，蒲欣冬，徐中民，等. 生计资本与生计策略关系研究——以张掖市甘州区为例 [J]. 中国人口·资源与环境，2009（06）：12－23.

[142] 苏芳，尚海洋. 农户生计资本对其风险应对策略的影响——以黑河流域张掖市为例 [J]. 中国农村经济，2012（08）：12－23.

［143］孙晗霖，刘新智，张鹏瑶．贫困地区精准脱贫户生计可持续及其动态风险研究［J］．中国人口·资源与环境，2019（02）：34-56.

［144］孙晗霖，王志章，刘新智，等．生计策略对精准脱贫户可持续生计的影响有多大？——基于 2660 个脱贫家庭的数据分析［J］．中国软科学，2020（02）：67-89.

［145］孙秋云．社会变迁中的瑶族青年——勾蓝瑶青年生活方式的调查报告［J］．中南民族学院学报（哲学社会科学版），1991（02）：23-45.

［146］索传军，盖双双，周志超．认知计算——单篇学术论文评价的新视角［J］．中国图书馆学报，2018（01）：78-90.

［147］覃文俊，卢浩宇，吴东平．后脱贫时代农村经济可持续发展研究——以武陵山连片特困区产业人才供给为例［J］．中国高校科技，2020（12）：56-74.

［148］覃志敏．巩固拓展脱贫成果的基层实践类型与治理逻辑——以西部 3 个脱贫村产业帮扶为例［J］．南京农业大学学报（社会科学版），2021（06）：34-52.

［149］檀学文，李成贵．贫困的经济脆弱性与减贫战略述评［J］．中国农村观察，2010（05）：67-83.

［150］唐红林，陈佳，刘倩，等．生态治理下石羊河流域农户生计转型路径、效应及机理［J］．地理研究，2023（03）：45-67.

［151］唐红涛，谢婷．数字经济视角下产业扶贫与产业振兴有效衔接的机理与效应研究［J］．广东财经大学学报，2022（04）：78-96.

［152］天津日报．党的十九大以来大事记［J］．天津日报，2022，10（07）：2-4.

［153］田海林，田晓梦．民族地区脱贫攻坚与乡村振兴有效衔接的现实路径——以武陵山片区为例［J］．中南民族大学学报（人文社会科学版），2021（05）：56-70.

［154］田俊迁．甘肃土族生计结构变迁探析［J］．云南师范大学学报（哲学社会科学版），2011（03）：34-51.

［155］田素妍，陈嘉烨．可持续生计框架下农户气候变化适应能力研究［J］．中国人口·资源与环境，2014（05）：67-85.

［156］童春阳，周扬．中国精准扶贫驻村帮扶工作成效及其影响因素［J］．地理研究，2020（05）：78-94.

［157］涂丽．生计资本、生计指数与农户的生计策略——基于 CLDS 家户数据的实证分析［J］．农村经济，2018（08）：45-63.

［158］涂圣伟．脱贫攻坚与乡村振兴有机衔接：目标导向、重点领域与关键

举措 [J]. 中国农村经济, 2020 (08): 34 - 52.

[159] 汪三贵, 冯紫曦. 脱贫攻坚与乡村振兴有机衔接: 逻辑关系、内涵与重点内容 [J]. 南京农业大学学报 (社会科学版), 2019 (05): 67 - 88.

[160] 汪文雄, 兰愿亲, 余利红, 等. 农户生计资本禀赋对不同模式农地整治增收脱贫的影响——以湖北恩施和贵州毕节为例 [J]. 中国土地科学, 2020 (04): 56 - 72.

[161] 王超, 杨敏, 郭娜. 旅游村寨巩固拓展脱贫攻坚成果的共生系统研究——基于贵州省天龙屯堡的经验数据 [J]. 农村经济, 2022 (02): 34 - 50.

[162] 王汉杰, 温涛, 韩佳丽. 贫困地区农村金融减贫的财政政策协同效应研究 [J]. 财经理论与实践, 2020 (01): 67 - 84.

[163] 王晶, 吕开宇. 共同富裕目标下缩小农村内部收入差距的实现路径——基于生计多样化视角的分析 [J]. 华中农业大学学报 (社会科学版), 2021 (05): 7 - 8.

[164] 王军, 曹姣. 脱贫攻坚与乡村振兴有效衔接的现实困境与关键举措 [J]. 农业经济问题, 2022 (09): 34 - 56.

[165] 王俊. 云南散居民族农村地区发展研究 [J]. 贵州民族研究, 2015 (01): 67 - 89.

[166] 王立安, 刘升, 钟方雷. 生态补偿对贫困农户生计能力影响的定量分析 [J]. 农村经济, 2012 (11): 45 - 67.

[167] 王立勇, 许明. 中国精准扶贫政策的减贫效应研究: 来自准自然实验的经验证据 [J]. 统计研究, 2019 (12): 78 - 90.

[168] 王青, 曾伏. 中国省际城乡发展协调度的测算、时空演变特征及影响因素 [J]. 农村经济, 2022 (09): 56 - 74.

[169] 王蓉, 代美玲, 欧阳红, 等. 文化资本介入下的乡村旅游地农户生计资本测度——婺源李坑村案例 [J]. 旅游学刊, 2021 (07): 34 - 52.

[170] 王蓉, 欧阳红, 代美玲, 等. 旅游地可持续生计: 国际研究进展评述及其对中国的启示 [J]. 人文地理, 2022 (04): 67 - 88.

[171] 王晓鸿, 范志雄, 曹子坚. 贫困地区农户生计选择、农民增收的差异性研究——基于田野调查的实证数据分析 [J]. 干旱区资源与环境, 2020 (06): 45 - 63.

[172] 王晓毅, 梁昕, 杨蓉蓉. 从脱贫攻坚到乡村振兴: 内生动力的视角 [J]. 学习与探索, 2023 (01): 56 - 70.

[173] 王晓毅. 贫困治理机制转型 [J]. 南京农业大学学报 (社会科学版), 2020 (04): 34 - 51.

[174] 王延中, 丁赛. 民族地区脱贫攻坚的成效、经验与挑战 [J]. 西南民

族大学学报（人文社会科学版），2020（11）：67 – 85.

[175] 王禹澔. 新时代中国脱贫攻坚事业的历史性意义 [J]. 人民论坛·学术前沿，2021（01）：78 – 94.

[176] 王振振，王立剑. 精准扶贫可以提升农村贫困户可持续生计吗？——基于陕西省70个县（区）的调查 [J]. 农业经济问题，2019（04）：56 – 72.

[177] 王志章，韩佳丽. 贫困地区多元化精准扶贫政策能够有效减贫吗？[J]. 中国软科学，2017（12）：34 – 50.

[178] 王中华，岳希明. 收入增长、收入差距与农村减贫 [J]. 中国工业经济，2021（09）：67 – 84.

[179] 魏枫，周灵丽，完颜含玥. 中国共产党反贫困理论研究 [J]. 理论探讨，2021（05）：45 – 61.

[180] 魏乐平. 云南藏区乡村多元生计变迁的经济人类学分析——以云南德钦县茨中村为例 [J]. 经济问题探索，2012（04）：78 – 96.

[181] 吴帆，李建民. 家庭发展能力建设的政策路径分析 [J]. 人口研究，2012（04）：56 – 73.

[182] 吴海涛，王娟，丁士军. 贫困山区少数民族农户生计模式动态演变——以滇西南为例 [J]. 中南民族大学学报（人文社会科学版），2015（01）：34 – 55.

[183] 吴孔森，杨新军，尹莎. 环境变化影响下农户生计选择与可持续性研究——以民勤绿洲社区为例 [J]. 经济地理，2016（09）：67 – 86.

[184] 吴乐，靳乐山. 贫困地区生态补偿对农户生计的影响研究——基于贵州省三县的实证分析 [J]. 干旱区资源与环境，2018（08）：123 – 135.

[185] 吴明隆. 结构方程模型——AMOS的操作与应用（第1版）[M]. 重庆：重庆大学出版社，2009.

[186] 伍艳. 农户生计资本与生计策略的选择 [J]. 华南农业大学学报（社会科学版），2015（02）：45 – 56.

[187] 武鹏，李同昇，李卫民. 县域农村贫困化空间分异及其影响因素——以陕西山阳县为例 [J]. 地理研究，2018（03）：67 – 79.

[188] 夏延芳，王国勇. 脱贫攻坚与乡村振兴的有效衔接——基于社会质量理论的探究 [J]. 西南民族大学学报（人文社会科学版），2022（04）：89 – 101.

[189] 肖开红，刘威. 电商扶贫效果评价及可持续反贫政策建议——基于农户可持续生计能力视角的实证研究 [J]. 河南大学学报（社会科学版），2021（05）：23 – 35.

[190] 肖泽平，王志章. 脱贫攻坚返贫家户的基本特征及其政策应对研究——基于12省（区）22县的数据分析 [J]. 云南民族大学学报（哲学社会科学版），

2020 (01): 56 - 68.

[191] 辛瑞萍, 韩自强, 李文彬. 三江源生态移民家庭的生计状况研究——基于青海玉树的实地调研 [J]. 甘肃行政学院学报, 2016 (01): 78 - 90.

[192] 徐爽, 胡业翠. 农户生计资本与生计稳定性耦合协调分析——以广西金桥村移民安置区为例 [J]. 经济地理, 2018 (03): 45 - 57.

[193] 许汉石, 乐章. 生计资本、生计风险与农户的生计策略 [J]. 农业经济问题, 2012 (10): 34 - 46.

[194] 颜军, 周思宇, 何莉琼. 西部民族地区相对贫困: 现状、困境及治理 [J]. 民族学刊, 2022 (02): 67 - 79.

[195] 杨丹, 程丹, 邓明艳. 从全面脱贫到乡村振兴: 合作社的跨期贫困治理逻辑——基于是否脱贫摘帽区的多案例比较分析 [J]. 农业经济问题, 2023 (02): 89 - 102.

[196] 杨弘, 杨郁, 吴易哲. 论中国土地经营模式变迁与农村治理转型 [J]. 上海行政学院学报, 2019 (06): 12 - 24.

[197] 杨均华, 刘璨. 精准扶贫背景下农户脱贫的决定因素与反贫困策略 [J]. 数量经济技术经济研究, 2019 (07): 34 - 46.

[198] 杨龙, 谢昌凡, 李萌. 脱贫人口返贫风险管理研究——基于"三区三州"M县的调查 [J]. 西北民族研究, 2021 (02): 56 - 68.

[199] 杨佩卿. 新型城镇化视阈下推进新农村建设的路径选择 [J]. 当代经济科学, 2017 (01): 78 - 90.

[200] 杨永伟, 陆汉文. 公益型小额信贷促进农户生计发展的嵌入式机制研究——以山西省左权县S村为例 [J]. 南京农业大学学报 (社会科学版), 2020 (06): 45 - 57.

[201] 杨勇, 赵宇霞. 新农村建设视域下农村集体经济助推农民发展理路研究 [J]. 贵州社会科学, 2013 (12): 67 - 79.

[202] 杨云彦, 徐映梅, 胡静, 等. 社会变迁、介入型贫困与能力再造——基于南水北调库区移民的研究 [J]. 管理世界, 2008 (11): 90 - 102.

[203] 杨云彦, 赵锋. 可持续生计分析框架下农户生计资本的调查与分析——以南水北调 (中线) 工程库区为例 [J]. 农业经济问题, 2009 (08): 90 - 105.

[204] 叶林, 李艳琼, 方峥, 等. 文化产业扶贫政策的增收和减贫效应: 微观机制和贵州农民画的经验 [J]. 贵州财经大学学报, 2020 (05): 34 - 47.

[205] 易法敏. 数字技能、生计抗逆力与农村可持续减贫 [J]. 华南农业大学学报 (社会科学版), 2021 (03): 101 - 112.

[206] 游俊, 李晓冰, 李骥龙. 试析民族地区脱贫攻坚与民族团结进步创建工作的逻辑契合——以湖南省湘西土家族苗族自治州为例 [J]. 吉首大学学报

（社会科学版），2018（04）：56-67.

[207] 袁梁，张光强，霍学喜. 生态补偿对国家重点生态功能区居民可持续生计的影响——基于"精准扶贫"视角 [J]. 财经理论与实践，2017（02）：34-45.

[208] 袁梁，张光强，霍学喜. 生态补偿、生计资本对居民可持续生计影响研究——以陕西省国家重点生态功能区为例 [J]. 经济地理，2017（06）：89-98.

[209] 曾鹏，魏旭，曹冬勤. 城市景区化导向型城中村规划研究——对桂滇黔典型村的分析 [J]. 城市规划，2022（03）：56-78.

[210] 詹姆斯·C. 斯科特，程立显，等. 农民的道义经济学：东南亚的反叛与生存 [M]. 南京：译林出版社，2001.

[211] 张凤. 中国农村经济转型分析与实例研究 [J]. 农村经济，2011（07）：67-76.

[212] 张桂颖. 基于模糊物元模型的土地流转农户可持续生计评价方法 [J]. 统计与决策，2019（11）：23-34.

[213] 张海洋. 中国的多元文化与中国人的认同 [M]. 北京：民族出版社，2006.

[214] 张吉岗，杨红娟，吴嘉莘. 防返贫视角下少数民族地区农户可持续生计能力研究 [J]. 经济问题探索，2022（05）：45-56.

[215] 张瑾. 民族旅游语境中的地方性知识与红瑶妇女生计变迁——以广西龙胜县黄洛瑶寨为例 [J]. 旅游学刊，2011（08）：78-89.

[216] 张菊香. 习近平脱贫攻坚战略思想对马克思恩格斯反贫困思想的时代创新探析 [J]. 思想理论教育导刊，2017（11）：8-9.

[217] 张娟娟. 建立健全巩固拓展脱贫攻坚成果长效机制 [J]. 宏观经济管理，2022（03）：23-35.

[218] 张峻豪，何家军. 能力再造：可持续生计的能力范式及其理论建构 [J]. 湖北社会科学，2014（09）：67-79.

[219] 张林江. 从"送法下乡"到"法治乡村"——中国乡村法治建设的社会学考察 [J]. 政治与法律，2023（02）：45-58.

[220] 张灵科，刘毅. 民族文化资本对民族地区经济增长的非线性影响 [J]. 民族学刊，2019（03）：34-46.

[221] 张明皓.2020 年后中国贫困治理的价值导向、机制转型与路径创新 [J]. 中国行政管理，2020（11）：78-90.

[222] 张鹏，吴明朗，张翔. 互联网、农地流转与可持续生计 [J]. 研究与发展管理，2022（02）：56-69.

[223] 张琦. 巩固拓展脱贫攻坚成果同乡村振兴有效衔接: 基于贫困治理绩效评估的视角 [J]. 贵州社会科学, 2021 (01): 34 – 46.

[224] 张琦, 万君. "十四五" 期间中国巩固拓展脱贫攻坚成果推进策略 [J]. 农业经济问题, 2022 (06): 45 – 57.

[225] 赵普, 龙泽美, 王超. 规模性返贫风险因素、类型及其政策启示——基于西南民族地区的调查 [J]. 管理世界, 2022 (11): 67 – 79.

[226] 赵文娟, 杨世龙, 王潇. 基于 Logistic 回归模型的生计资本与生计策略研究——以云南新平县干热河谷傣族地区为例 [J]. 资源科学, 2016 (01): 23 – 35.

[227] 赵雪雁, 介永庆, 何小风, 等. 多重压力下重点生态功能区农户的生计适应性研究——以甘南黄河水源补给区为例 [J]. 中国人口·资源与环境, 2020 (01): 56 – 68.

[228] 赵雪雁, 刘江华, 王伟军, 等. 贫困山区脱贫农户的生计可持续性及生计干预——以陇南山区为例 [J]. 地理科学进展, 2020 (06): 45 – 60.

[229] 赵媛媛. 马克思主义指导下的新农村建设哲学问题探讨 [J]. 农业技术经济, 2022 (05): 23 – 37.

[230] 郑红娥, 贺惠先. 乡村治理的困境与新农村建设 [J]. 农村经济, 2008 (07): 56 – 69.

[231] 郑文换. 民族村寨的衰落: 组织排斥、经济边缘化与文化断裂 [J]. 广西民族研究, 2016 (01): 34 – 48.

[232] 郑宇. 中国少数民族村寨经济的结构转型与社会约束 [J]. 民族研究, 2011 (05): 67 – 79.

[233] 中共中央马克思恩格斯列宁斯大林著作编译局. 马克思恩格斯选集第 1 卷 [M]. 北京: 人民出版社, 1995.

[234] 中共中央马克思恩克斯列宁斯大林著作编译局马恩室. 1844 年经济学哲学手稿研究: 文集 [M]. 湖南: 湖南人民出版社, 1983.

[235] 中共中央马克思恩克斯列宁斯大林著作编译局马恩室. 马克思恩格斯文集 (第 2 卷) [M]. 北京: 人民出版社, 2009.

[236] 钟楚原, 李华胤. 青年人才何以助力乡村振兴——基于 "嵌入性—公共性" 框架的分析 [J]. 南京农业大学学报 (社会科学版), 2023 (01): 23 – 36.

[237] 周大鸣. 关于中国族群研究的若干问题 [J]. 广西民族大学学报 (哲学社会科学版), 2009 (02): 45 – 58.

[238] 周孟亮. 脱贫攻坚、乡村振兴与金融扶贫供给侧改革 [J]. 西南民族大学学报 (人文社科版), 2020 (01): 34 – 47.

［239］周强. 精准扶贫政策的减贫绩效与收入分配效应研究［J］. 中国农村经济，2021（05）：56 – 70.

［240］周去非. 岭外代答（第 6 卷）［M］. 上海：上海远东出版社，1996.

［241］周伍阳. 生态振兴：民族地区巩固拓展脱贫攻坚成果的绿色路径［J］. 云南民族大学学报（哲学社会科学版），2021（05）：67 – 79.

［242］庄天慧，张海霞，傅新红. 少数民族地区村级发展环境对贫困人口返贫的影响分析——基于四川、贵州、重庆少数民族地区 67 个村的调查［J］. 农业技术经济，2011（02）：23 – 36.

［243］左停，苏武峥，赵梦媛. 提升抗逆力：乡村振兴进程中农民生计系统"风险 – 脆弱性"应对策略研究［J］. 云南社会科学，2020（04）：45 – 58.

［244］左停. 脱贫攻坚与乡村振兴有效衔接的现实难题与应对策略［J］. 贵州社会科学，2020（01）：34 – 47.

［245］Adger W N, Kelly P M, Winkels A, et al. Migration, Remittances, Livelihood Trajectories, and Social Resilience［J］. AMBIO：A Journal of the Human Environment, 2002, 31（4）：358 – 366.

［246］Adnan K M M, Ying L, Sarker S A, et al. Adoption of Contract Farming and Precautionary Savings to Manage the Catastrophic Risk of Maize Farming：Evidence from Bangladesh［J］. Sustainability, 2018, 11（1）：29.

［247］Allison E H, Ellis F. The Livelihoods Approach and Management of Small – Scale Fisheries［J］. Marine Policy, 2001, 25（5）：377 – 388.

［248］Bebbington A. Capitals and Capabilities：A Framework for Analyzing Peasant Viability, Rural Livelihoods and Poverty［J］. World Development, 1999, 27（12）：2021 – 2044.

［249］Bruce E, Boruff B, Wales N, et al. Using the Environmental Livelihoods Security（Els）Framework for Developing Climate – Smart Landscapes：A Preliminary Investigation for Informing Agricultural Policy in the South Pacific［J］. ACIAR Final Reports, 2018.

［250］Brundtland G H. Our Common Future［J］. Earth and Us, 1991, 11（1）：29 – 31.

［251］Carney D. Approaches to Sustainable Livelihoods for the Rural Poor［M］. London：Overseas Development Institute, 1999.

［252］Chambers R, Conway G R. Sustainable Rural Livelihoods：Practical Concepts for the 21st Century［M］. Brighton：Institute of Development Studies, 1992.

［253］Chambers Robert. Rural Development：Putting the Last First［M］. New York：Wiley, 1983.

［254］Chen H, Wang J, Huang J. Policy Support, Social Capital, and Farmers' Adaptation to Drought in China ［J］. Global Environmental Change, 2014, 24（1）: 193 – 202.

［255］DFID. Sustainable Livelihoods Guidance Sheets ［M］. London: IDS（Institute for Development）, 1999: 68 – 125.

［256］Edward R. From Description to Explanation: Using the Livelihoods as Intimate Government（LIG）Approach ［J］. Applied Geography, 2014, 52: 110 – 122.

［257］Elizabeth Bryan, Claudia Ringler, Barrack Okoba, et al. Adapting Agriculture to Climate Change in Kenya: Household Strategies and Determinants ［J］. Journal of Environmental Management, 2013, 114（15）: 26 – 35.

［258］Ellis F. Rural Livelihood and Diversity in Development Countries ［J］. Oxford University Press, 2000: 89.

［259］Feng H, Zhong Z. Does the New Round of Farmland Rights Confirmation Promote Farmland to Roll out? ［J］. Economic Review, 2019, 2: 48 – 59.

［260］Garnett T. Sustainable Intensification in Agriculture: Premises and Policies ［J］. Science, 2013, 341（6141）: 33 – 34.

［261］Joakim E. Reducing Vulnerability and Building Resilience in the Post – Disaster Context: A Case Study of the 2006 Yogyakarta Earthquake Recovery Effort ［J］. Indonesia, 2011, 4（1）: 1 – 14.

［262］Merritt W S, Patch B, Reddy V R, et al. Modelling Livelihoods and Household Resilience to Droughts Using Bayesian Networks ［J］. Environment, Development and Sustainability, 2016, 18: 315 – 346.

［263］Moser C O N. The Asset Vulnerability Framework: Reassessing Urban Poverty Reduction Strategies ［J］. World Development, 1998, 26（1）: 1 – 19.

［264］Muhammad Irfansyah Lubis, James D. Langston. Understanding Landscape Change Using Participatory Mapping and Geographic Information Systems: Case Study in North Sulawesi, Indonesia ［J］. Procedia Environmental Sciences, 2015, 24: 206 – 214.

［265］Netting, R. M, Smallholders. Householders: Farm Families and the Ecology of Intensive ［M］. Sustainable Agriculture: Stanford University Press, 1993.

［266］Nguyen T, Do T L, Buehler D. Rural Livelihoods and Environmental Resource Dependence in Cambodia ［J］. Ecological Economics, 2014, 24: 193 – 202.

［267］Scoones I. Livelihoods Perspectives and Rural Development ［J］. Journal of Peasant Studies, 2009, 36（1）: 171 – 196.

［268］Scoones I. Sustainable Rural Livelihood: A Framework for Analysis ［J］.

Subsidy or Self, 1998, 7 (2): 139.

[269] Sen, A. poverty and Famines: An Essay on Entitlement and Deprivation [M]. Oxford: Oxford University Press, 1982.

[270] Shiro C, Furtad J I, Shen L, et al. Coping with Pressures of Modernization by Traditional Farmers: A Strategy for Sustainable Rural Development in Yunnan, China [J]. Journal of Mountain Science, 2007, 4 (1): 57 –70.

[271] Small L A. The Sustainable Rural Livelihoods Approach: A Critical Review [J]. Canadian Journal of Development Studies/Revue Canadienne D'études Du Développement, 2007, 28 (1): 27 –38.

[272] Su Z, Aaron J R, Y Guan. Sustainable Livelihood Capital and Strategy in Rural Tourism Households: A Seasonality Perspective [J]. Sustainability, 2019, 11 (18): 4833.

[273] Vincent F, Sacco M, Reza Nakhaie. Fear of School Violence and the Ameliorative Effects of Student Social Capital [J]. Journal of School Violence, 2007, 6 (1): 3 –25.

[274] Wang T, Jin H, Fan Y, et al. Farmers' Adoption and Perceived Benefits of Diversified Crop Rotations in the Margins of U. S. Corn Belt [J]. Journal of Environmental Management, 2019, 293 (1): 112903.

后　记

　　读博的生活本没有一纸蓝图，更没有标准答案，走过这条路的人可能才明白，我们通过努力换来的不是壮阔波澜，反倒是内心世界的安宁。时间如同白驹过隙，读博岁月匆匆而过，当新的开始即将到来，旧的回忆就要结束的时刻，原以为我会呐喊、会宣泄，但如今走笔至此，内心却格外宁静。我闭起双眼，恍惚间看到自己走过了一条很长的路，路上有疾风骤雨，也有霁月光风，有孤夜寂寥，也有月夕花朝，但是无论如何，路上总有一些人，手持灯火，让我的黑夜，永远有光。回忆过后，感激之情升腾而起，是那些在黑夜中为我点亮一盏盏灯火的人，守护了我此刻内心的安宁。

　　焉得谖草，言树之背。我要感谢我的父母。"父母在，不远游"这句话，从未在我的父母口中说出，但正因如此，随着自己逐渐长大，父母慢慢变老，每每想起这句俗语都会让我无比失落。我可能永远无法弥补这个遗憾，好在我还可以努力，努力变得更好，努力成为他们的骄傲，以此感谢他们一直以来对我求学之路的鼎力支持。母亲曾对我说："父母能够留给孩子最宝贵的财富不是金钱，而是孩子自己生活下去的能力。"感谢如此开明的父母，在我远离家乡求学的道路上一直给我鼓励，对此，我还要特别感谢姐姐姐夫，感谢你们把家里照顾得这么好，让我没有后顾之忧。

　　仰之弥高，钻之弥坚。得遇良师，实之我幸。我要感谢我的导师曾鹏教授和师母杨莎莎教授。我的老师是一个很可爱的人，鲜活真实，平易近人。他似乎每时每刻都想把自己所有的人生经验、学术认知倾囊相授，然而说来惭愧，我生性愚鲁，往往只能领略其中一二。即便如此，他却从不急躁，对我循循善诱，在我的印象里，他似乎是极难对学生发脾气的，感谢曾老师对我的耐心。曾老师不断提升着我对世界的认知，他不仅是我学业的导师，更是我人生的导师，如果说父母教会了我从何处而来，那么曾老师则教会了我该去往何处。在生活上，师母也给予了我们真切的关怀，时刻关心我们的学习和生活，她常会想到我的胃病，提醒我注意饮食，劳逸结合。

　　缟衣綦巾，聊乐我员。我要感谢我的妻子唐婷婷，感谢她一直以来的默默付出，感谢她能够容忍我的坏脾气。读博的生活枯燥乏味，几乎没有娱乐时间，有的只是写不完的论文，通不完的宵，还有科研压力下我那时不时糟糕至极的暴躁脾气。但是我的妻子却从未抱怨。在这里，我想对她说，感谢你能在我无数个通宵写论文的深夜煮一碗泡面，在我焦虑的时候告诉我一切会好的，感谢你为了我们小家的付出，让我不用操心学业以外的琐事。

愿岁并谢，与长友兮。感谢靖西市人民政府办公室的李建京同志对本书调研工作的帮助。同时，我要感谢师门的兄弟姐妹们，和你们的相处我学到了很多，感谢邢梦昆在我郁闷的时候陪我谈心，畅聊人生；感谢段至诚陪我通宵写论文；感谢汪玥不厌其烦地帮我开宿舍大门；感谢王威峰一起研究课题时的认真负责；感谢池晓、黄婉华、黄丽露、黄晶秋、魏然、李贞、吴倩、程寅、陈意、王翡、丁曼、刘同等同学对我的支持。

但行好事，莫问前程。最后我要对我自己说，而立之年，希望自己能有所担当，以少年人的姿态，一往无前！且趁闲身未老，尽放我、些子疏狂！

魏 旭

2024 年 8 月